WALTER E. GLAETTLI

R. ELWOOD BACKENSTOSS

Centenary College for Women

GERMAN REVIEW

REVISED EDITION

 D. VAN NOSTRAND COMPANY

New York / Cincinnati / Toronto / London / Melbourne

ᴛᴀpᴇꜱ

NUMBER OF REELS: 18 (seven-inch, full-track)

SPEED: 3¾ IPS

RUNNING TIME: 10 hours (approximate)

MATERIALS RECORDED:

All lesson dialogs, first at normal speed, then by phrases with pauses for student repetition.

All questions in four-phased sequences: cue—pause for student response —correct response by native speaker—pause for student repetition.

Audio-lingual exercises (approximately 30 minutes per lesson) in four-phased sequences. Taped exercises are identified in the text.

D. Van Nostrand Company Regional Offices:
New York   Cincinnati

D. Van Nostrand Company International Offices:
London   Toronto   Melbourne

Library of Congress Catalog Card Number 76–55538

ISBN: 0–442–22143–6

10   9   8   7   6   5   4   3

PREFACE

GERMAN REVIEW presents a systematic review of German grammar, along with a great deal of oral, written, and reading-comprehension practice. The Revised Edition features a new Appendix 2 consisting of a sequence of entirely new exercises enlarging upon the compositional dimensions of the text. These exercises include interpretation of the chapter reading selections, dialog construction, and paraphrasing from literary to everyday language. Each lesson in the Revised Edition also has a new section of "Basic Vocabulary," listing all new and essential words occurring in the lesson conversation. Word listings replace the dialog translations in the earlier editions and thus place vocabulary acquisition on a firmer pedagogical basis.

The following principles guided the authors in the preparation of the text:

1. Progress in German consists in the gradual sharpening of several skills: to understand spoken German, to speak it with reasonable fluency, to write correct German on a level with one's speaking facility, and to read for comprehension authentic materials of increasing difficulty.
2. Most intermediate German courses enroll students with varied preparation. It is necessary and desirable, therefore, to have a thorough review of fundamentals, along with much practice in the basic skills.

Each lesson consists of five major sections: *Gespräch, Nützliche Ausdrücke, Grammatik und Übungen, Lektüre, Neuer Wortschatz.*

Gespräch

As much as practicle, the conversations apply the inductive technique: points of grammar, idiomatic expressions, and verb forms featured in a lesson are used in the *Gespräch* before their presentation and explanation in *Grammatik und Übungen.* Each *Gespräch* is followed by a set of questions and by a sequence of directed dialog designed to extend the student's oral experience.

Nützliche Ausdrücke

The *Nützliche Ausdrücke* include the most important idiomatic expressions occurring in a *Gespräch.* A subsequent exercise asks the student to use a specified number of these expressions in sentences of his own.

Grammatik und Übungen

In *Grammatik und Übungen,* grammatical principles are thoroughly reviewed. Frequency, difficulty, and importance have in general determined the order of topics. For example, in the treatment of the subjunctive (Lessons 14 and 15) contrary-to-fact conditions are presented in Lesson 14 because of the more fixed usage of Subjunctive II forms, followed by indirect discourse in Lesson 15. The functions of case forms are presented in Lesson 8 to follow logically the treatment of nouns; relative pronouns follow other pronoun forms to prepare the student better for these more complex structures.

Grammar topics are consecutively numbered throughout the text for easy reference and assignment. In line with modern methods, examples are patterned closely after material in the *Gespräch. The Übungen* immediately follow each segment of the grammatical presentation, so that the student can identify and review difficult points more efficiently.

Lektüre

The reading selections present a diversity of materials largely from modern writings. When these are not complete works, our excerpts focus on a major idea of the work. The primary criteria for selection were intrinsic merit and the expression of a more or less complete idea. The fact that the reading in several cases affords unusually close reinforcement of the grammatical principles of the lesson (for example: indirect discourse in *Unmögliche Beweisaufnahme* in Lesson 15) is a not unintended benefit, although it was not the primary reason for the selection. The *Komposition* that follows each *Lektüre* avoids isolated sentences by dealing with a theme suggested in the reading.

Aufsatz

The *Aufsatz* at the end of each lesson gives a detailed topic, connected with the dialog subject, to guide the student in the preparation of a composition.

Neuer Wortschatz

This alphabetical listing includes all important words occurring for the first time in a lesson conversation and is useful as a quick reference and for review.

Appendix 1 includes valuable information on syllabication and punctuation, a full summary for reference of German word order, and comprehensive tables and forms.

For classes having three of four meetings a week, the following procedure is suggested for minimum completion of one lesson a week:

First day: *Gespräch, Fragen, Konversation, Nützliche Ausdrücke* with *Anwendung.*
Second day: *Grammatik und Übungen.*
Third and fourth day: *Lektüre, Komposition,* and *Aufsatz.*

Information about the tapes accompanying GERMAN REVIEW appears on the copyright page of this book. To facilitate the planning of a uniform laboratory program, we have tried to limit the structural practice materials in each lesson to from 20 to 30 minutes and have identified the taped lesson features in the text itself.

CONTENTS

LEKTION I

PRESENT TENSE; IMPERATIVE

I. GESPRÄCH: Paß- und Zollkontrolle *(Tape 1)*

GRENZPOLIZIST:	Ihren Reisepaß, bitte.
HERBERT:	Hier, bitte. Ich bin Amerikaner.
GRENZPOLIZIST:	Ihr Paß ist in Ordnung. — Wie lange bleiben Sie in Deutschland?
HERBERT:	Drei Monate.
GRENZPOLIZIST:	Reisen Sie allein oder gehören Sie zu einer Gruppe?
HERBERT:	Ich reise allein.
GRENZPOLIZIST:	Dann muß ich Sie bitten, dieses Formular auszufüllen — Ihren Namen, die Nummer Ihres Passes und Ihre Adresse in Deutschland.
HERBERT:	Das habe ich schon vor der Landung im Flugzeug getan. Hier ist das Formular.
GRENZPOLIZIST:	Gut. Danke schön. — Einen Augenblick! Bei Ihrer Adresse fehlt der Name des Hotels.
HERBERT:	Kronenstrasse 15. Aber das ist kein Hotel. Das ist die

1

	Adresse von Herrn Friedrich Lenz. Herr Lenz ist ein Freund meines Vaters.
GRENZPOLIZIST:	Ach so, Sie wohnen in einem Privathaus. — Nun, ich wünsche Ihnen einen angenehmen Aufenthalt.
HERBERT:	Wo ist das Zollamt?
GRENZPOLIZIST:	Da drüben, gerade aus.
ZOLLBEAMTER:	Welches ist Ihr Gepäck?
HERBERT:	Diese Reisetasche und der blaue Koffer dort auf dem Gepäckkarren.
ZOLLBEAMTER:	(*holt den Koffer*.) Ist das alles?
HERBERT:	Ja, das ist alles.
ZOLLBEAMTER:	Bitte öffnen Sie Ihr Gepäck! Ich muß es kontrollieren. Haben Sie etwas zu verzollen? Zigaretten? Whisky?
HERBERT:	Ich habe zehn Päckchen Zigaretten. Die rauche ich selbst.
ZOLLBEAMTER:	Haben Sie Geschenke?
HERBERT:	Nur ein paar Kleinigkeiten. Hier! — Alles andere ist für meinen persönlichen Gebrauch.
ZOLLBEAMTER:	Und diese Schreibmaschine?
HERBERT:	Ich bin Student und schreibe fast alles mit der Maschine. Sie sehen doch, die Maschine ist nicht neu. Ich habe sie schon seit fünf Jahren.
ZOLLBEAMTER:	Schön. Sie können Ihre Sachen wieder schließen. — Brauchen Sie einen Gepäckträger?
HERBERT:	Nein, danke. Ich kann alles selber tragen.

Fragen   (*Tape 1*)

Antworten Sie auf deutsch!

1. Was muß Herbert dem Grenzpolizisten zeigen?
2. Wie lange bleibt Herbert in Deutschland?
3. Wo wohnt Herbert in Deutschland?
4. Wer ist Herr Lenz?
5. Wieviel Gepäck hat Herbert?
6. Was muß der Zollbeamte mit Herberts Gepäck tun?
7. Wie viele Zigaretten hat Herbert bei sich?
8. Was für Geschenke hat Herbert?
9. Wer trägt Herberts Gepäck?

Konversation

Fragen Sie Ihren Nachbar,

1. ob Herbert zu einer Gruppe gehört oder ob er allein reist! (Ihr Nachbar muß selbstverständlich jede Frage beantworten.)
2. ob Herbert mit einem Schiff oder mit einem Flugzeug gereist ist!
3. was Herbert dem Grenzpolizisten zeigen muß!
4. was für einen Aufenthalt der Grenzpolizist Herbert wünscht!
5. wo Herberts Koffer steht!
6. wer Herberts Gepäck kontrolliert!
7. wie lange Herbert seine Schreibmaschine hat!

II. NÜTZLICHE AUSDRÜCKE

bitten (*plus personal object in acc. plus inf. with* **zu**)
Ich bitte Sie zu sprechen.
to request, ask (*somebody to do something*)
I ask you to speak.

gehören (*plus personal object in dative*)
Der Koffer gehört ihm.
to belong to, be the property of
The suitcase belongs to him.

gehören (*plus* **zu** *with dative object*)
Ich gehöre zu dieser Gruppe.
to belong to, be a member of
I belong to this group.

gerade aus
straight ahead

mit der Maschine schreiben
Ich schreibe meine Briefe mit der Maschine.
to type
I type my letters.

mit der Maschine geschrieben
Sein Brief ist mit der Maschine geschrieben.
typed (*adj.*)
His letter is typed.

in Ordnung
in order, all right

schön
all right, O.K., fine, good

Anwendung

Gebrauchen Sie vier der Nützlichen Ausdrücke in ganzen Sätzen!

III. GRAMMATIK UND ÜBUNGEN

1. Present Tense

(a) **Ich gehe** *I go, I do go, I am going*

The present tense in German has three meanings in English.

(b) ich gehe   *I go*   ich antworte   *I answer*
     du gehst   *you go*   du antwortest[1]   *you answer*
     er geht   *he goes*   er antwortet[1]   *he answers*
     wir gehen   *we go*   wir antworten   *we answer*
     ihr geht   *you go*   ihr antwortet   *you answer*
     sie gehen   *they go*   sie antworten   *they answer*
     Sie gehen   *you go*[1]   Sie antworten   *you answer*

1. The **du** form (familiar singular) is used when addressing a relative, close friend, child, or pet.
2. The **ihr** form (familiar plural) is used when addressing relatives, close friends, children, or pets.
3. The **Sie** form (singular and plural) is the conventional form of address. In subsequent verb listings, the **Sie** form of the verb will not be given because it is identical with the third person plural, except that the pronoun (**Sie**) is always capitalized.

(c) fahren   *to drive*   du fährst   er fährt
     laufen   *to run*   du läufst   er läuft
     geben   *to give*   du gibst   er gibt
     sehen   *to see*   du siehst   er sieht

Most irregular verbs with stem vowel **a** or **au** change the vowel to **ä** and **äu,** respectively, and verbs with stem vowel **e** change to **i** or **ie** in the second and third persons singular of the present.

(d) sitzen   *to sit*   du sitzt
     passen   *to fit*   du paßt
     essen   *to eat*   du ißt

Verbs with stem ending in an s-sound (**-s, -sp, -ß, -sch, -z**) normally add only **-t** in the **du** form to facilitate pronunciation.

(e) Review the present tense of **sein, haben,** and **werden** in Appendix 1.

ÜBUNG A   *(Tape 1)*

*Setzen Sie die folgenden Sätze in die **er**-Form!*

1. Ich antworte nicht.
2. Ich esse gerne Eis.

---

[1] The personal endings are added to the stem of the infinitive to form the present tense. Note that to facilitate pronunciation an **e** is inserted before **-st** and **-t** when the infinitive stem ends in **-t** (**antwortet** above) or **-d** (**findet**), or in **-m** or **-n** preceded by a different consonant other than **l** and **r** (**atmet, öffnet;** but **kommt, kennt; filmt, lernt**).

3. Ich rede zuviel.
4. Ich gebe ihm ein Geschenk.
5. Ich schlafe immer nur sieben Stunden.
6. Ich trage das Gepäck.
7. Ich lese die Zeitung.
8. Ich fahre nach Frankfurt.

ÜBUNG B

Setzen Sie die Sätze in A in die **wir-***Form!*

ÜBUNG C

Setzen Sie die folgenden Sätze in die **du-***Form!*

1. Ich sehe Herbert nicht.
2. Wir fahren gerne schnell.
3. Ich rauche zu viele Zigaretten.
4. Liest sie keine Bücher?
5. Wir geben ihr ein Buch.
6. Braucht er viel?
7. Ich laufe zu langsam.
8. Wünscht er etwas?

ÜBUNG D   (*Tape 1*)

Setzen Sie die Sätze in C in die **Sie-***Form!*

2. Uses of the Present Tense

(a) Der Grenzpolizist **kontrolliert** ihren Reisepaß.
The border guard is checking her passport.

The present tense is used as in English to express an action or condition at the present time.

(b) Ich **reise** immer allein.
I always travel alone.
Das Warten **ist** nicht angenehm.
Waiting is not pleasant.

The present tense is used as in English for a general statement of fact not specifically limited to the present time.

(c) **In zehn Minuten bin ich** fertig.
I'll be finished in ten minutes.

Er kommt morgen.
He's coming tomorrow.

The present tense is used to express future action if future time is clearly meant in the context.

(d) **Er hat** die Schreibmachine **(schon) seit fünf Jahren.**
He has had the typewriter for five years.
Wie lange lernen Sie schon Deutsch?
How long have you been studying German?

The present tense used with a time expression like **seit, schon, schon seit, schon lange, wie lange (schon)** describes or asks about an action that began in the past and is continuing at the present time. (There are no progressive forms in German.)

ÜBUNG E   (*Tape 1*)

Antworten Sie mit **ja!**

BEISPIEL: Haben Sie etwas zu verzollen?
            Ja, ich habe etwas zu verzollen?

1. Sind Sie Amerikaner?
2. Wohnen Sie in den Vereinigten Staaten?
3. Reisen Sie allein?
4. Kaufen Sie oft Geschenke?
5. Schreiben Sie alles mit der Maschine?
6. Brauchen Sie einen Gepäckträger?
7. Haben Sie nur zwei Päckchen Zigaretten?
8. Bleiben Sie lange in Deutschland?

ÜBUNG F   (*Tape 1*)

Antworten Sie auf deutsch, indem Sie die angegebenen Ausdrücke benutzen!

BEISPIEL: Seit wann warten Sie? (zwei Uhr)
            Ich warte seit zwei Uhr.

1. Seit wann ist er hier? (Sonntag)
2. Wie lange hat er seine Schreibmaschine schon? (seit zwei Jahren)
3. Lernen Sie schon lange Deutsch? (seit einem Jahr)
4. Seit wann ist er verheiratet? (Juni)
5. Fährt er schon lange Auto? (seit fünf Wochen)
6. Wie lange wohnen Sie schon hier? (erst seit zwei Monaten)
7. Kennen Sie ihn schon lange? (sehr lange)
8. Wie lange schläft er schon? (eine halbe Stunde)

3. Imperative

(a) **Fahren Sie** langsam, bitte!
Drive slowly, please.
Warten Sie bitte einen Augenblick!
Please wait a moment.

The conventional imperative (used for persons addressed by **Sie,** both singular and plural) is identical with the **Sie** form of the present tense, except that the personal pronoun follows the verb.

Note: The imperative in German is usually followed by an exclamation point.

(b) **Fahr(e)** langsam, Otto!
Drive slowly, Otto.
Komm(e) herein, Wolfgang!
Come in, Wolfgang!

The familiar singular imperative (used for persons addressed by **du**) normally ends in **-e**, but this ending is often omitted colloquially. The personal pronoun is normally omitted.

(c) **Gib** mir die Fotografie, Karl!
Give me the photo, Karl.

Irregular verbs which change the stem vowel from **e** to **i** or **ie** in the present tense have the same vowel change in the familiar singular imperative and do not add any personal ending.

(d) **Kommt** mit uns, Kinder!
Come with us, children.

The familiar plural imperative (used for persons addressed by **ihr**) is identical with the **ihr** form of the present, except that the personal pronoun is normally omitted.

(e) Imperative Forms of **sein** and **werden**

FAMILIAR SINGULAR	**sei!**	**werde!**
FAMILIAR PLURAL	**seid!**	**werdet!**
CONVENTIONAL	**seien Sie!**	**werden Sie!**

(f) First Person Plural Imperative

Gehen wir ins Hauptgebäude!
Let's go into the main building.
Warten wir hier!
Let's wait here.

The first person plural of the present tense, with the personal pronoun following the verb, may function as an imperative. It is usually equivalent to English *Let's* plus verb.

ÜBUNG G

*Setzen Sie die folgenden Imperative in die **Sie**-Form!*

BEISPIEL: Bleibe hier!
Bleiben Sie hier!

1. Wartet hier!
2. Nimm mein Gepäck!
3. Gib mir das Geld!
4. Lauft schnell!
5. Sei ruhig!
6. Vergeßt es nicht!

ÜBUNG H   *(Tape 1)*

*Setzen Sie die folgenden Imperative in die **du**-Form!*

BEISPIEL: Helfen Sie mir!
Hilf mir!

1. Essen Sie das nicht!
2. Kommen Sie herein!
3. Seien Sie nicht so unhöflich!
4. Singen Sie bitte nicht so laut!
5. Sprechen Sie bitte langsamer!
6. Halten Sie hier, bitte!

ÜBUNG I   *(Tape 1)*

Bilden Sie Imperative!

BEISPIEL: Wir gehen jetzt.
Gehen wir jetzt!

1. Wir sprechen lauter.
2. Wir vergessen das Geld nicht.
3. Wir sind nicht unhöflich.
4. Wir warten im Garten.
5. Wir fahren in die Stadt.
6. Wir geben ihm ein Trinkgeld.

IV. LEKTÜRE

HANS FALLADA: *Kleiner Mann, was nun?*

With great sensitivity Fallada (1893–1947) tells the story of a "little man" and his struggle to maintain his self-respect and support his wife and child during the 20's, a period of economic and political collapse in Germany after World War I. Although the hero is an undistinguished man of the people, he holds the reader's attention and sympathy because of his basic integrity and humanity.

This selection concerns the hopeless efforts by the hero, Pinneberg, to obtain employment.

Drei Wochen später — es ist ein trüber, kalter, regennasser Septembertag, sehr windig —, drei Wochen später schließt Pinneberg langsam die Außentür der Geschäftsstelle[1] seiner Angestelltengewerkschaft.[2] Einen Augenblick steht er auf dem Treppenabsatz und betrachtet gedankenlos einen Anruf, der an das Solidaritätsgefühl   5 aller Angestellten appelliert.

Der dicke Herr mit den trefflichen Goldzähnen auf der Geschäftsstelle hat ihm schlagend[3] bewiesen, daß nichts für ihn zu machen ist, daß er arbeitslos zu sein hat, nichts sonst. „Sie wissen doch selbst, Herr Pinneberg, wie's mit dem Textilfach[4] hier aussieht in Ducherow.[5]   10 Nichts frei."[6] Pause. Und mit erhöhtem Nachdruck: „Und es wird auch nichts frei."

„Aber die Gewerkschaft hat doch überall Geschäftsstellen", sagt Pinneberg schüchtern? „Wenn Sie sich mit denen in Verbindung setzen[7] würden? Ich hab' doch so gute Zeugnisse. Vielleicht ist ir-   15 gendwo", Pinneberg macht eine klägliche Bewegung ins Weite, „vielleicht ist irgendwo was[8] zu machen."

„Ausgeschlossen!" erklärt Herr Friedrichs bestimmt. „Wenn so was frei wird — und wo soll denn was frei werden, alle sitzen doch auf ihren Posten wie angefroren —, dann sind am Ort so viel Mit-   20 glieder, die darauf warten. Das wäre doch keine Gerechtigkeit, Herr Pinneberg, wenn wir die Mitglieder am Ort zurücksetzen würden für jemanden von außerhalb."

---

[1] die Geschäftsstelle *office*
[2] der Angestellte *employe (white collar)*; die Gewerkschaft *union*
[3] schlagend *decisively*
[4] das Textilfach *textile industry*

[5] Ducherow *a place name*
[6] nichts frei *no openings*
[7] sich in Verbindung setzen *to get in touch with*
[8] was = etwas

„Aber wenn der[9] von außerhalb es nötiger hat?"

„Nein, nein, das wäre ganz ungerecht. Nötig haben es heute alle."
Pinneberg geht auf die Frage mit der Gerechtigkeit nicht näher
ein.[10] „Und sonst?" fragt er hartnäckig.

„Ja, sonst . . ." Herr Friedrichs zuckt die Schultern. „Sonst ist
auch nischt.[11] Ein richtiger Buchhalter sind Sie ja[12] nicht, Herr Pinneberg, wenn Sie auch ein bißchen bei Kleinholz[13] dareingerochen
haben. Gott, Kleinholz, das ist auch so ein Betrieb . . .[14] Ist es denn
wirklich wahr, daß er sich jede Nacht besäuft und dann Frauenzimmer[15] mit ins Haus bringt?"

„Weiß nicht", sagt Pinneberg kurz. „Ich mach' nachts keinen
Dienst."

„Nee, nee, Herr Pinneberg", sagt Herr Friedrichs etwas ärgerlich.
„Und die DAG[16] ist auch sehr gegen solche Sachen: das Rüberwechseln[17] schlecht ausgebildeter Kräfte von der einen Branche in
die andere. Das kann die DAG nicht unterstützen, das schädigt den
Stand der Angestellten."

„Ach, Gott!" sagt Pinneberg bloß. Und dann hartnäckig: „Aber
Sie müssen mir was verschaffen, zum Ersten,[18] Herr Friedrichs! Ich
bin verheiratet."

„Zum Ersten! Das wären netto[19] acht Tage. Also ganz ausgeschlossen, Pinneberg, wie soll ich das denn machen? Sie sehen das
ja selbst ein, Herr Pinneberg. Sie sind ja ein vernünftiger Mensch."

Pinneberg legt auf Vernunft keinen Wert.[20] „Wir erwarten ein
Kind, Herr Friedrichs", sagt er leise.

Friedrichs sieht schräg zu dem Bittsteller hoch. Dann sehr gemütlich, tröstend: „Na ja, Kinder bringen Segen. Sagt man. Sie haben
ja erst mal die Arbeitslosenunterstützung.[21] Wie viele müssen sich
mit weniger einrichten. Es geht, seien Sie sicher."

„Aber ich muß . . ."

Herr Friedrichs sieht, er muß was tun. „Also, hören Sie zu, Pinneberg, ich seh' ja ein, Sie sind in keiner schönen Lage. Hier — sehen

[9] der *the one*
[10] eingehen *go into, discuss*
[11] nischt *dialect pronunciation of* nichts
[12] ja *really*
[13] Kleinholz *Pinneberg's former employer*
[14] so ein Betrieb *(derogatory) one of those places*
[15] das Frauenzimmer *(derogatory) woman*
[16] DAG = Deutsche Angestelltengewerk-schaft

[17] das Rüberwechseln *shifting*
[18] zum Ersten *by the first (of the month)*
[19] netto *in total (a business term)*
[20] Wert legen auf *(plus acc.) attach importance to, set value on*
[21] arbeitslos *unemployed;* die Unterstützung *support;* die Arbeitslosenunter-stützung *unemployment compensation*

Sie das? Ich schreib' Ihren Namen auf meinen Notizblock: Pinneberg, Johannes, dreiundzwanzig Jahre alt, Verkäufer, wohnen? Wo Sie wohnen?"

„Grünes Ende."

„Das ist ganz da draußen? Also! Und nun noch Ihre Mitglied-   60
nummer.[22] Schön . . ." Herr Friedrichs betrachtet den Zettel ge-
dankenvoll. „Den Zettel, den leg' ich hier neben mein Tintenfaß,
sehen Sie, so daß ich ihn immer vor Augen habe. Und wenn was
kommt, dann denke ich immer zuerst an Sie . . ." Pinneberg will was
sagen. „Also, ich behandle Sie bevorzugt, Herr Pinneberg, es ist ja   65
eigentlich ein Unrecht gegen die andern Mitglieder, aber ich verant-
worte es. Ich tu' das. Weil Sie in so schlechter Lage sind."

Herr Friedrichs betrachtet den Zettel mit eingekniffenen Augen,
nimmt einen Rotstift[23] und fügt noch ein dickes rotes Ausrufungs-
zeichen hintendran. „So!" sagt er befriedigt und legt den Zettel   70
neben das Tintenfaß.

Pinneberg seufzt und schickt sich an[24] zum Gehen. „Also, Sie
denken bestimmt an mich, Herr Friedrichs, nicht wahr?"

„Ich hab' den Zettel. Ich habe den Zettel. Morgen,[25] Herr Pinneberg."   75

From *Kleiner Mann, was nun?* (1932) by Hans Fallada. By permission of Frau Emma D. Hey, Braunschweig, representing the author's heirs.

Komposition

Sagen Sie zuerst und schreiben Sie danach auf deutsch!

1. Mr. Pinneberg has no work and no money.
2. His union does nothing for him.
3. He sees he is in a difficult situation.
4. He gives his name to Mr. Friedrichs.
5. Mr. Friedrichs writes it on a note pad and lays it near his inkwell.
6. He takes a pencil and writes something on the slip of paper.
7. Pinneberg closes the office door, leaves the office and stands in front of the door.
8. He thinks, "What am I going to do now?"
9. He has been married for six months and his wife is expecting a child.

[22] das Mitglied *member*
[23] der Rotstift *red pencil*
[24] sich anschicken *to get ready*
[25] Morgen *familiar for* Guten Morgen!

V. AUFSATZ

Sie kommen mit einem jüngeren Freund nach Deutschland und landen auf dem Flugplatz von Frankfurt. Sie gehen durch die Paß- und Zollkontrolle. Ihr Freund macht die gleiche Reise wie Sie, aber er spricht kein Wort Deutsch. Schreiben Sie das Gespräch nieder, das Sie für sich und Ihren Freund mit dem Grenzpolizisten und dem Zollbeamten führen!

VI. NEUER WORTSCHATZ

der **Aufenthalt, -e**	stay, sojourn	die **Landung, -en**	landing
fehlen	to be missing	das **Päckchen, -**	pack
das **Flugzeug, -e**	airplane	die **Reisetasche, -n**	flight bag, traveling bag
das **Formular, -e**	form, blank		
der **Gebrauch, ⸚e**	use	**schließen,**	to close, lock
das **Gepäck**	baggage	**schloß,**	
das **Geschenk, -e**	present, gift	**geschlossen**	
der **Grenzpolizist,**	border guard	**verzollen**	to declare (at customs); to pay duty
-en, -en			
der **Koffer, -**	suitcase		
		das **Zollamt, ⸚er**	customs office

Lektion 2

Regular verbs:
simple past,
compound
tenses

I. GESPRÄCH: Auf der Autobahn (*Tape 2*)

HERBERT: Wie weit ist es zur Stadt.

HERR LENZ: Eine gute halbe Stunde. Das hängt natürlich vom Verkehr ab.

HERBERT: Ich habe immer geglaubt, auf den Autobahnen kann man fahren, so schnell man will.

HERR LENZ: Das stimmt prinzipiell. Die Geschwindigkeit ist nicht begrenzt. Aber an gewissen Stellen ist der Verkehr oft so stark, daß man nur langsam vorwärts kommt.

HERBERT: Ja, das kommt auch in Amerika vor.

HERR LENZ: Gewiß. Aber die Amerikaner sind höflichere Fahrer. Da geht der langsame Fahrer auf die rechte Fahrbahn und überläßt die linke den schnelleren Fahrzeugen. Das habe ich letztes Jahr beobachtet, als ich geschäftlich in New York und Washington war. Aber hier! Vor zwei Wochen zum Beispiel machte ich einen Ausflug mit Frau Lenz nach

13

Heidelberg. Da hatte ich so einen frechen kleinen VW vor mir, der sich weigerte, mir Platz zu machen.

HERBERT: Auf der linken Fahrbahn?

HERR LENZ: Ja, stellen Sie sich das vor! Ich, mit meinem Mercedes 300, ich konnte hupen, so viel ich wollte. Der VW rührte sich nicht. Schließlich verging mir die Geduld, und ich überholte ihn rechts. Und das Resultat — ein Strafzettel von der Polizei!

HERBERT: Pech! Haben Sie nicht protestiert?

HERR LENZ: Doch, aber es hat nichts genützt. Es war eben mein Fehler. Das Rechts-Überholen kann zu schweren Unfällen führen.

HERBERT: Sicher ist es hier nicht so schlimm wie in Amerika.

HERR LENZ: Mein lieber Freund! Wir haben nicht nur die besten Autostraßen Europas, sondern auch die meisten Verkehrsunfälle. Statistisch bewiesen.

HERBERT: Herr Lenz, passen Sie auf! Der Lastwagen da vorne will überholen.

HERR LENZ: Unverschämt auf dieser Strecke. Und ich muß meine Geschwindigkeit von 100 auf 60 Stundenkilometer reduzieren. Na, ich habe es Ihnen ja gesagt: so ist der Verkehr auf den Autobahnen.

Fragen   (*Tape 2*)

Antworten Sie auf deutsch!

1. Wo sind Herbert und Herr Lenz?
2. Wie schnell darf man auf der Autobahn fahren?
3. Auf welcher Fahrbahn soll der langsame Fahrer fahren?
4. Was machte Herr Lenz vor zwei Wochen?
5. Was hat der freche VW vor ihm auf der Autobahn getan?
6. Was für einen Wagen fuhr Herr Lenz?
7. Was tat Herr Lenz, um zu zeigen, daß er überholen wollte?
8. Was hat Herr Lenz schließlich getan?
9. Was war das Resultat dieses Überholens?
10. Wo gibt es die besten Autostraßen Europas?

Konversation

Fragen Sie Ihren Nachbar,

1. was er macht, wenn er einen Wagen überholen will!

2. ob er lieber mit einem VW oder mit einem Mercedes fährt!
3. ob Herr Lenz schon einmal nach Amerika gereist ist!
4. was Herr Lenz auf den amerikanishen Autostraßen beobachtet hat!
5. was das Resultat sein kann, wenn man rechts überholt!
6. wo man in Europa die meisten Verkehrsunfälle hat!
7. wie das bewiesen ist!

II. NÜTZLICHE AUSDRÜCKE

aufpassen	to pay attention
Passen Sie auf!	Pay attention! Watch out!
das Beispiel	example
zum Beispiel (*abbr.* **z. B.**)	for example
beweisen	to prove
statistisch bewiesen	proved statistically
geschäftlich (*adj.*)	business (*adj.*)
Er reiste geschäftlich. (*adv.*)	He was on a business trip.
nützen	to be of use
Das nützt nichts.	That's no use.
das Pech	pitch, tar
Pech!	tough luck!
der Platz	the place
Platz machen	to make room
stimmen	to agree
Das stimmt.	That's right.
die Geduld	patience
vergehen	to disappear
Mir vergeht die Geduld.	I'm losing patience.
vorkommen	to occur, happen
Das kommt manchmal vor.	That happens occasionally.
sich vorstellen	to imagine
Stellen Sie sich das vor!	Imagine that! Just imagine!

Anwendung

Gebrauchen Sie sechs der Nützlichen Ausdrücke in ganzen Sätzen!

III. GRAMMATIK UND ÜBUNGEN

4. Simple Past of Regular Verbs[1]

(a) **ich machte**

The simple past in German may be equivalent to four meanings in English: *I made, I did make, I was making, I used to make.*

(b) Forms of the Simple Past

ich mach**te**	*I made*	ich antworte**te**	*I answered*
du mach**test**	*you made*	du antworte**test**	*you answered*
er mach**te**	*he made*	er antworte**te**	*he answered*
wir mach**ten**	*we made*	wir antworte**ten**	*we answered*
ihr mach**tet**	*you made*	ihr antworte**tet**	*you answered*
sie mach**ten**	*they made*	sie antworte**ten**	*they answered*

To form the simple past of regular verbs, the personal endings are added to the infinitive stem. Observe the characteristic **-t-** of the simple past at the beginning of personal endings. To facilitate pronunciation, an **e** is inserted before the personal endings when the stem ends in **-t** (**antwortete**) or **-d** (**landete**) or in **-m** or **-n** preceded by a different consonant other than l and r (**atmete, öffnete**; but **filmte, lernte**).

ÜBUNG A (*Tape 2*)

Setzen Sie die folgenden Sätze in das Imperfekt!

1. Ich öffne das Fenster.
2. Ich lerne seit zwei Jahren Deutsch.
3. Du redest zuviel.
4. Es nützt nichts.
5. Er besucht seinen Freund aus Deutschland.
6. Wir protestieren nicht oft.
7. Sie antworten auf deutsch.
8. Sie wohnen in Stuttgart.

5. Past Participle of Regular Verbs

(a)

INFINITIVE		PAST PARTICIPLE	
machen	*to make*	**gemacht**	*made*
antworten	*to answer*	**geantwortet**	*answered*
öffnen	*to open*	**geöffnet**	*opened*
lernen	*to learn*	**gelernt**	*learned*

---

[1] Regular verbs also are called "weak" verbs.

The past participle of regular verbs adds the prefix **ge-** and the suffix **-t** to the stem of the infinitive. To facilitate pronunciation, an **e** is inserted before the **t** when the infinitive stem ends in **-d** or **-t** or in **-m** or **-n** preceded by a different consonant other than **l** or **r**.

(b)

INFINITIVE		PAST PARTICIPLE	
besuchen	*to visit*	besucht	*visited*
erzählen	*to relate*	erzählt	*related*
passieren	*to occur*	passiert	*occurred*

Verbs with inseparable prefixes and verbs with infinitive ending in **-ieren** do not add **ge-** in the past participle.

6. Mixed Verbs

INFINITIVE		SIMPLE PAST	PAST PARTICIPLE
brennen	*to burn*	brannte	gebrannt
rennen	*to run*	rannte	ist gerannt
nennen	*to name*	nannte	genannt
kennen	*to know*	kannte	gekannt
senden	*to send*	sandte	gesandt
wenden	*to turn*	wandte	gewandt
bringen	*to bring*	brachte[1]	gebracht[1]
denken	*to think*	dachte[1]	gedacht[1]

Mixed verbs change their stem vowel in the simple past and past participle, but retain the endings of regular verbs.

7. Present Perfect of Regular Verbs

(a) The present perfect in German is generally equivalent to an English past or present perfect: I *made,* I *have made.*

(b) Forms of the Present Perfect

ich **habe gemacht**	*I made, have made*
du **hast gemacht**	*you made, have made*
er **hat gemacht**	*he made, has made*
wir **haben gemacht**	*we made, have made*
ihr **habt gemacht**	*you made, have made*
sie **haben gemacht**	*they made, have made*

The present perfect of most verbs consists of the present tense of **haben** plus past participle.

---

[1] Note irregular spelling.

Note: The past participle is at the end of a main clause:

Er hat es **gemacht.**   *He (has) made it.*

(c) Present Perfect with **sein**

1. ich **bin gereist**   *I traveled, have traveled*
    du **bist gereist**   *you traveled, have traveled*
    er **ist gereist**   *he traveled, has traveled*
    wir **sind gereist**   *we traveled, have traveled*
    ihr **seid gereist**   *you traveled, have traveled*
    sie **sind gereist**   *they traveled, have traveled*

Intransitive verbs expressing a change of place or condition form the present perfect with the present tense of **sein** plus past participle.

2. While most intransitive verbs expressing a change of place or condition are irregular verbs, a number of common regular verbs belong to this category:

begegnen	*to meet*
folgen	*to follow*
landen	*to land*
marschieren	*to march*
reisen	*to travel*
wandern	*to wander*

ÜBUNG B   *(Tape 2)*

Setzen Sie die folgenden Sätze in das Perfekt!

1. Ich erkenne ihn.
2. Ich protestiere dagegen.
3. Du folgst ihm.
4. Du denkst immer an sie.
5. Du sagst nichts.
6. Wir verkaufen das Haus.
7. Wir bringen Blumen.
8. Wir reisen mit der Lufthansa.
9. Lernt ihr Deutsch?
10. Besucht ihr Deutschland?

ÜBUNG C

Antworten Sie mit **ja!**

1. Haben Sie in Berlin gewohnt?
2. Sind Sie Ihrem Freund begegnet?
3. Haben Sie viel gehupt?
4. Hat er protestiert?
5. Ist er nach Deutschland gereist?

6. Hat er Platz gemacht?
7. Wohnte sie in Hamburg?
8. Machte er einen Ausflug?
9. Überholte er den VW?
10. War es sein Fehler?

ÜBUNG D (*Tape 2*)

Ergänzen Sie die passenden Formen von **haben** *oder* **sein**!

1. Wir _____ vorigen Monat nach Frankfurt gereist.
2. Was _____ er gefragt?
3. Er _____ uns den ganzen Tag gefolgt.
4. Er _____ sich geweigert, ihm Platz zu machen.
5. Wir _____ ihm gestern nachmittag begegnet.
6. Wir _____ einen schönen Ausflug gemacht.
7. Sie _____ durch einen großen Wald gewandert.
8. Ich _____ lange protestiert.

8. Uses of the Present Perfect and Simple Past

(a) Present Perfect

> Das **habe** ich letztes Jahr **beobachtet.**
> *I noticed that last year.*
> Es **hat** nichts **genützt.**
> *It was no use.*
> **Haben** Sie nicht **protestiert?**
> *Didn't you protest?*

The present perfect is the normal past tense in conversation and informal writing. Its chief function is to express completed past actions or isolated events. Note that an an English simple past is often equivalent to a German present perfect.

(b) Simple Past

> Ich **konnte** hupen, soviel ich **wollte.**
> *No matter how much I blew the horn, it didn't make any difference.*
> Der VW **rührte** sich nicht.
> *The Volkswagen didn't budge.*
> Vor zwei Wochen **machte** ich einen Ausflug mit meiner Frau.
> *Two weeks ago I took a trip with my wife.*
> Das habe ich beobachtet, als ich in Amerika **war.**
> *I noticed that when I was in America.*

The simple past is used primarily to narrate or describe related events and situations, occurring more often in literature and other formal contexts than in conversation. It is, however, usually preferred in conversation with **haben** and **sein,** the modal auxiliaries (**dürfen, können, mögen, müssen, sollen, wollen**), and in dependent clauses, especially after **als.**[1]

9. Idiomatic Use of the Simple Past

Er **war seit 1924** in Berlin wohnhaft.
He had been living in Berlin since 1924.
Wir **warteten schon seit zwei Uhr.**
We had been waiting since two o'clock.

The simple past used with the time expressions **seit, schon, schon seit, wie lange (schon)** describes or asks about an action that began in the past and was still in progress at a later time in the past.

ÜBUNG E

Ergänzen Sie die korrekte Form des angegebenen Verbs!

1. (sein)   Er _____ seit zwei Tagen hier.
2. (arbeiten)   Er _____ seit **Juni in** Spanien, aber er spricht nur Englisch!
3. (sein)   Seine Mutter _____ **sch**on lange tot, als wir ihn besuchten.
4. (haben)   Er _____ seit drei Monaten einen Reisepaß.
5. (studieren)   Er _____ erst seit kurzer Zeit in Heidelberg, als wir ihn kennenlernten.
6. (sein)   Er _____ seit sechs Jahren verheiratet und hat einen Sohn von drei Jahren.
7. (wohnen)   Sie _____ schon lange bei ihren Verwandten, aber wir haben es bisher nicht gewußt.
8. (sein)   Das ist mein Onkel. Er _____ seit Samstag auf Besuch bei uns.

10. Past Perfect Tense

(a) ich **hatte gemacht**   *I had made*
    du **hattest gemacht** *you had made*
    er **hatte gemacht**   *he had made*

---

[1] There are also regional differences. Northern Germans often prefer the simple past in conversation.

```
wir hatten gemacht    we had made
ihr hattet gemacht    you had made
sie hatten gemacht     they had made
```

```
ich war gereist       I had traveled
du warst gereist      you had traveled
er war gereist        he had traveled
wir waren gereist     we had traveled
ihr wart gereist      you had traveled
sie waren gereist     they had traveled
```

The past perfect consists of the simple past of **haben** or **sein** plus past participle.

(b) Er **hatte** es schon **gemacht.**
He had already made it.

Er **war** viel **gereist,** aber man merkte es nicht mehr.
He had traveled much, but one didn't notice it anymore.

The past perfect is used as in English to describe an action that occurred before another action in past time.

ÜBUNG F   *(Tape 2)*

Setzen Sie die folgenden Sätze ins Plusquamperfekt!

1. Es nützt nichts.
2. Er rennt ins Haus.
3. Er erzählt eine Geschichte.
4. Er lacht nie.
5. Er antwortet nicht.
6. Sie wandern gern im Wald.
7. Sie reden zuviel.
8. Sie öffnen die Tür.
9. Sie wohnen nicht hier.
10. Sie arbeiten zu wenig.

ÜBUNG G   *(Tape 2)*

Beantworten Sie die folgenden Fragen, indem Sie die angegebenen Ausdrücke benutzen!

BEISPIEL: Was hatte er gekauft? (ein Haus)
            Er hatte ein Haus gekauft.

1. Wo hatte er gewohnt? (in Bad Wildungen)
2. Wo hatte er Englisch gelernt? (in Amerika)
3. Wie oft war er nach England gereist? (jedes Jahr)
4. Was hatte er ihm gegeben? (einen Strafzettel)
5. Wo waren Sie ihm begegnet? (in der Stadt)
6. Wie lange hatten Sie gewartet? (zwei Stunden)

7. Was hatten Sie ihm gegeben? (zwei Mark)
8. Wie lange hatten Sie mit ihm geredet? (nur fünf Minuten)

IV. LEKTÜRE

FRIEDRICH DÜRRENMATT: Der Richter und sein Henker

Friedrich Dürrenmatt (born 1921), one of Switzerland's most eminent contemporary writers, has created in Der Richter und sein Henker *a murder mystery which rises above the usual merit of the genre by its literary style and its probing of the human motivations for good or evil.*

Commissioner Bärlach is in charge of the investigation of the murder of a policeman, Schmied. Working by intuition he has asked for Tschanz, a member of the police force and the actual murderer, as his assistant. While leading Tschanz to furnish the evidence by which he unwittingly exposes himself, Bärlach also uses Tschanz as the unwitting hangman to wreak justice on a very clever criminal, who does good or evil as the whim strikes him and who has built an impeccable reputation for himself on the basis of his well-publicized good deeds.

Er (Tschanz) zog einen kleinen Taschenkalender hervor und erklärte, daß dies Schmieds Kalender sei.

„Ich kenne ihn", nickte Bärlach, „es steht nichts drin, was wichtig ist."

Tschanz widersprach: „Schmied hat sich für Mittwoch den zweiten November ein G notiert. An diesem Tage ist er kurz vor Mitternacht 5 ermordet worden, wie der Gerichtsmediziner meint. Ein weiteres G steht am Mittwoch, den sechsundzwanzigsten und wieder am Dienstag, den achzehnten Oktober."

10 „G kann alles Mögliche heißen", sagte Bärlach, „ein Frauenname oder sonst was."

„Ein Frauenname kann es kaum sein", erwiderte Tschanz, „Schmieds Freundin heißt Anna, und Schmied war solid."[1]

„Von der weiß ich auch nichts", gab der Kommissär zu; und wie 15 er sah, daß Tschanz über seine Unkenntnis erstaunt war, sagte er: „Mich interessiert eben nur, wer Schmieds Mörder ist, Tschanz."

Der sagte höflich: „Natürlich", schüttelte den Kopf und lachte: „Was Sie doch für ein Mensch sind,[2] Kommissär Bärlach."

---

[1] solid *solid, respectable, steady*

[2] *The sentence implies, "What a strange man you are."*

Bärlach sprach ganz ernsthaft: „Ich bin ein großer alter schwarzer
Kater, der gern Mäuse frißt."   20

Tschanz wußte nicht recht, was er darauf erwidern sollte, und
erklärte endlich: „An den Tagen, die mit G bezeichnet sind, hat
Schmied jedesmal den Frack angezogen und ist mit seinem Mercedes
davongefahren."

„Woher wissen Sie das wieder?"   25

„Von Frau Schönler."[3]

„So so", antwortete Bärlach und schwieg. Aber dann meinte er:
„Ja, das sind Tatsachen."

Tschanz schaute dem Kommissär aufmerksam ins Gesicht, zündete
sich eine Zigarette an und sagte zögernd: „Herr Dokter Lutz[4] sagte   30
mir, Sie hätten einen bestimmten Verdacht."

„Ja, den habe ich, Tschanz."

„Da ich nun Ihr Stellvertreter in der Mordsache Schmied geworden
bin, wäre es nicht vielleicht besser, wenn Sie mir sagen würden,
gegen wen sich Ihr Verdacht richtet, Kommissär Bärlach?"   35

„Sehen Sie", antwortete Bärlach langsam, ebenso sorgfältig jedes
Wort überlegend wie Tschanz, „mein Verdacht ist nicht ein kriminalistisch wissenschaftlicher Verdacht. Ich habe keine Gründe, die ihn
rechtfertigen. Sie haben gesehen, wie wenig ich weiß. Ich habe
eigentlich nur eine Idee, wer als Mörder in Betracht kommen könnte;   40
aber der, den es angeht,[5] muß die Beweise, daß er es gewesen ist, noch
liefern."

„Wie meinen Sie das, Kommissär?" fragte Tschanz.

Bärlach lächelte: „Nun, ich muß warten, bis die Indizien zum
Vorschein gekommen sind, die seine Verhaftung rechtfertigen."   45

From *Der Richter und sein Henker* (1952), by Friedrich Dürrenmatt. By
permission of Benziger Verlag, Einsiedeln-Zürich. American edition by
Houghton Mifflin Company, Boston.

Komposition

1. Bärlach had been a policeman for a long time.
2. He knew Schmied well, and Tschanz had been working with Schmied
   since December.

---

[3] *Schmied's landlady*   [5] den es angeht *whom it concerns*
[4] *Bärlach's superior*

3. Tschanz was the murderer, but Bärlach selected him as his deputy in this case.
4. Tschanz had never worked much with Bärlach, and he was therefore surprised.
5. Bärlach was playing a role, for he wanted to catch Tschanz.
6. He needed proof in order to justify his arrest.
7. He learned that Tschanz had visited Mrs. Schönler.
8. Tschanz had brought Schmied's pocket memo book from his room.
9. Schmied had a girl friend, and her name was in the pocket memo book.
10. Finally Bärlach showed how and why Tschanz had killed Schmied.

V. AUFSATZ

Stellen Sie sich vor, Sie sind Herbert Becker! Beschreiben Sie, wie Sie mit Herrn Lenz auf der Autobahn vom Flughafen nach Frankfurt gekommen sind!

VI. NEUER WORTSCHATZ

der **Ausflug, ⸚e**	excursion, trip	die **Stelle, -n**	place
beobachten	to observe	der **Strafzettel, -**	(police) ticket
die **Fahrbahn, -en**	(driving) lane	**überholen**	to pass, overtake
das **Fahrzeug, -e**	vehicle	**überlassen**	to leave, turn over
die **Geschwindig-**	speed	der **Unfall, ⸚e**	accident
keit -en		**unverschämt**	shameless
höflich	polite	der **Verkehr**	traffic
hupen	to blow the horn (of a car)	**sich weigern**	to refuse
der **Lastwagen, -**	truck		

LEKTION 3

IRREGULAR VERBS:
SIMPLE PAST,
COMPOUND TENSES;
WORD ORDER

I. GESPRÄCH: Im Bankhaus (*Tape 3*)

HERBERT:	Herr Lenz, ich muß unbedingt zur Bank. Ich habe nur amerikanisches Geld mitgebracht. Ich habe keinen deutschen Pfennig.
HERR LENZ:	Wenn Sie es eilig haben, können Sie Ihr Geld gleich hier an der Ecke umtauschen. Da ist ein Geschäft, wo viele Fremde Einkäufe machen. Die nehmen bestimmt fremdes Geld an.
HERBERT:	Dort bin ich schon gewesen. Aber scheinbar bekommt man dort deutsches Geld nur als Wechselgeld, wenn man etwas kauft. Und einkaufen wollte ich nichts.
HERR LENZ:	Ach so, natürlich. Daran hatte ich gar nicht gedacht. — Dann müssen Sie leider warten bis morgen früh. Die Banken sind heute geschlossen. Inzwischen leihe ich Ihnen gerne ein paar Mark.

25

(In der Bank)

HERR LENZ: Gehen Sie gleich hier zum ersten Schalter, wo „Wechsel" steht. Ich selbst habe dort am vierten Schalter etwas zu besorgen.

HERBERT: *(tritt an den Schalter.)* Kann ich hier einen amerikanischen Reisescheck einlösen?

BANKBEAMTER: Jawohl.

HERBERT: Wieviel Mark bekomme ich für einen Dollar?

BANKBEAMTER: Gestern stand der Kurs auf DM 3,62. Heute steht er auf DM 3,60. Darf ich Ihren Reisepaß sehen?

HERBERT: Meinen Reisepaß? Den habe ich zu Hause gelassen.

BANKBEAMTER: Haben Sie vielleicht andere Ausweispapiere bei sich?

HERBERT: Meinen Führerschein.

BANKBEAMTER: Das genügt nicht. Es tut mir leid.

HERR LENZ: Was ist los? Sie scheinen Schwierigkeiten zu haben.

BANKBEAMTER: Der junge Herr hier wollte . . . Verzeihung! Guten Morgen, Herr Lenz.

HERR LENZ: Guten Morgen.

BANKBEAMTER: Der Herr hat keine Ausweispapiere bei sich.

HERR LENZ: Ich bürge für ihn. Der junge Mann wohnt bei mir.

BANKBEAMTER: Dann kann ich eine Ausnahme machen. — Also 20 Dollar. Das macht, minus zwei Mark Gebühr, 70 Mark. Hier ist das Geld. Bitte zählen Sie nach!

HERBERT: Es stimmt. Danke schön. *(Zu Herrn Lenz.)* Meine Güte! Die deutschen Banken sind aber mißtrauisch.

HERR LENZ: Das kommt Ihnen nur so vor. Letztes Jahr, als ich in Amerika war, versuchte ich, meine Rechnungen mit deutschen Reiseschecks zu bezahlen. Wissen Sie, was geschehen ist? An den meisten Orten hat man meine Reiseschecks überhaupt nicht angenommen. Da half nicht einmal mein Reisepaß.

HERBERT: Dann ist es wohl das Beste, wenn ich hier oder in einer anderen Bank ein Konto eröffne.

HERR LENZ: Nein, das empfehle ich Ihnen nicht. Persönliche Konten, wie man sie in Amerika kennt, sind in Europa nicht üblich.

HERBERT: Nicht? Wie bezahlt man dann seine Rechnungen?

HERR LENZ: Man bezahlt sie bar oder mit einem Postscheck.

Fragen   (*Tape* 3)

Antworten Sie auf deutsch!

1. Warum muß Herbert zur Bank gehen?
2. Wo glaubt Herr Lenz, daß Herbert sein Geld umtauschen kann?
3. Warum konnte Herbert sein Geld nicht im Geschäft an der Ecke umtauschen?
4. An welchem Schalter im Bankhaus hat Herr Lenz etwas zu besorgen?
5. Was fragt Herbert den Bankbeamten?
6. Warum will der Bankbeamte Herberts Reiseschecks nicht einlösen?
7. Was für Ausweispapiere hat Herbert bei sich?
8. Was tut Herr Lenz für Herbert?
9. Wieviel deutsches Geld bekommt Herbert für zwanzig Dollar?
10. Wieviel Gebühr muß Herbert am Schalter bezahlen?

Konversation

Fragen Sie Ihren Nachbar,

1. warum Herbert in dieser Episode zur Bank geht!
2. was für Geld Herbert aus Amerika mitgebracht hat!
3. warum Herbert bis zum nächsten Morgen warten muß!
4. zu welchem Schalter Herbert gehen muß!
5. was Herbert vergessen hat mitzubringen!
6. wie Herr Lenz in Amerika versucht hat, seine Rechnungen zu bezahlen!
7. was man in Amerika von Herrn Lenz oft nicht angenommen hat!
8. wie man in Deutschland gewöhnlich Rechnungen bezahlt!

II. NÜTZLICHE AUSDRÜCKE

besorgen	to take care of
etwas zu besorgen haben	to have something to take care of
bei	at, at the house of
bei Herrn Lenz	at the home of Mr. Lenz
bei dir	at your house
bei (*plus dat. reflexive pronoun*)	on one's person
Ich trage immer meinen Paß bei mir.	I always carry my passport on me.
Haben Sie Ihren Paß bei sich?	Do you have your passport with you?
denken (*plus* **an** *with accusative*)	to think of, reflect on
Er dachte an sein Geld.	He was thinking of his money.

einmal	once
nicht einmal	not once, not even
Ich konnte nicht einmal hören.	I couldn't even hear.
es eilig haben	to be in a hurry
Haben Sie es eilig?	Are you in a hurry?
die Eile	hurry
Haben Sie Eile?	Are you in a hurry?
leid tun (*impersonal verb*)	to be sorry
Es tut mir leid.	I'm sorry.
los	loose, wrong
Was ist los?	What's wrong? What's going on?
die Schwierigkeit	difficulty
Haben Sie Schwierigkeiten?	Are you having trouble?

Anwendung

Gebrauchen Sie fünf der Nützlichen Ausdrücke in ganzen Sätzen!

III. GRAMMATIK UND ÜBUNGEN

11. Simple Past of Irregular Verbs[1]

(a)

ich **schrieb**	*I wrote*	wir **schrieben**	*we wrote*
du **schriebst**	*you wrote*	ihr **schriebt**	*you wrote*
er **schrieb**	*he wrote*	sie **schrieben**	*they wrote*

The simple past of irregular verbs has a vowel different from that of the infinitive. It does not add the **-t-** characteristic of the simple past of regular verbs, and the **ich** and **er** forms have no endings. The change of vowel is called *ablaut*.

(b) Review the simple past of **haben, sein,** and **werden** in the Appendix.

12. Past Participle of Irregular Verbs

(a)

INFINITIVE		PAST PARTICIPLE	
schreiben	*to write*	**geschrieben**	*written*
fliegen	*to fly*	**geflogen**	*flown*

The past participles of many irregular verbs also have *ablaut*. Past participles of irregular verbs take the prefix **ge-** and the suffix **-en.**

---

[1] Irregular verbs may also be called "strong" verbs.

(b)

INFINITIVE		PAST PARTICIPLE	
versprechen	*to promise*	**versprochen**	*promised*
erscheinen	*to appear*	**erschienen**	*appeared*

Verbs with inseparable prefixes do not add **ge-** to the past participle.

13. Present Perfect and Past Perfect

(a)

PRESENT PERFECT:	ich **habe geschrieben**	*I wrote, have written*
	ich **bin gefahren**	*I drove, have driven*
PAST PERFECT:	ich **hatte geschrieben**	*I had written*
	ich **war gefahren**	*I had driven*

The present perfect and the past perfect are formed like those of regular verbs by using **haben** or **sein** with the past participle.

(b) Common irregular verbs conjugated with **sein** (Note that these are intransitive verbs indicating change of place or condition).

einschlafen	*to fall asleep*	**laufen**	*to run*
fahren	*to ride, drive*[1]	**springen**	*to jump*
fallen	*to fall*	**sinken**	*to sink*
gehen	*to go*	**sterben**	*to die*
geschehen	*to happen*	**wachsen**	*to grow*
kommen	*to come*	**werden**	*to become*

(c) Two intransitive verbs which do *not* indicate change of place or condition are conjugated with **sein: sein** (*to be*) and **bleiben** (*to stay, remain*).

14. Principal Parts of Verbs

INFINITIVE	SIMPLE PAST	PAST PARTICIPLE	3RD. PERS. SING. PRESENT
machen (*to make*)	**machte**	**gemacht**	
besuchen (*to visit*)	**besuchte**	**besucht**	
schreiben (*to write*)	**schrieb**	**geschrieben**	
versprechen (*to promise*)	**versprach**	**versprochen**	er **verspricht**
springen (*to jump*)	**sprang**	ist **gesprungen**	

---

[1] A number of intransitive verbs, among them **fahren,** may also be used transitively with a direct object. Compare:

(Intransitive)	Er **ist** heute nicht in die Stadt **gefahren.**
	He didn't drive to town today.
(Transitive)	Er **hat** seinen Freund in die Stadt **gefahren.**
	He drove his friend to town.

The principal parts of all verbs consist of the infinitive, the simple past, and the past participle. From these principal parts other tenses are derived.

The **er**-form of the present tense is listed if stem-vowel changes occur in the **du**-form and **er**-form of the present tense.

Verbs conjugated with **sein** are indicated by **ist** before the past participle.

15. Principal Parts of Irregular Verbs

The following common irregular verbs have variations in certain forms. These are printed in bold type.[1]

INFINITIVE	SIMPLE PAST	PAST PARTICIPLE	3RD. PERS. SING. PRESENT
bitten (*to beg*)	**bat**	**gebeten**	
erschrecken (*to be frightened*)	**erschrak**	ist erschrocken	er erschrickt
essen (*to eat*)	**aß**	**gegessen**	er ißt
gehen (*to go*)	**ging**	ist **gegangen**	
gleiten (*to glide*)	**glitt**	ist **geglitten**	
greifen (*to seize*)	**griff**	**gegriffen**	
kommen (*to come*)	**kam**	ist gekommen	
leiden (*to suffer*)	**litt**	**gelitten**	
nehmen (*to take*)	nahm	**genommen**	er **nimmt**
reiten (*to ride*)	**ritt**	ist **geritten**	
schneiden (*to cut*)	**schnitt**	**geschnitten**	
sitzen (*to sit*)	**saß**	**gesessen**	
stehen (*to stand*)	**stand**	**gestanden**	
treten (*to step*)	trat	ist getreten	er **tritt**
tun (*to do*)	**tat**	**getan**	
verstehen (*to understand*)	**verstand**	**verstanden**	
ziehen (*to pull*)	**zog**	**gezogen**	

ÜBUNG A   (*Tape 3*)

Setzen Sie die folgenden Sätze ins Imperfekt!

1. Sie verspricht es ihm.
2. Er fliegt über das Meer.
3. Es geschieht jeden Tag.
4. Sie kommen erst am Abend.
5. Er tritt an den Schalter.
6. Wir fahren immer langsam.

---

[1] For a more complete list of irregular verbs, with their principal parts, see Appendix 1.

7. Sie leidet an einer schweren Krankheit.
8. Der Kurs steht auf DM 3,50.
9. Mein Freund heißt Ferdinand.
10. Das Buch gefällt ihm nicht.

ÜBUNG B   *(Tape 3)*

Setzen Sie die folgenden Sätze ins Perfekt!

1. Ich beginne die Arbeit.
2. Ich schreibe den Brief.
3. Ich laufe ins Haus.
4. Ich gehe zur Bank.
5. Ich schließe die Tür.
6. Wir vergessen es nicht.
7. Wir geben ihm die Hand.
8. Wir singen ein Lied.
9. Wir sitzen auf der Terrasse.
10. Wir verstehen es nicht.
11. Er findet eine Dollarnote.
12. Er trägt einen Hut.
13. Er lügt nie.
14. Er liest ein Buch.
15. Er trifft eine Freundin.
16. Sie ziehen durch die Stadt.
17. Sie sehen es nicht.
18. Sie schlafen die ganze Nacht.
19. Sie helfen uns nicht.
20. Sie tun es nicht.

ÜBUNG C   *(Tape 3)*

Setzen Sie die Sätze in B ins Plusquamperfekt!

16. Word Order

(a) Normal Word Order: Main Clause

Herr Lenz und Herbert gehen zur Bank.
Mr. Lenz and Herbert are going to the bank.
Sie müssen bis morgen früh warten.
You'll have to wait until tomorrow morning.
Ich habe nur amerikanisches Geld mitgebracht.
I brought only American money with me.

In normal word order, the subject and its modifiers stand first, the finite verb second, and the remaining parts of the clause third. (An infinitive or past participle stands at the end of the main clause.)

(b) Inverted Word Order: Main Clause

Am nächsten Morgen **gehen Herbert und Herr Lenz** zur Bank. (1)
The next morning Herbert and Mr. Lenz go to the bank.
Seinen Reisepaß **hat er** zu Hause gelassen. (2)
He left his passport home.
Daß die Banken geschlossen sind, **habe ich** nicht gewußt. (3)
I didn't know that the banks are closed.

If, for emphasis or variety of style, an element other than the subject stands first, the subject *follows* the verb. Such an element may be an adverb or adverbial phrase (example 1), an object (example 2), or a whole dependent clause (example 3).

Note: The finite verb always stands in second position in a main clause.

(c) Dependent Word Order: Dependent Clause

Wenn er es eilig **hat,** kann er sein Geld in dem Geschäft umtauschen.
If he's in a hurry, he can exchange his money at the store.
Er kann seine Reiseschecks nicht einlösen, **weil er** seinen Paß zu Hause
  gelassen hat.
He can't cash his travelers checks, because he left his passport at home.
Der Bankbeamte sagt ihm, **daß er** seinen Pass **sehen muß.**
The bank clerk tells him that he must see his passport.

In dependent clauses (introduced by subordinating conjunctions), the finite verb stands at the end of the clause.[1] The past participle or the infinitive immediately precedes the finite verb (**gelassen hat, sehen muß**).

(d) Interrogative Word Order: Questions

Haben Sie Ihre Ausweispapiere? (1)
Do you have your identity papers?
Warum geht Herbert zur Bank? (2)
Why is Herbert going to the bank?
Was für Geld hat Herbert mitgebracht? (3)
What kind of money did Herbert bring with him?

In questions the subject follows the verb. A question may begin with a verb (example 1) or with an interrogative word or phrase (examples 2 and 3). Note that such interrogative word order is similar to English.

Note: As in English, a statement may be turned into a question by raising the voice at the end of the statement:

Sie haben Ihre Ausweispapiere nicht? ↗
You don't have your identity papers?

17. Coordinating and Subordinating Conjunctions

(a) Coordinating Conjunctions

---

[1] In German all dependent clauses are set off by commas.

Er ist müde, **aber er ist nicht unglücklich.**
He is tired, but he is not unhappy.
Er ist müde, **denn er hat viel gearbeitet.**
He is tired because he has worked a lot.

The coordinating conjunctions **aber, allein, denn, oder, sondern, und** join main clauses and cause no change in word order.

(b) Subordinating Conjunctions

The most common subordinating conjunctions are:

als	*when, as, than* (in comparisons)
als ob	*as if*
als wenn	*as if*
bevor	*before*
bis	*until*
da	*because, since* (causal)
damit	*so that, in order that*
daß	*that*
ehe	*before*
falls	*in case*
indem	*while*
nachdem	*after*
ob	*whether*
obgleich, obschon, obwohl	*although*
ohne daß	*without*
seitdem	*since* (time)
sobald	*as soon as*
so lange	*as long as*
so oft	*as often as*
während	*while*
weil	*because*
wenn	*when, if*
wenn . . . auch, auch wenn	*even if*

Subordinating conjunctions require dependent word order.

(c) Omission of **daß**

Ich glaube, **daß Sie** den Reisepaß **brauchen.**
Ich glaube, **Sie brauchen** den Reisepaß.
I believe (that) you need your passport.

The subordinating conjunction **daß** is frequently omitted. A clause from which **daß** is omitted follows the normal word order of a main clause.

ÜBUNG E

Verbinden Sie die folgenden Sätze mit der angegebenen Konjunktion!

1. (und)   Herbert geht zur Bank. Herr Lenz begleitet ihn.
2. (aber)   Herbert wünscht einige Reiseschecks einzulösen. Er hat seine
              Ausweispapiere vergessen.
3. (oder)   Er kann Dollarnoten ohne Ausweispapiere umwechseln. Er
              kann morgen mit Ausweispapieren zurückkommen.
4. (sondern) Er hat kein deutsches Geld. Er hat nur amerikanisches Geld.
5. (aber)   Der Bankbeamte stellt Herbert eine Frage auf englisch. Herbert
              antwortet auf deutsch.
6. (denn)   Sie gehen zur Bank. Herbert will Geld umwechseln.

ÜBUNG F   *(Tape 3)*

Ändern Sie die folgenden Sätze, indem Sie mit dem Nebensatz anfangen!

BEISPIEL: Er trägt nie einen Hut, wenn er zur Schule geht.
            Wenn er zur Schule geht, trägt er nie einen Hut.

1. Man ist nicht immer glücklich, auch wenn man viel Geld hat.
2. Er muß zur Bank gehen, weil er kein deutsches Geld hat.
3. Sie müssen morgen zurückkommen, falls Sie Ihren Reisepaß nicht mitgebracht haben.
4. Er ist nicht müde, da er früh eingeschlafen ist.
5. Die Zeit ist schnell vergangen, während wir plauderten.
6. Wir wissen alle, daß Herbert gut Deutsch spricht.
7. Ich weiß nicht, wie es passiert ist.
8. Herbert ist bescheiden, obgleich er schon ziemlich gut Deutsch spricht.

ÜBUNG G   *(Tape 3)*

*Ändern Sie die folgenden Sätze, indem Sie mit dem angegebenen Satzteil
beginnen!*

BEISPIEL: Er hat *gestern* zehn Briefe geschrieben.
            Gestern hat er zehn Briefe geschrieben.

1. Ich bin *eben* zum Laden gegangen.
2. Ich habe *ein paar Flaschen Mineralwasser* gekauft.
3. Er hat *die ganze Nacht* geschlafen.
4. Er hat *kein deutsches Geld* mitgebracht.
5. Er will *in Deutschland* nur Deutsch sprechen.

6. Wir geben Ihnen deutsches Geld *dafür*.
7. Ich habe *meinen Reisepaß* zu Hause gelassen.
8. Ich kann *diese Dollarnoten* in deutsches Geld umwechseln.

ÜBUNG H   *(Tape 3)*

Verbinden Sie die folgenden Sätze mit der angegebenen Konjunktion!

1. (obgleich)   Er ist nicht müde. Er hat gar nicht geschlafen.
2. (bevor)   Er lernte lange Deutsch. Er konnte fließend sprechen.
3. (weil)   Er spricht nicht viel. Er ist ein bescheidener junger Mensch.
4. (wenn)   Wir sprechen nur Deutsch. Wir sind in Deutschland.
5. (daß)   Ist es wahr? Er hat sein Geld verloren.
6. (da)   Er hat kein deutsches Geld. Er ist erst heute morgen angekommen.
7. (als)   Herbert winkte. Er sah seine Freunde.
8. (weil)   Das macht nichts. Ich kann morgen wiederkommen.

IV. LEKTÜRE

HEINRICH BÖLL: Nicht nur zur Weihnachtszeit

In this story Heinrich Böll (born 1917) gently satirizes a segment of the post-war German population which refused to face facts and admit the errors of the Nazi regime. A wealthy but dotty matriarch, the storyteller's aunt, is unable to accept change and celebrates an old-fashioned Christmas every day of the year, "nicht nur zur Weihnachtszeit" — with unfortunate results for the other members of the family, who show various kinds of breakdowns after several years of the ludicrous daily celebration.

Mein Schwager Karl fing an, sich heimlich mit Auswanderungs-
büros in Verbindung zu setzen. Das Land seiner Träume mußte
besondere Eigenschaften haben; es durften dort keine Tannenbäume
gedeihen, deren[1] Import mußte verboten oder durch hohe Zölle unmöglich gemacht sein; außerdem — das seiner Frau wegen — mußte   5
dort das Geheimnis der Spekulatiusherstellung[2] unbekannt sein und
das Singen deutscher Weihnachtslieder einem Verbot unterliegen.
Karl erklärte sich bereit, harte körperliche Arbeit auf sich zu nehmen.

[1] deren *(gen. sing. of demonstrative pronoun) their*

[2] der Spekulatius *butter and almond
cookies (a traditional Christmas cookie)*

Inzwischen sind seine Versuche vom Fluche der Heimlichkeit
10 befreit, weil sich in meinem Onkel eine vollkommene und sehr
plötzliche Wandlung vollzogen hat. Diese geschah auf so unerfreu-
licher Ebene,[3] daß wir wirklich Grund hatten, zu erschrecken.
Dieser biedere Mensch, von dem ich nur sagen kann, daß er ebenso
hartnäckig wie herzensgut ist, wurde auf Wegen beobachtet, die
15 einfach unsittlich sind, es auch bleiben werden, solange die Welt
besteht. Es sind von ihm Dinge bekannt geworden, auch durch
Zeugen belegt, auf die nur das Wort Ehebruch angewandt werden
kann. Und das Schrecklichste ist, er leugnet es schon nicht mehr,
sondern stellt für sich den Anspruch, in Verhältnissen und Bedingun-
20 gen zu leben, die moralische Sondergesetze berechtigt erscheinen
lassen müßten. Ungeschickterweise wurde diese plötzliche Wandlung
gerade zu dem Zeitpunkt offenbar, wo der zweite Termin[4] gegen die
beiden Geistlichen seiner Pfarre fällig geworden war. Onkel Franz
muß als Zeuge, als verkappter Kläger einen solch minderwärtigen
25 Eindruck gemacht haben, daß es ihm allein zuzuschreiben ist, wenn
auch der zweite Termin günstig für die beiden Geistlichen auslief.[5]
Aber das alles ist Onkel Franz inzwischen gleichgültig geworden: bei
ihm ist der Verfall komplett, schon vollzogen.
Er war der erste, der die gräßliche Idee hatte, sich von einem
30 Schauspieler bei der abendlichen Feier vertreten zu lassen. Er hatte
einen arbeitslosen Bonvivant aufgetrieben, der ihn vierzehn Tage
lang so vorzüglich nachahmte, daß nicht einmal seine Frau die aus-
gewechselte Identität bemerkte. Auch seine Kinder bemerkten es
nicht. Es war einer der Enkel, der während einer kleinen Singpause
35 plötzlich in den Ruf ausbrach: „Opa[6] hat Ringelsocken[7] an“, wobei
er triumphierend das Hosenbein des Bonvivants hochhob. Für den
armen Künstler muß diese Szene schrecklich gewesen sein, auch die
Familie war bestürzt, und um Unheil zu vermeiden, stimmte man,
wie so oft schon in peinlichen Situationen, schnell ein Lied an.
40 Nachdem die Tante zu Bett gegangen war, war die Identität des
Künstlers schnell festgestellt. Es war das Signal zum fast völligen
Zusammenbruch.

---

[3] die Ebene *level;* basis
[4] der Termin *hearing*
[5] *The clergyman finally refused to participate in the celebration, and Uncle Franz
had wanted the congregation to dismiss
them.*

[6] Opa *grandpa*
[7] Ringelsocken *bobby socks, ankle-length
socks*

From *Nicht nur zur Weihnachtszeit* (1955), by Heinrich Böll. By permission of Verlag Kiepenheuer und Witsch, Köln-Marienburg.

Komposition

1. His aunt was very rich, and she wanted to celebrate Christmas every day.
2. Because she had so much money, her children did as she wanted.
3. The grandchildren sang Christmas songs in July.
4. In summer and winter all ate butter and almond cookies.
5. Nobody dared to tell the aunt that Christmas is only in December.
6. The clergyman did not want to take part in the daily parties.
7. Karl had been thinking about emigration for a long time, and his wife wanted to emigrate also.
8. They had dreams of a country where fir trees and butter and almond cookies did not exist.
9. Although Grandpa loved his wife, he found an unemployed actor, and this lover of good living took his place at the gatherings.
10. The artist had been doing this for two weeks before one of the grandchildren discovered the deception.

V. AUFSATZ

Erzählen Sie, wie Sie zur Bank gegangen sind, um Geld umzutauschen! Erwähnen Sie unter anderem:

(1) an welchen Schalter Sie treten mußten;
(2) ob Sie lange warten mußten;
(3) was für Geld Sie bei sich hatten;
(4) ob der Bankbeamte freundlich war und was für Ausweispapiere er verlangte! usw.

VI. NEUER WORTSCHATZ

die **Ausnahme, -n**	exception	der **Kurs, -e**	exchange rate
das **Ausweis-**	identification	**leihen, lieh,**	to lend
papier, -e	paper	**geliehen**	
bar	cash, by cash	**mißtrauisch**	suspicious
bürgen für	to vouch for	die **Rechnung, -en**	bill
die **Ecke, -n**	corner	der **Schalter, -**	window, booth
der **Führer-**	driver's license	**um-tauschen**	to exchange
schein, -e		der **Wechsel, -**	change, exchange
die **Gebühr, -en**	fee	das **Wechselgeld,**	money in
das **Geschäft, -e**	store, business	**-er**	exchange

LEKTION 4

MODAL AUXILIARIES

I. GESPRÄCH: Wir gehen ins Kino *(Tape 4)*

OTTO LENZ:	Herbert, willst du heute abend mit mir ins Kino?
HERBERT:	Gerne. Ich wollte zwar noch einige Briefe schreiben, aber wenn du mich einlädst, gehe ich gerne mit.
OTTO:	(*etwas verlegen.*) Es ist leider keine Einladung. Ich wollte dich nur fragen, ob du Lust hast, mit zu kommen.
HERBERT:	Natürlich habe ich Lust. Ich hoffe sogar, für dich bezahlen zu dürfen.
OTTO:	Nein, das brauchst du nicht.
HERBERT:	Warum nicht?
OTTO:	Weil du mich nicht eingeladen hast.
HERBERT:	Na, schön. Wie du willst. — Was schlägst du vor?
OTTO:	Im Astoria läuft ein Film mit John Wayne. Der soll sehr gut sein.
HERBERT:	Eigentlich kann ich in Amerika genug amerikanische Filme sehen.
OTTO:	Magst du amerikanische Filme nicht?

HERBERT:	Oh doch! Aber hier in Deutschland sehe ich lieber einen deutschen Film.
OTTO:	Dann gehen wir ins Odeon. Das ist in der Schillerstraße, etwa zehn Minuten von hier. Dort spielt ein Film mit Maximilian Schell.
HERBERT:	Gut. Das paßt mir. Filme mit Maximilian Schell gefallen mir immer.
OTTO:	Hast du ihn schon spielen sehen?
HERBERT:	Gewiß. Schell ist in Amerika ziemlich gut bekannt. Er spielt oft in amerikanischen Filmen. Vor einigen Jahren hat er sogar einen „Oscar" gewonnen.
OTTO:	Spricht er so gut Englisch?
HERBERT:	Ja. Leider habe ich ihn noch nie Deutsch sprechen hören.
OTTO:	Weshalb nicht?
HERBERT:	Weil fast alle deutschen Filme in Amerika englisch synchronisiert sind. Die Stimmen, die man auf dem Tonband hört, sind nicht die Stimmen der Schauspieler, die man auf der Leinwand sieht.
OTTO:	Nun, der Film im Odeon ist in der deutschen Originalfassung. Er heißt „Abschied von gestern".
HERBERT:	Das klingt gut. Wieviel kostet das Kino?
OTTO:	Ich nehme gewöhnlich einen Platz für vier Mark. Ganz vorne ist es billiger, und hinten auf den besten Plätzen kostet es fünf Mark.
HERBERT:	Dann nehmen wir Plätze in der Mitte.
OTTO:	Gehen wir! Wir müssen uns beeilen, denn die Vorstellung beginnt um acht.

Fragen   (Tape 4)

Antworten Sie auf deutsch!

1. Wo will Otto heute abend hin?
2. Was wollte Herbert heute abend machen?
3. Was für einen Film möchte Otto sehen?
4. Warum will Herbert einen deutschen Film sehen?
5. Wie heißt der Film, der im Odeon läuft?
6. Welchen deutschen Schauspieler hat Herbert schon oft spielen sehen?
7. Wieviel kosten die besten Plätze in einem deutschen Kino?
8. Was für einen Platz nimmt Otto gewöhnlich?

9. Wo wollen Otto und Herbert ihre Plätze nehmen?
10. Um wieviel Uhr beginnt die Vorstellung im Odeon?

Konversation

Fragen Sie Ihren Nachbar,

1. warum er nicht jeden Abend ins Kino geht!
2. wie oft er ins Kino geht!
3. ob er im Kino lieber vorne oder hinten sitzt!
4. ob er schon deutsche Filme gesehen hat!
5. welche deutschen Schauspieler er kennt!
6. welche Filme ihm besser gefallen, deutsche oder amerikanische!

II. NÜTZLICHE AUSDRÜCKE

doch	yes (*after a negative question*), on the contrary
Magst du ihn nicht?—Oh, doch!	Don't you like him? Oh yes, I do!
gefallen (*plus dat.*)	to please
Das gefällt mir.	I like that. That pleases me.
gern(e)	gladly
Ich gehe gerne ins Kino.	I like to go to the movies.
lieber	preferably
Ich gehe lieber ins Theater.	I prefer to go to the theater.
gewiß	sure(ly), certain(ly)
Gewiß kann ich das.	Sure I can do that.
das Kino	cinema, motion-picture theater
ins Kino gehen	to go to the movies
laufen	to run
Dort läuft ein deutscher Film.	A German film is running there.
die Lust	joy, pleasure
Lust haben	to feel like, want to
Haben Sie Lust, es zu tun?	Do you feel like doing it?
na	well (*interjection*)
nun	now (*interjection and adverb*)

Anwendung

Gebrauchen Sie vier der Nützlichen Ausdrücke in ganzen Sätzen!

III. GRAMMATIK UND ÜBUNGEN

18. Modal Auxiliaries

(a) Present

dürfen				können	
ich **darf**	*I may*			ich **kann**	*I can*
du **darfst**	*you may*			du **kannst**	*you can*
er **darf**	*he may*			er **kann**	*he can*
wir **dürfen**	*we may*			wir **können**	*we can*
ihr **dürft**	*you may*			ihr **könnt**	*you can*
sie **dürfen**	*they may*			sie **können**	*they can*

mögen				müssen	
ich **mag**	*I like*			ich **muß**	*I must*
du **magst**	*you like*			du **mußt**	*you must*
er **mag**	*he likes*			er **muß**	*he must*
wir **mögen**	*we like*			wir **müssen**	*we must*
ihr **mögt**	*you like*			ihr **müßt**	*you must*
sie **mögen**	*they like*			sie **müssen**	*they must*

sollen				wollen	
ich **soll**	*I am supposed to*			ich **will**	*I want to*
du **sollst**	*you are supposed to*			du **willst**	*you want to*
er **soll**	*he is supposed to*			er **will**	*he wants to*
wir **sollen**	*we are supposed to*			wir **wollen**	*we want to*
ihr **sollt**	*you are supposed to*			ihr **wollt**	*you want to*
sie **sollen**	*they are supposed to*			sie **wollen**	*they want to*

In the present tense, first and third person singular forms of modal auxiliaries have no endings.

(b) Simple Past

dürfen	
ich **durfte**	*I was allowed to*
du **durftest**	*you were allowed to*
er **durfte**	*he was allowed to*
wir **durften**	*we were allowed to*
ihr **durftet**	*you were allowed to*
sie **durften**	*they were allowed to*

The simple past of all modals is formed like that of regular verbs:

ich **konnte,** etc.	*I could*, etc.
ich **mochte,** etc.	*I liked to*, etc.
ich **mußte,** etc.	*I had to*, etc.
ich **sollte,** etc.	*I was supposed to*, etc.
ich **wollte,** etc.	*I wanted to*, etc.

(c) Present Perfect and Past Perfect

PRESENT PERFECT: ich **habe gedurft**, etc.   *I was allowed to*, etc.
PAST PERFECT: ich **hatte gedurft**, etc.   *I had been allowed to*, etc.

The present perfect and past perfect of modal auxiliaries are formed with **haben** and the past participle: **gedurft, gekonnt, gemocht, gemußt, gesollt, gewollt.**

(d) **Wissen**

The present tense of **wissen** follows the pattern of modal auxiliaries:

ich **weiß**	*I know*
du **weißt**	*you know*
er **weiß**	*he knows*
wir **wissen**	*we know*
ihr **wißt**	*you know*
sie **wissen**	*they know*

SIMPLE PAST: ich **wußte**, etc.   *I knew*, etc.
PRESENT PERFECT: ich **habe gewußt**, etc.   *I knew, have known*, etc.
PAST PERFECT: ich **hatte gewußt**, etc.   *I had known*, etc.

19. Meanings of Modal Auxiliaries

Modal auxiliaries express various manners ("modes") of activity, such as: permission, ability, possibility, desire, compulsion, obligation.

(a) Ich **darf** ins Kino gehen.
I am allowed to (I may) go to the movies.
Sie **dürfen** hier **nicht** rauchen.
You must not (You can't) smoke here.

Dürfen expresses permission:

may, to be permitted to, to be allowed to;
must not, cannot (in negative present).

(b) Ich **kann** es bezahlen.
I can pay for it.
Meinetwegen **kann** er kommen.
As far as I'm concerned, he may come.
Das **kann** wahr sein.
That may be true.
Herbert **kann** Deutsch.
Herbert knows German.
Können Sie deutsche Bücher lesen?
Do you know how to read German books?

Können expresses ability or possibility:

can, be able to;
may (permission, possibility);
to know (a subject or skill), *know how to.*

(c) **Mögen** Sie amerikanische Filme nicht?
Don't you like American films?
Ich **mag** es **nicht tun.**
I don't like to do it.
Das **mag** sein.
That may be.

Mögen expresses liking or possibility:

to like, care for (plus direct object), *like to* (plus infinitive);
may (possibility).

(d) Ich **muß** jetzt Deutsch sprechen.
I must (have to) speak German now.
Wie alt ist er? Ich weiß es nicht genau, aber er **muß** achtzehn sein.
How old is he? I don't know exactly, but he must be eighteen.

Müssen expresses compulsion, necessity, conjecture, probability:

must, to have to[1] (compulsion);
must (conjecture or probability).

(e) Der Bankbeamte sagt, ich **soll** morgen zurückkommen.
The bank clerk says I am (supposed) to come back tomorrow.
Wie **soll** ich das machen?
How shall I (am I to) do that?
Er **sollte** deutlicher sprechen.
He should (ought to) speak more clearly.
Er **soll** sehr reich sein.
He is said to be very rich.

Sollen expresses moral compulsion or expectation:

to be supposed to; to be to;
shall, should; ought to;
to be said to.

---

[1] In the negative, **brauchen** often replaces **müssen** when the meaning is *need not, don't have to;* **brauchen** requires a dependent infinitive with **zu:**

Sie **brauchen nicht zu kommen,** wenn Sie nicht wollen.
You need not (don't have to) come, if you don't want to.

(f) Ich **will** eine Tasse Tee.
I want a cup of tea.
Ich **will** noch einige Briefe **schreiben.**
I want to write a few more letters.
Ich **wollte** eben gehen.
I was just about to go.
Er **will** sehr einflußreich sein.
He claims to be very influential.

Wollen expresses will, desire, intention:

to want (plus direct object), *want to* (plus infinitive);
to be about to, *intend to;*
to claim.

20. Uses of Modal Auxiliaries

(a) With Dependent Infinitive

Ich **will** einen deutschen Film **sehen.**
I want to see a German film.

The dependent infinitive of a modal stands at the end of a main clause.

Ich wußte nicht, daß er mich **sprechen wollte.**
I didn't know that he wanted to talk to me.

In a dependent clause the finite verb stands last; the dependent infinitive immediately precedes the finite verb. (See Lektion 3, paragraph 16c.)

(b) Omission of Infinitive of Motion

Wollen Sie heute abend mit mir ins Kino?
Do you want to go to the movies with me tonight?
Ich **darf** nicht hinein.
I'm not allowed to go in.

The infinitive of a verb of motion is usually omitted after a modal auxiliary if the meaning is clear from the context.

(c) With Direct Object

Ich habe **es** gekonnt.
I was able to (do it).
Das dürfen Sie nicht.
You can't do that.

Contrary to English, German modal auxiliaries may take a direct object.

ÜBUNG A   (*Tape 4*)

Ergänzen Sie in den folgenden Sätzen die korrekte Form des angegebenen Verbs im Präsens!

1. (dürfen)   Ich _____ noch nicht gehen.
2. (können)   Ich _____ alles verstehen.
3. (mögen)   Ich _____ es nicht essen.
4. (müssen)   Du _____ viel arbeiten.
5. (sollen)   Du _____ ihn vor dem Kino treffen.
6. (wollen)   Du _____ immer allein sein.
7. (dürfen)   Wir _____ nicht schneller fahren.
8. (können)   Wir _____ später zurückkommen.
9. (mögen)   Wir _____ nicht ins Theater gehen.
10. (sollen)   _____ er hier bleiben?
11. (müssen)   _____ er so viel studieren?
12. (wollen)   _____ er es allein tun?
13. (sehen)   Wir _____ ihn kommen.
14. (hören)   _____ du sie singen?
15. (lassen)   Er _____ sich die Haare schneiden.
16. (hören)   Ich _____ sie lachen.

ÜBUNG B   (*Tape 4*)

Setzen Sie die Sätze in A in das Imperfekt!

21. "Double Infinitive"

(a) 1. Das **habe** ich **gedurft.**   2. Ich **habe** ins Kino **gehen dürfen.**
   I was allowed to (do that).   *I was allowed to go to the movies.*
   Er **hat** es **gemußt.**   Er **hat** es **tun müssen.**
   He had to (do it).   *He had to do it.*

1. The regular form of the past participle is used when the modal auxiliary has no dependent infinitive.

2. An alternative form of the past participle, identical with the infinitive, is used when the modal auxiliary has a dependent infinitive. This construction is commonly called a "double infinitive." A double infinitive stands last in any clause.

(b) Oskar Werner **habe** ich öfter **gesehen.**
   I have often seen Oskar Werner.
   Oskar Werner **habe** ich öfter **spielen sehen.**
   I have often seen Oskar Werner act.

Caruso **habe** ich nie **gehört.**
I have never heard Caruso.
Caruso **habe** ich nie **singen hören.**
I have never heard Caruso sing.

The verbs **sehen, hören, helfen, heißen,** and **lassen** commonly use the double-infinitive construction when they have a dependent infinitive.

(c) Double Infinitive in Dependent Word Order

Ich weiß nicht, warum er nicht ins Kino **hat gehen dürfen.**
I don't know why he wasn't allowed to go to the movies.
Er hat mich eingeladen, weil er nicht allein **hat gehen wollen.**[1]
He invited me because he didn't want to go alone.

When a double infinitive occurs in a dependent clause, the finite form of the verb stands immediately before the double infinitive.

ÜBUNG C *(Tape 4)*

Setzen Sie die Sätze in Übung A in das Perfekt!

ÜBUNG D *(Tape 4)*

Setzen Sie die folgenden Sätze in das Imperfekt!

1. Otto hat ins Kino gehen dürfen.
2. Herbert hat einen deutschen Film sehen wollen.
3. In Deutschland hat er keinen amerikanischen Film sehen mögen.
4. Er hat in Amerika genug Filme sehen können.
5. Herbert hat noch viele Briefe schreiben sollen.
6. Deswegen hat Otto allein ins Kino gehen müssen.
7. Das hat er nicht besonders gemocht.
8. Otto hat einmal Gregory Peck spielen sehen.

ÜBUNG E

*Antworten Sie mit **ja** und ersetzen Sie das Imperfekt durch das Perfekt!*

BEISPIEL: Wollte er länger in Deutschland bleiben?
Ja, er hat länger in Deutschland bleiben wollen.

1. Wollte Herbert für Otto bezahlen?

---

[1] Conversational German prefers the simple past instead of the present perfect of modal auxiliaries, especially in dependent clauses, to avoid an awkward sequence of verbs:

Er hat mich eingeladen, weil er nicht allein **gehen wollte.**
He invited me because he didn't want to go alone.

2. Durfte Herbert den ganzen Sommer in Deutschland bleiben?
3. Mußten Sie zu Hause bleiben?
4. Sollten Sie ihn heute morgen sehen?
5. Konnten Sie mit ihm sprechen?
6. Mußten Sie es ihm sagen?
7. Mochte er einen deutschen Film sehen?
8. Konnten Sie einen guten Platz finden?

ÜBUNG F   (*Tape 4*)

Antworten Sie mit **ja** *und ersetzen Sie das Imperfekt durch das Perfekt!*

BEISPIEL: Wollte er mitfahren?
             Ja, das hat er gewollt.

1. Konnte er singen?
2. Wollte er ins Kino gehen?
3. Durften die Kinder ins Kino gehen?
4. Mußten Sie viel bezahlen?
5. Wollten Sie ihn einladen?
6. Mußten Sie früh zu Hause sein?
7. Durfte Herbert nach Berlin fahren?
8. Konnte Herbert seine Reiseschecks einlösen?

ÜBUNG G   (*Tape 4*)

Beginnen Sie die folgenden Sätze mit **Ich weiß, daß** . . . *und gebrauchen Sie das Imperfekt!*

BEISPIEL: Er hat es tun wollen.
             Ich weiß, daß er es tun wollte.

1. Es hat früher so sein müssen.
2. Sie hat es bezahlen können.
3. Herbert hat einen deutschen Film sehen wollen.
4. Sie hat uns helfen sollen.
5. Er hat die Sache schnell vergessen wollen.
6. Er hat kein Fleisch essen dürfen.
7. Sie hat ihre Tante immer sehr gerne singen hören.
8. Er hat es ihr nicht sagen mögen.

22. Kennen, wissen, können

(a) Ich **kenne** den Weg zum Flughafen.
   I know the way to the airport. (I am familiar with it; I have driven it before.)

Ich **kenne** Oskar Werner.
I know Oskar Werner. (I am personally acquainted with him.)

Kennen means *to know* in the sense of being acquainted with a person or thing. It can never be followed by a clause.

(b) Ich **weiß**, wie man zum Flughafen fährt.
I know how to drive to the airport. (I know which streets to take.)
Ich **weiß**, daß Oskar Werner ein bekannter Filmschauspieler ist.
I know that Oskar Werner is a well-known film actor. (I know this for a fact.)

Wissen means *to know* in the sense of knowing facts. It is frequently followed by a clause.

(c) Er **kann** Deutsch.
He knows German.
Sie **kann** Auto fahren.
She knows how to drive.
Die **können** ihre Sache.
They know their business. (They know what they're doing.)

Können means *to know* in the sense of knowing how, mastering a subject or a skill.

ÜBUNG H

Ergänzen Sie die folgenden Sätze mit der korrekten Form von **kennen, wissen** *oder* **können!**

1. Otto _____ Herbert sehr gut.
2. Herbert _____ schon ziemlich gut Deutsch.
3. _____ Sie, wann die Vorstellung zu Ende ist?
4. Ich _____ Ottos Freundin, aber ich _____ nicht, wo sie wohnt.
5. Er _____ leider nicht schwimmen.
6. Er _____ nicht, daß ich hier bin.
7. _____ Sie dieses Buch?

IV. LEKTÜRE

RAINER MARIA RILKE: Ewald Tragy

Ewald Tragy *is the partly autobiographical story of a sensitive young poet who leaves the stultifying philistine atmosphere of Prague for Munich. The following selection, taken from the description of the last Sunday family dinner to which the young man is subjected before his departure, helps make clear why he should want to breathe the fresh air of some other locale. (Rilke: 1875–1926).*

Jeden Sonntag wartet Ewald, bis die dritte der Tanten, Fräulein Auguste lächelt: „Das Essen ist doch kein leerer Wahn" — worauf jemand in guter Gewohnheit bestätigen muß: „Nein, es ist nicht ohne."[1] Das kommt ungefähr nach dem zweiten Gang. Und Ewald weiß ganz genau, was nach dem dritten kommt usf.[2]   5

Während aufgetragen wird, spricht man wenig, einmal[3] der „Dienstleute" wegen, dann weil das Zwiegespräch mit dem eigenen Teller einen jeden genügend beansprucht. Man verhindert höchstens den kleinen Egon, der nur reden darf, wenn er gefragt wurde, durch eine zärtliche Teilnahme daran, satt zu werden oder auch nur seine   10
Bissen fertigzukauen. So kommt es, daß der Kleine immer zuerst das unbehagliche Gefühl des Übervollseins bekommt und „das Fräulein",[4] das langsam rot wird, zur Vertrauten seiner intimsten Empfindungen macht. Die andern sind lange nicht[5] so diskret. Niemand füllt seinen Teller, ohne leise zu stöhnen, und als das Mädchen mit   15
einer süßen Crème eintritt, seufzen alle laut und schmerzlich auf. Die eisgekühlte Sünde drängt sich an jeden heran, und wer kann widerstehen? Der Herr Inspektor denkt: wenn ich nachher Soda[6] nehme . . . Und Fräulein Auguste wendet sich an die Hausfrau: „Ist Magenbitter[7] zu Hause, Karoline?" Mit schelmischem Lächeln   20
zieht Frau von Wallbach ein kleines Tischchen heran, darauf[8] viele Schachteln und Büchsen neben seltsam geformten Flaschen bereitstehen. Man lächelt, es beginnt nach Apotheke zu riechen, und die Crème kann noch einmal herumgehen.

Plötzlich geschieht eine unerwartete Störung. Die Älteste steht wie   25
eine Ahnfrau[9] und ruft warnend: „Und du, Ewald?"

Ewalds Teller ist rein.

„Und du?" fragen alle Augen, und die Hausfrau denkt: wie immer dieses Absondern von der Familie. Wir sind morgen alle elend und—er? Schickt sich[10] das?   30

---

[1] es ist nicht ohne *It has something. It's not bad.*
[2] usf. *abbreviation for* und so fort
[3] einmal *for one thing*
[4] das Fräulein *here: the governess*
[5] lange nicht *by far not*

[6] Soda *bicarbonate of soda*
[7] Magenbitter *a kind of vermouth, to settle the stomach*
[8] darauf *modern usage prefers* worauf
[9] die Ahnfrau *matriarch*
[10] sich schicken *to be proper*

„Danke"[11] — sagt der junge Mensch kurz und stößt den Teller ein wenig fort. Das will heißen: damit ist die Sache abgetan — bitte. Allein niemand versteht das. Man ist froh, ein Thema zu haben, und bemüht sich um weitere Aufklärung.

35   „Du weißt nicht was gut ist—" sagt jemand.

„Danke."

Dann strecken die vier Kusinen, alle zugleich, ihre Löffelchen her: „Kost mal."

„Danke", wiederholt Ewald und bringt es zustande, vier junge
40   Mädchen zugleich unglücklich zu machen. Die Stimmung wird bang. Bis Tante Auguste zitiert: „Die Großmutter hat immer gesagt: ‚Was man essen . . . nein— wie man leiden . . .‘ "

„Nein", bessert Tante Karoline aus: „Leiden was man—" Aber auch so stimmt es nicht. Die vier Kusinen sind ratlos.

45   Herr von Tragy nickt seinem Sohn zu: Zeig dich jetzt, imponier ihnen — vorwärts.

Tragy, der Jüngere, schweigt. Er weiß: Alle erwarten Hilfe von ihm, und weil es der letzte Sonntag ist, entschließt er sich endlich: „Essen, was man mag und leiden, was man kann", wirft er voll
50   Verachtung vor sich hin.

Da sind alle Bewunderung. Man reicht sich das Wort weiter, betrachtet, erwägt es — nimmt es in den Mund wie zu besserer Verdauung und nützt es so ab, daß es schon wieder ganz dunkel ist, als es zu Ewald, die Tischrunde entlang, zurückkehrt.

From *Ewald Tragy* (1927), by Rainer Maria Rilke. By permission of Insel Verlag, Frankfurt am Main, Germany.

Komposition

1. Because it was Sunday Ewald had to go with his father to have dinner with his family on Hügel Street.
2. He didn't like it, but he could not stay away.
3. The members of the family expected him, although they didn't like him very much.
4. When the maid brought in the food, nobody spoke very much.
5. They couldn't talk because they were eating, and everybody ate too much.
6. Little Egon was allowed to speak only if somebody asked him a question.

[11] danke *no thank you*

7. After the meal Aunt Auguste had to take bitters and the inspector took bicarbonate of soda.
8. Ewald needed no medicine because he did not have a big appetite.
9. Everybody knew that only Ewald was able to quote the grandmother correctly.
10. He had not known his grandmother, but he knew her children only too well.

V. AUFSATZ

Ein deutscher Freund stellt Ihnen Fragen über das Kino in Amerika, und Sie antworten. Schreiben Sie das Gespräch nieder! Ihr Freund möchte zum Beispiel wissen:

(1) ob es dort, wo Sie wohnen, mehrere Kinos gibt;
(2) ob man bei allen Kinos die gleichen Eintrittspreise bezahlen muß;
(3) wann die ersten und wann die letzten Vorstellungen beginnen;
(4) ob es Filme gibt, die für Kinder verboten sind;
(5) ob man im Kino rauchen darf; usw.

VI. NEUER WORTSCHATZ

der **Abschied, -e**	departure, parting	die **Stimme, -n**	voice
sich **beeilen**	to hurry	das **Tonband, ⸚er**	sound track, tape
eigentlich	in fact, in reality	**verlegen**	embarrassed
einladen	to invite	**vor-schlagen**	to suggest, propose
die **Leinwand, ⸚e**	screen (*movie*)	**(schlägt vor),**	
die **Mitte**	middle	**schlug vor,**	
die **Originalfas-**	original version	**vorgeschlagen**	
sung, -en		die **Vorstellung,**	performance
passen	to be suitable, to fit	**-en**	
der **Schauspieler, -**	actor	**ziemlich**	rather, quite

LEKTION 5

VERBS WITH PREFIXES

I. GESPRÄCH: Am Stammtisch *(Tape 5)*

OTTO: Hat dir der Film gefallen?

HERBERT: Sehr. Leider habe ich nicht alles verstanden. Die deutschen Schauspieler sprechen furchtbar schnell. Es ist mir einfach unmöglich, alles zu verstehen.

OTTO: Genau das Gleiche kann ich von den amerikanischen Filmen sagen. Es entgeht mir auch immer die Hälfte.

HERBERT: Otto, ich habe Durst. Können wir irgendwo etwas trinken?

OTTO: Hier ist ein Lokal. Da gehe ich oft hin, wenn ich aus dem Kino komme.

HERBERT: Trinken wir ein Glas Bier! Ich lade dich ein.

(Sie setzen sich an einen runden Tisch und bestellen zwei Glas Bier.)

HERBERT: Viel Rauch und Biergeruch hier — so habe ich mir ein

deutsches Wirtshaus immer vorgestellt. Aber alles sieht sehr
neu aus.

OTTO: Ja, weißt du, dies ist kein altes Lokal. Das Gebäude existiert
erst seit dem Wiederaufbau.

(*Die Kellnerin bringt das Bier. Sie stoßen an.*)

HERBERT: Prost! — Mein Bier ist nicht recht kalt.
OTTO: Allzu kaltes Bier ist ungesund, sagt man hier. — Warum
schaust du den Tisch so an?
HERBERT: Ich versuche eben, diese Inschrift in der Tischplatte zu ent-
ziffern. Ist dies ein Stammtisch?
OTTO: Ja, der Tisch gehört einem Turnverein. Hinter dir an der Wand
hängt eine Fahne, die auch dem Verein gehört.
HERBERT: Dann dürfen wir doch hier nicht sitzen!
OTTO: Oh doch. Der Tisch ist nur an gewissen Abenden reserviert.
Heute nicht. Dort drüben beim Fenster siehst du noch einen
andern runden Tisch.
HERBERT: Dort, wo die Männer Karten spielen?
OTTO: Ja, er gehört einer Verbindung und ist immer reserviert.
HERBERT: Einer Verbindung? Einem Studentenklub?
OTTO: Ja. Heute sind scheinbar nur „alte Herren" da. Sie kommen
immer noch am Stammtisch zusammen.
HERBERT: Einer der Herren hat offenbar zu tief ins Glas geschaut.
OTTO: Dann fährt er wohl mit einem Taxi heim.
HERBERT: Und wenn er mit seinem eigenen Wagen hier ist?
OTTO: In Berlin haben die Studenten für solche Fälle etwas sehr
Praktisches erfunden. Die TUSMA.
HERBERT: Was ist das?
OTTO: Das ist eine Abkürzung für „Telefonieren Und Studenten
Machen Alles". Wenn jemand zu viel getrunken hat und
nicht mehr imstande ist, nach Hause zu fahren, dann ruft er
einfach die TUSMA an. Die Nummer steht im Telefonbuch.
In wenigen Minuten kommt ein Student an, übernimmt die
Wagenschlüssel, setzt sich ans Steuer und bringt den Herrn
sicher nach Hause.
HERBERT: Das ist allerdings eine geniale Erfindung.
OTTO: Und gar nicht teuer. — Willst du noch ein Bier?
HERBERT: Danke. Eins genügt. Zahlen wir!

Fragen (*Tape 5*)

Antworten Sie auf deutsch!

1. Wie hat Herbert der Film gefallen?
2. Warum kann Herbert in einem deutschen Film nicht alles verstehen?
3. Wo geht Otto oft hin, wenn er aus dem Kino kommt?
4. Was bestellen Herbert und Otto im Wirtshaus?
5. Warum sieht das Lokal ganz neu aus?
6. Was versucht Herbert, in der Tischplatte zu entziffern?
7. Was ist eine Verbindung?
8. Wo kommen die „alten Herren" immer zusammen?
9. Was kann ein Autofahrer in Berlin tun, wenn er zu viel getrunken hat?
10. Was hält Herbert von der TUSMA?

Konversation

Fragen Sie Ihren Nachbar,

1. ob er in einem deutschen Film alles verstehen kann!
2. ob er kaltes Bier ungesund findet!
3. ob er schon an einem Stammtisch gesessen hat!
4. was die „alten Herren" am Stammtisch tun!
5. wie er eine Organisation wie die TUSMA findet!
6. wo man die Nummer der TUSMA finden kann!

II. NÜTZLICHE AUSDRÜCKE

Durst haben	to be thirsty
Hunger haben	to be hungry
entgehen	to escape, elude
es entgeht mir = ich verstehe nicht	
furchtbar	frightful, terrible
furchtbar schnell	terribly fast
das Glas, ≠er	the glass
zwei Glas (Milch)	two glasses (of milk)
zu tief ins Glas schauen	to drink too much
imstande sein *plus inf. with* **zu**	to be capable of doing something
Er ist nicht imstande zu fahren.	He's not capable of driving.
leider	unfortunately; I'm sorry to say

noch ein	another, an additional
Willst du noch ein Bier?	Do you want another beer?
sich ans Steuer setzen	to take the wheel

Anwendung

Gebrauchen Sie vier der Nützlichen Ausdrücke in ganzen Sätzen!

III. GRAMMATIK UND ÜBUNGEN

23. Verbs with Prefixes

Many German verbs consist of a prefix and a basic verb, whose meaning
is usually changed by the prefix:

gehen	*to go*
begehen	*to commit*
entgehen	*to escape*
mitgehen	*to go along*
hinaufgehen	*to go up*

Some prefixes are inseparable (always attached to the verb); others are
separable (separated from the verb in certain tenses.)

24. Verbs with Inseparable Prefixes

INFINITIVE		SIMPLE PAST	PART PARTICIPLE
bemerken	*to notice*	**bemerkte**	**bemerkt**
entgehen	*to escape*	**entging**	ist **entgangen**
gehören	*to belong*	**gehörte**	**gehört**
verstehen	*to understand*	**verstand**	**verstanden**

The inseparable prefixes, occurring in both regular and irregular verbs,
are **be-, emp-, ent-, er-, ge-, miß-, ver-, wider-, zer-**. Verbs with inseparable
prefixes always have the stress on the stem of the verb.

The past participle of a verb with inseparable prefix never adds the prefix
ge-.[1]

Inseparable prefixes cannot be used by themselves (hence "inseparable")
and have no independent meanings of their own.[2] Notice, however, how

---

[1] Note, for example, that the past participle of **gefallen** is identical with the past participle of **fallen: gefallen**.

[2] The adjective **voll** and the preposition **hinter** are exceptions. Though they have independent meanings of their own, they function also as inseparable prefixes in a few verbs, as **vollbringen** *to accomplish*, **vollenden** *to complete*, **vollstrecken** *to execute;* **hintergehen** *to deceive*, **hinterlassen** *to bequeath*.

they affect the meaning of a basic verb: **stehen** *to stand*, **bestehen** *to undergo*, **entstehen** *to begin*, **gestehen** *to admit*, **verstehen** *to understand*, **widerstehen** *to resist*.

ÜBUNG A   *(Tape 5)*

Setzen Sie die folgenden Sätze ins Perfekt!

1. Ich entziffere mit Schwierigkeit Ihre Briefe.
2. Ich verstehe nicht immer alles.
3. Wegen des großen Lärms entgeht mir viel.
4. Der Stammtisch gehört einem Verein.
5. Das Wirtshaus gefällt den „alten Herren".
6. Sie bestellen eine Tasse Kaffee.
7. Die Kellnerin entfernt die leeren Tassen.
8. Wir erwarten unsere Freunde im Lokal.

ÜBUNG B *(Tape 5)*

Setzen Sie die folgenden Sätze ins Präsens!

1. Haben Sie alles verstanden?
2. Ist Ihnen viel entgangen?
3. Herbert hat zwei Tassen Kaffee bestellt.
4. Was hat Herbert versucht?
5. Otto hat die Inschrift entziffert.
6. Otto hat Herberts Frage beantwortet.
7. Der Tisch hat einem Turnverein gehört.
8. Haben Sie Ihre Freunde begrüsst?

ÜBUNG C

Setzen Sie die Sätze in B ins Imperfekt!

25. Verbs with Separable Prefixes

zurück-kommen[1]	*to come back*
heim-kehren	*to return home*
an-sehen	*to look at*

---

[1] The hyphen is here inserted between the prefix and the verb stem merely to indicate that the prefix is separable. The hyphen is not part of the verb.

Note also that German does not have printed stress marks. To point out a stressed syllable in German, we are using a dot (ṳ) under a short vowel and a dash (ọ) under a long vowel or a diphthong.

mit-nehmen	*to take along*
los-lassen	*to set free*
kennen-lernen	*to become acquainted with, meet*

Verbs with separable prefixes consist usually of an adverb (**zurück, heim,** etc.) or a preposition (**an, mit,** etc.) and a simple verb; adjectives (**los,** etc.) and infinitives (**kennen,** etc.) may also occur as separable prefixes.

Verbs with separable prefixes are always stressed on the prefix. The meaning of a verb with separable prefix is usually a literal combination of the prefix and the stem verb.

26. Position of Separable Prefixes

(a) Separated from the Verb

1. Er **sieht** die Tischplatte sehr genau **an.**
   He is looking at the tabletop very carefully.
   Er **kam** mit Otto **zurück.**
   He came back with Otto.

A separable prefix is separated from the verb in the present tense and simple past and stands at the end of a main clause.

2. **Kommen** Sie sofort **zurück!**
   Come back right away!
   Schau mich nicht so **an!**
   Don't look at me like that!

A separable prefix is separated from the verb in an imperative construction and stands at the end of the clause.

(b) Attached to the Verb

1. Ich bemerke, daß er die Tischplatte sehr genau **ansieht.**
   I notice that he's looking very carefully at the tabletop.
   Ich sah, daß er mit Otto **zurückkam.**
   I saw that he was coming back with Otto.

A separable prefix is attached to the verb in dependent clauses in the present and simple past.

2. Er hatte die Absicht, mit seinen Freunden **zusammenzukommen.**
   He intended to get together with his friends.
   Herbert hatte im Sinn, Otto ins Kino **einzuladen.**
   Herbert had in mind inviting Otto to the movies.

The preposition **zu,** if used, is inserted between the prefix and the verb.

3. Er ist mit seinen Freunden **zusammengekommen.**
He got together with his friends.
Sie waren nicht **aufgestanden.**
They had not stood up.

The syllable **-ge-** of the past participle is inserted between the prefix and the verb.

27. Variable Prefixes

The prefixes **durch, über, um, unter, wieder** may be either inseparable or separable.

INSEPARABLE		SEPARABLE	
durchschauen	*to see through*	**durch-fallen**	*to fail (an exam)*
überraschen	*to surprise*	**über-ziehen**	*to pull over*
umarmen	*to embrace*	**um-drehen**	*to turn around*
unternehmen	*to undertake*	**unter-bringen**	*to house*
wiederholen	*to repeat*	**wieder-holen**	*to get again*

Ich **umarmte** das Kind.
I embraced the child.
Er **hat** etwas Neues **unternommen.**
He undertook something new.

Ich **drehte** den Ring **um.**
I turned the ring around.
Er **hat** seine Gäste im Hinterhause **untergebracht.**
He housed his guests in the rear building.

Sie **wiederholte** die Aufgabe.
She repeated the lesson.

Sie **holte** das Buch **wieder.**
She got the book again.

The stress is on the stem verb if the variable prefix is inseparable and on the prefix if it is separable. Note that the meaning of an inseparable verb is often figurative, while the meaning of a separable verb is usually literal.

ÜBUNG D   *(Tape 5)*

Setzen Sie die folgenden Sätze ins Perfekt!

1. Er reist heute nachmittag ab.
2. Die „alten Herren" nehmen an allen Festlichkeiten teil.
3. Warum kommt er gerade um acht Uhr zurück?
4. Der Soldat schlägt seine Feinde tot.
5. Ich lerne jeden Tag mehr junge Deutsche kennen.
6. Manchmal gehe ich mit ihr spazieren.
7. Wir leeren unsere Tassen aus.
8. Die jungen Leute schauen im Lokal umher.

ÜBUNG E   *(Tape 5)*

Setzen Sie die folgenden Sätze ins Präsens!

1. Haben Sie mich ins Kino eingeladen?
2. Wir sind vor dem Kino stehengeblieben.
3. Sie sind ins Kino eingetreten.
4. Herbert hat sich angestrengt, alles zu verstehen.
5. Alles hat sehr neu ausgesehen.
6. Herbert hat die Tischplatte genau angesehen.
7. Man hatte eine Fahne aufgehängt.
8. Sie sind sehr zeitig angekommen.

ÜBUNG F

Setzen Sie die Sätze in E ins Imperfekt!

ÜBUNG G   *(Tape 5)*

Verbinden Sie die folgenden Sätze, indem Sie mit der angegebenen Konjunktion aus dem zweiten Satz einen Nebensatz machen!

BEISPIEL: Ich trinke Tee. Ich bin durstig. (wenn)
Ich trinke Tee, wenn ich durstig bin.

1. Man sagt „Guten Tag!" Man begrüßt einen Freund. (wenn)
2. Wir wurden neugierig. Die neuen Gäste schauten uns an. (als)
3. In Deutschland gibt man sich immer die Hand. Man begegnet einem Freund auf der Straße. (wenn)
4. Er geht in ein Lokal. Er kommt mit anderen „alten Herren" zusammen. (wo)
5. Man sagt „Wie bitte?" Man versteht etwas nicht. (wenn)
6. Wir sprachen nur so miteinander. Sie trat ein. (als)
7. Die Kellnerin brachte uns zwei Tassen Tee. Wir hatten sie nicht bestellt. (obgleich)

ÜBUNG H

Bilden Sie Sätze, indem Sie **Ich hatte die Absicht** *mit den folgenden Satzteilen verbinden!*

BEISPIEL: heute fortfahren
Ich hatte die Absicht, heute fortzufahren.

1. ihnen einen Freund vorstellen
2. hinausgehen

3. meine Freunde einladen
4. an dem Kartenspiel teilnehmen
5. mir das Buch ansehen
6. mit Ihnen zusammenkommen
7. früh aufstehen
8. mitfahren

ÜBUNG I   *(Tape 5)*

Bilden Sie Sätze, indem Sie den ersten Satzteil mit dem zweiten verbinden!

BEISPIEL: Ich hatte im Sinn   für Sie bezahlen
Ich hatte im Sinn, für Sie zu bezahlen.

1. Er hatte mir empfohlen   die Aufgabe wiederholen
2. Er hat ihnen befohlen   die Stadt verlassen
3. Er hatte im Sinn   die Inschrift entziffern
4. Ich hatte die Absicht   meine Freunde besuchen
5. Wir beschlossen   dem Kinde helfen
6. Ich habe ihm versprochen   seine Tochter begleiten
7. Wir hatten im Sinn   Sie überraschen
8. Sie hat mir versprochen   ihn heute empfangen

IV. LEKTÜRE

ERICH MARIA REMARQUE: Drei Kameraden

In the setting of the great political and economic turmoil after World War I, Remarque (1897–1970) describes the comradeship of three young army veterans and in particular the love of one of them, Robby Lohkamp, for Patrice ("Pat") Holman, a beautiful and charming girl who is doomed to die from tuberculosis. These excerpts are from the last chapter of the book. Pat is dying in a sanatorium, where she and Robby are listening to a borrowed radio.

Antonio brachte mir seinen Radioapparat. Ich schloß ihn an die Lichtleitung und die Heizung[1] an und probierte ihn abends bei Pat aus. Er quarrte und quakte,[2] dann löste sich plötzlich aus dem Schnarren eine zarte, klare Musik.

---

[1] die Heizung *radiator (Early radios had to be grounded to a metallic object.)*   [2] quarren, quaken *squeak, croak*

„Was ist das, Liebling?" fragte Pat.   5

Antonio hatte mir eine Radiozeitschrift mitgegeben. Ich schlug
nach. „Rom, glaube ich."

Da kam auch schon die tiefe, metallische Stimme der Ansagerin.[3]
„Radio Roma — Napoli — Firenze —"

Ich drehte weiter. Ein Klaviersolo. „Da brauche ich gar nicht   10
nachzuschlagen", sagte ich. „Das ist die Waldsteinsonate[4] von
Beethoven. Die hab ich auch mal spielen können in den Zeiten, als
ich noch glaubte, irgendwann mal Studienrat,[5] Professor oder
Komponist zu werden. Jetzt kann ich sie längst nicht mehr. Wollen
lieber weiter drehen. Sind keine schönen Erinnerungen."   15

Ein warmer Alt, sehr leise und einschmeichelnd. „Parlez-moi
d'amour." — „Paris, Pat."

Ein Vortrag über die Bekämpfung der Reblaus.[6] Ich drehte
weiter. Reklamenachrichten. Ein Quartett. „Was ist das?" fragte
Pat.   20

„Prag. Streichquartett, Opus 59, zwei, Beethoven", las ich vor.

Ich wartete, bis der Satz[7] zu Ende war, dann drehte ich weiter, und
auf einmal war eine Geige da, eine wunderbare Geige. „Das wird
Budapest sein, Pat. Zigeunermusik."

Ich stellte die Skala genau ein. Voll und weich schwebte jetzt die   25
Melodie über dem mitflutenden Orchester von Cimbals, Geigen und
Hirtenflöten. „Herrlich, Pat, was?"

Sie schwieg. Ich wandte mich um. Sie weinte mit weit geöffneten
Augen. Ich stellte mit einem Ruck den Apparat ab. „Was ist denn,
Pat." Ich legte den Arm um ihre schmalen Schultern.   30

„Nichts, Robby. Es ist dumm von mir. Nur, wenn man das so
hört, Paris, Rom, Budapest — mein Gott, und ich wäre schon froh,
wenn ich noch einmal ins Dorf hinunter könnte."

„Aber Pat."

*   *   *   *   *

Sie legte ihre Hand auf meinen Arm. „Willst du nicht die Zigeuner   35
wieder spielen lassen?"

---

[3] die Ansagerin *announcer (In Europe the radio or TV announcer is frequently a woman.)*

[4] die Waldsteinsonate *a Beethoven sonata dedicated to Graf Ferdinand von Waldstein*

[5] der Studienrat *academic rank in German secondary schools*

[6] die Reblaus *phylloxera vastatrix, a louse that attacks grape vines*

[7] der Satz *movement (of a musical composition)*

„Willst du sie hören?"

„Ja, Liebling."

40 Ich stellte den Apparat wieder an, und leise, dann immer voller klang die Geige mit den Flöten und den gedämpften[8] Arpeggien der Cimbals durch das Zimmer.

„Schön", sagte Pat. „Wie ein Wind. Ein Wind, der einen wegträgt."

Es war ein Abendkonzert aus einem Gartenrestaurant in Budapest.
45 Das Gespräch der Gäste war manchmal durch das Raunen[9] der Musik zu vernehmen, und ab und zu hörte man einen hellen, fröhlichen Ruf. Man konnte denken, daß jetzt auf der Margaretheninsel[10] die Kastanien schon das erste Laub hatten und daß es blaß im Monde schimmerte und sich bewegte, als würde es durch den Geigenwind
50 angeweht. Vielleicht war es auch schon ein warmer Abend, und die Leute saßen im Freien und hatten Gläser mit dem gelben ungarischen Wein vor sich stehen, die Kellner liefen in ihren weißen Jacken hin und her, die Zigeuner spielten, nachher ging man durch die grüne Frühjahrsdämmerung müde nach Hause, und da lag Pat und lächelte
55 und würde nie wieder aus diesem Zimmer herauskommen, nie wieder aus diesem Bette aufstehen.

*   *   *   *   *

Sie starb in der letzten Stunde der Nacht, bevor es Morgen wurde. Sie starb schwer und qualvoll, und niemand konnte ihr helfen. Sie hielt meine Hand fest, aber sie wußte nicht mehr, daß ich bei ihr war.
60 Irgendwann sagte jemand: „Sie ist tot —"

„Nein", erwiderte ich, „sie ist noch nicht tot. Sie hält meine Hand noch fest —"

Licht. Unerträgliches, grelles Licht. Menschen. Der Arzt. Ich öffnete langsam meine Hand. Pats Hand fiel herunter. Blut. Ein
65 verzerrtes, ersticktes Gesicht. Qualvolle, starre Augen. Braunes, seidiges Haar.

„Pat", sagte ich. „Pat!"

Und zum ersten Male antwortete sie mir nicht.

From *Drei Kameraden* (1937), by Erich Maria Remarque. By permission of Verlag Kurt Desch, München, and the Estate of Erich Maria Remarque.

---

[8] gedämpft *muted*
[9] das Raunen *whispering*

[10] die Margaretheninsel *island in the Danube*

Komposition

1. Antonio had lent his radio to Robby, and Pat and he were using it in Pat's room.
2. He had connected it to the electric system and the radiator, for it was not a modern set.
3. Pat had been ill for a long time, and she had no desire to spend the long evenings alone.
4. It was Robby's intention not to leave her again.
5. When he went out of the room, he promised to come back immediately.
6. Because he had looked up the programs in a radio pamphlet, he was able to find Prague, Rome, etc. on the dial.
7. It was not a pleasant memory for Robby when he heard the Beethoven Waldstein sonata, because he had wanted to become a composer.
8. Then they found a program from a garden restaurant in Budapest, where gypsies were playing with flutes, and Pat liked it.
9. When he heard Pat crying, he turned off the radio immediately.
10. But she wanted to hear the music, and he had to turn the radio on again.

V. AUFSATZ

Ein Bierlokal ist etwas anderes als eine Diskothek. Beschreiben Sie die wichtigsten Unterschiede! Schreiben Sie zum Beispiel über

(1) die Leute, die man in dem einen und dem andern Lokal gewöhnlich sieht;
(2) die Möglichkeit, Stammtische oder andere reservierte Tische zu finden;
(3) die Getränke, die man gewöhnlich bestellt;
(4) die Art der Unterhaltung (Tanzen, Kartenspielen usw.);
(5) die Gründe, warum Sie das eine oder das andere Lokal vorziehen!

VI. NEUER WORTSCHATZ

die **Abkürzung, -en**	abbreviation	die **Hälfte, -n**	half
an-stoßen (stößt an), stießan, angestoßen	to clink glasses	die **Inschrift, -en**	inscription
		irgendwo	somewhere
		das **Lokal, -e**	place, hall
		der **Rauch**	smoke
bestellen	to order	**scheinbar**	apparently
der **Biergeruch**	beer odor, smell of beer	**über-nehmen (übernimmt), übernahm, übernommen**	to take over
entziffern	to decipher		
erfinden, erfand, erfunden	to invent	**ungesund**	unhealthy
		der **Wagenschlüssel, -**	car key
die **Fahne, -n**	banner, flag	der **Wiederaufbau**	reconstruction
der **Fall, ⁼e**	case	das **Wirtshaus, ⁼er**	tavern
das **Gebäude, -**	building		

LEKTION 6

DEFINITE AND INDEFINITE ARTICLES;

DER- AND EIN-WORDS;

NOUN FORMS

I. GESPRÄCH: In der Stadt (*Tape 6*)

HERBERT: Wo sind wir hier?

ILSE: Am Goetheplatz. Gehen wir diese Straße hinauf! Nein, passen Sie auf! Das Licht ist rot. Wir müssen warten.

HERBERT: Dort ist ein Briefkasten. Da will ich schnell ein paar Briefe einstecken. — Jetzt ist das Licht grün. Gehen wir!

ILSE: Was haben Sie vor?

HERBERT: Ich will ein paar Filme entwickeln lassen. Können Sie mir ein gutes Fotogeschäft empfehlen?

ILSE: Fotogeschäfte gibt es viele. Hier sind wir im Geschäftsviertel.

HERBERT: Was für ein Verkehr! Man sieht ja fast mehr Autos als Fußgänger. Der Schutzmann dort hat die Hände voll.

ILSE: Ja, leider ist unsere U-Bahn noch im Bau begriffen. Wenn die mal fertig ist, wird es bestimmt besser werden.

HERBERT: Meinen Sie? Ich kenne Städte, wo es U-Bahnen gibt und der Straßenverkehr trotzdem so groß wie hier ist.

ILSE: Na, man kommt jedenfalls schneller vorwärts damit.

HERBERT: Alles ist modern und sauber hier.

ILSE: Der ganze Stadtteil ist neu. — Hübsche Läden, finden Sie nicht?

HERBERT: Was mir besonders auffällt, sind die vielen Bücherläden. Sehen Sie mal dieses Schaufenster an! Bücher aus allen Ländern. Dort sehe ich Goethes Werke ausgestellt. Zwanzig Bände!

ILSE: Wissen Sie auch, daß Goethe aus Frankfurt war? Das Goethehaus steht gleich da unten rechts.

HERBERT: Ja, ich habe es bereits gesehen. Ich kann mir nur nicht recht erklären, warum der Dichter hier mitten in einem Geschäftsviertel wohnen wollte.

ILSE: Na, zur Zeit Goethes gab es hier wahrscheinlich noch keine Warenhäuser. — Da drüben in diesem Hochhaus hat mein Vater sein Büro. Er arbeitet beim Bundeswirtschaftsamt.

HERBERT: Ist denn das nicht in Bonn?

ILSE: Doch, aber dies ist eine Zweigstelle. — Halt! In diesem Laden muß ich etwas einkaufen.

HERBERT: Hier? Aha! Ein Herrenartikelgeschäft. Anzüge, Hemden, Krawatten . . .

ILSE: Falsch geraten! Ich meine die Tür zum Laden nebenan.

HERBERT: Ein Blumenladen.

ILSE: Ich will Blumen kaufen. Meine Mutter hat morgen Geburtstag. Wollen Sie mir beim Aussuchen helfen?

HERBERT: Lieber nicht. Ich bringe inzwischen meine Filme zum Entwickeln. Dann treffe ich Sie hier wieder.

Fragen   (*Tape* 6)

Antworten Sie auf deutsch!

1. Warum müssen Herbert und Ilse an der Straßenecke warten?
2. Was tut Herbert mit seinen Briefen?
3. Warum sucht Herbert ein Fotogeschäft?
4. Wie ist der Verkehr am Goetheplatz?
5. Was sagt Herbert über den Schutzmann?
6. In was für einem Stadtteil befinden sich Herbert und Ilse?
7. Was für Läden fallen Herbert besonders auf?
8. In was für einem Gebäude arbeitet Ilses Vater?
9. Bei welchem Amt arbeitet Ilses Vater?
10. Was will Ilse kaufen?

Konversation

Fragen Sie Ihren Nachbar,

1. in was für einem Geschäft man Filme entwickeln lassen kann!
2. wie der Verkehr in den meisten amerikanischen Städten ist!
3. in welchen amerikanischen Städten es U-Bahnen gibt!
4. ob er in einem Geschäfts- oder in einem Wohnviertel wohnt!
5. ob er weiß, aus welcher Stadt Goethe stammte!
6. was man heutzutage in der Nähe des Goethehauses findet!

II. NÜTZLICHE AUSDRÜCKE

auf-fallen	to be conspicuous
es fällt mir auf	it strikes me
aus	out of; from
Er ist aus Frankfurt.	He comes from Frankfurt.
der Bau	building; construction
im Bau begriffen sein	to be under construction
Die Kirche ist im Bau begriffen.	The church is being built.
der Einkauf	purchase
Einkäufe machen	to shop, go shopping
ein-kaufen	to buy, shop for
es gibt (*plus acc.*)	there is, there are
etwas tun lassen	to have something done
Er läßt zwei Filme entwickeln.	He's having two films developed.
etwas vor haben	to intend to do something, have something in mind
Was haben Sie vor?	What do you have in mind?
Ich habe vor, in die Stadt zu gehen.	I plan to go downtown.
die Hände voll haben	to have one's hands full
was für ein	what kind of (a), what a
In was für einem Viertel wohnt er?	What kind of section does he live in?
Was für ein schöner Tag!	What a beautiful day!

Anwendung

Gebrauchen Sie vier der Nützlichen Ausdrücke in ganzen Sätzen!

III. GRAMMATIK UND ÜBUNGEN

28. Forms of the Definite Article

	SINGULAR			PLURAL
	MASC.	FEM.	NEUT.	
NOM.	der	die	das	die
GEN.	des	der	des	der
DAT.	dem	der	dem	den
ACC.	den	die	das	die

29. Uses of the Definite Article

In general, the definite article is used as in English, but observe the following differences:

(a) **Der Sonntag** ist ein Ruhetag.[1]
Sunday is a day of rest.

Die schönste Jahreszeit ist **der Frühling.**
The most beautiful season is spring.
Es ist kalt **im Januar.**
It is cold in January.

The definite article is required with days of the week, months, and seasons.

(b) Nehmen Sie **den Hut** ab!
Take off your hat!
Steck es in **die Tasche!**
Put it in your pocket!

The definite article is used with parts of the body and articles of clothing when ownership is clear.

(c) Er fährt oft **in die Schweiz (in die Türkei).**
He often goes to Switzerland (to Turkey).
But:
Jetzt wohnt er **in Deutschland (in Amerika).**
Now he lives in Germany (in America).

The definite article is required with feminine names of countries.

(d) Sie geht gerne **in die Kirche (in die Schule).**
She likes to go to church (to school).

---

[1] Days of the week used without definite article refer to specific days:
Sonntag ist ein Ruhetag. (*Next*) *Sunday is a day of rest.*

Er reiste **mit dem Flugzeug (mit dem Dampfer) (mit dem Zug).**
He traveled by plane (by steamer) (by train).
Was wünschen Sie **zum Frühstück (zum Mittagessen) (zum Abendessen)?**
What would you like for breakfast (for lunch) (for supper)?

The definite article is usually required in prepositional phrases.

(e) **Der Mensch** ist empfindlich.
Man is sensitive.
Das Leben ist schwer.
Life is difficult.

The definite article is required with generic nouns and abstract nouns.

30. Der-Words

dieser	*this, that*	**mancher**	*many a, (pl.) some*
jener	*that*	**solcher**	*such*
jeder	*each, every*	**welcher**	*which*

Der-words are so called because they have forms like **der,** except that in the nominative and accusative neuter singular the ending is **-es:**

	SINGULAR			PLURAL
	MASC.	FEM.	NEUT.	
NOM.	dieser	diese	dieses	diese
GEN.	dieses	dieser	dieses	dieser
DAT.	diesem	dieser	diesem	diesen
ACC.	diesen	diese	dieses	diese

Note:

1. **Jener** is rare except in direct comparison with **dieser:**

   Dieses Buch ist größer als **jenes** Buch.
   This book is bigger than that book.

2. English *that* without direct comparison is equivalent to German **dieser:**

   Diese Idee ist neu.[1]
   That idea is new.

3. **Solcher** is rare in the singular, except with abstract nouns:

   Solche Schönheit findet man selten.[2]
   Such beauty one seldom finds.

---

[1] The idea of "that" is often reinforced by **da:**

   Dieser Mann **da** wartet auf Sie. *That man is waiting for you.*

[2] In other contexts, **solcher** is usually replaced by **so ein:**

   So ein Buch liest man nicht. *One doesn't read such a book.*

ÜBUNG A *(Tape 6)*

Bilden Sie Sätze, indem Sie das angegebene Substantiv in den Dativ setzen!

1. Er kam aus (der Wald).
2. Er blieb vor (das Haus) stehen.
3. Er sprach mit (der Lehrer).
4. Das Buch lag in (das Schaufenster).
5. Er wohnte auf (das Land).
6. Er stand vor (der Laden).
7. Er wußte nichts von (das Buch).
8. Die Zeitung liegt auf (der Tisch).
9. Der Hund saß neben (der Ofen).
10. Sie lebte immer in (die Stadt).
11. Das Bild hängt an (die Wand).

ÜBUNG B *(Tape 6)*

Ersetzen Sie den bestimmten Artikel durch die korrekte Form des angegebenen Der-Wortes!

BEISPIEL: Das Haus ist neu. (dieser)
           Dieses Haus ist neu.

1. Der Student hat kein Geld. (mancher)
2. Er hat für das Kind ein Geschenk mitgebracht. (jeder)
3. Die Bücher sollte man nicht kaufen. (solcher)
4. Er bleibt an der Ecke stehen. (jeder)
5. Die Dame ist ihre Mutter. (welcher)
6. Mit den Kindern kann man nichts machen. (solcher)
7. Sie ist mit den Männern gekommen. (dieser)
8. Er kann das Gedicht auswendig. (mancher)

31. Forms of the Indefinite Article

| | SINGULAR | | | PLURAL |
	MASC.	FEM.	NEUT.	
NOM.	ein	eine	ein	keine
GEN.	eines	einer	eines	keiner
DAT.	einem	einer	einem	keinen
ACC.	einen	eine	ein	keine

The endings of the indefinite article are like those of the definite article, except in the nominative masculine singular and the nominative and accusative neuter singular, where the indefinite article has no ending.

32. Uses of the Indefinite Article

In general the indefinite article is used as in English, but observe the following differences:

(a) Mein Vater ist **Arzt,** mein Bruder ist **Rechtsanwalt.**
My father is a doctor, my brother is a lawyer.
Herbert ist **Amerikaner.** Sein Großvater war **Deutscher.**
Herbert is an American. His grandfather was a German.

The indefinite article is omitted before unmodified predicate nouns denoting profession, rank, or nationality.[1]

(b) Ich habe **Kopfweh.**
I have a headache.
Er hat **Zahnweh.**
He has a toothache.

The indefinite article is omitted in certain idiomatic phrases describing physical pain or an ache.

(c) Wir haben sie **als kleines Mädchen** gekannt.
We knew her as a little girl.
Er stellte sich **als Geschäftsmann** vor.
He introduced himself as a businessman.

The indefinite article is omitted after **als** meaning *as.*

33. Ein-Words

Ein-words are so called because they have forms like **ein:**

		SINGULAR		PLURAL
	MASC.	FEM.	NEUT.	
NOM.	kein	keine	kein	keine
GEN.	keines	keiner	keines	keiner
DAT.	keinem	keiner	keinem	keinen
ACC.	keinen	keine	kein	keine

The **ein**-words are **kein** and the possessive adjectives:

kein	*not a, no*
mein	*my*
dein	*your* (familiar singular)
sein	*his, its* (masculine singular)

---

[1] If the predicate is modified by an adjective, the article is not omitted:

Sein Vater war **ein bekannter Arzt.**
His father was a well-known physician.

ihr	*her, its* (feminine singular)
sein	*its, his, her* (neuter singular)
unser	*our*
euer	*your* (familiar plural)
ihr	*their*
Ihr	*your* (conventional)

ÜBUNG C   (*Tape 6*)

Bilden Sie Sätze, indem Sie das angegebene Substantiv in den Dativ setzen!

1. Er blieb vor (sein Haus) stehen.
2. Er unterhielt sich mit (unser Lehrer).
3. Wie geht es (Ihre Mutter)?
4. Mein Vater spricht oft von (seine Jugend).
5. Sie ist zu (ihre Nachbarin) gelaufen.
6. Er wußte nichts von (unsere Abreise).
7. Die Zeitung liegt auf (dein Schreibtisch).
8. Er hat (seine Freundin) einen Brief geschrieben.

ÜBUNG D   (*Tape 6*)

Bilden Sie Sätze, indem Sie das angegebene Substantiv in den Akkusativ setzen!

1. Sie hat (ihr Buch) vergessen.
2. Ich denke oft an (mein Bruder).
3. Die Blumen waren für (sein Vater).
4. Sie hat (ihr Wagen) verkauft.
5. Sie haben (unser Brief) nicht gelesen.
6. Ich lasse (mein Film) in diesem Fotogeschäft entwickeln.
7. Wo hast du (dein Auto) stehen lassen?
8. Warum haben Sie (Ihr Geld) nicht mitgebracht?

ÜBUNG E

Ergänzen Sie, wenn nötig, die korrekte Form des Artikels!

1. _____ Schweiz ist eine Republik.
2. Er hat mich zu _____ Abendessen eingeladen.
3. Mein kleiner Bruder geht noch in _____ Schule.
4. In _____ Sommer gehen wir oft schwimmen.
5. Haben Sie _____ Kopfweh?
6. Maries Vater ist _____ Professor.
7. In _____ Juli ist das Wetter sehr heiß.

8. Hast du ihn als _____ Kind gekannt?
9. Er schloß _____ Augen und schlief ein.

34. Plural of Nouns

Contrary to English, there is no general rule for forming the plural of German nouns. It is, therefore, best to commit the plural of each noun to your memory as you learn it. To help you, most German nouns may be divided into several classes, each of which has a particular plural pattern for nouns in this class:

(a) CLASS 1: Nouns adding no ending to form the plural

NOM. SING.		NOM. PLURAL
der **Mantel**	*overcoat*	die **Mäntel**
der **Laden**	*store*	die **Läden**
der **Dichter**	*poet*	die **Dichter**
das **Wasser**	*water*	die **Wasser**
das **Gebäude**	*building*	die **Gebäude**
das **Gebirge**	*mountain*	die **Gebirge**
das **Mädchen**	*girl*	die **Mädchen**
das **Fräulein**	*miss*	die **Fräulein**

Nouns in Class 1 are polysyllabic and include:

1. masculine and neuter nouns ending in **-el, -en, -er;**
2. neuter nouns beginning with **Ge-** and ending in **-e;**
3. all diminutives (always neuter!) with the endings **-chen** or **-lein.**

The umlaut is added in the plural of some masculines, but never in neuters.

Note: Two feminine nouns belong to Class 1:

NOM. SING.		NOM. PLURAL
die **Mutter**	*mother*	die **Mütter**
die **Tochter**	*daughter*	die **Töchter**

(b) CLASS 2: Nouns adding **-e** to form the plural

NOM. SING.		NOM. PLURAL
der **Brief**	*letter*	die **Briefe**
der **Hut**	*hat*	die **Hüte**
der **König**	*king*	die **Könige**
der **Offizier**	*officer*	die **Offiziere**
die **Hand**	*hand*	die **Hände**

das **Haar**	*hair*	die **Haare**
das **Erlebnis**	*experience*	die **Erlebnisse**
das **Geschenk**	*gift*	die **Geschenke**
das **Paket**	*parcel*	die **Pakete**

Nouns in Class 2 include:

1. most monosyllabic masculine and feminine nouns and some monosyllabic neuter nouns;
2. masculine nouns ending in **-ich, -ig, -ling,** and some masculine nouns of non-German origin usually stressed on the last syllable;
3. feminine and neuter nouns ending in **-nis, -sal;**
4. polysyllabic neuter nouns with the prefix **Ge-** and some neuter nouns of non-German origin with the stress on the last syllable.

The umlaut is added in the plural of most masculines, all feminines, but never in neuters.

(c) CLASS 3: Nouns adding **-er** to form the plural

NOM. SING.		NOM. PLURAL
der **Mann**	*man*	die **Männer**
der **Wald**	*forest*	die **Wälder**
das **Bild**	*picture*	die **Bilder**
das **Buch**	*book*	die **Bücher**
das **Wort**	*word*	die **Wörter**
der **Irrtum**	*error*	die **Irrtümer**

Nouns in Class 3 include:

1. a few monosyllabic masculine nouns;
2. most monosyllabic neuter nouns;
3. nouns ending in **-tum;**
4. no feminine nouns.

The umlaut is added in the plural wherever possible, that is, on **a, o, u.**

35. Case Endings of Nouns

(a) Feminine nouns have no case endings in the singular.

(b) Genitive Singular

NOM. SING.		GEN. SING.
der Mann	*man*	**des Mann(e)s**
das Glas	*glass*	**des Glases**
das Wasser	*water*	**des Wassers**

The genitive singular of most masculine and neuter nouns ends in -s or -es.[1] A small group of masculine nouns forms the genitive and all other inflected cases in -(e)n. These we will review in Lektion 7 (page 84).

(c) Dative Singular

NOM. SING.		DAT. SING.
das Kind	*child*	mit dem Kind(e)
der Tag	*day*	seit dem Tag(e)
der Teller	*plate*	auf dem Teller

In the dative singular, an -e may be added to masculine and neuter monosyllabic nouns.

(d) Dative Plural

NOM. PLURAL		DAT. PLURAL
die Länder	*countries*	aus allen Ländern
die Jahre	*years*	seit vielen Jahren

In the dative plural, an -n is added, unless the plural ends in -n or -s (aus den Läden, in den Autos).

ÜBUNG F   (*Tape 6*)

Setzen Sie das erste Substantiv und das Verb in den Plural!

BEISPIEL: Das Geschenk ist für meinen Bruder.
            Die Geschenke sind für meinen Bruder.

1. Das Büchlein hat nicht viel gekostet.
2. Der Bruder besitzt ein Boot.
3. Das Schaufenster war voller Bücher.
4. Das Gebäude schien neu zu sein.
5. Der Laden ist an der Ecke.
6. Der Schuh war zu eng.
7. Der Wagen hat im Parkplatz gestanden.
8. Das Geschenk war sehr willkommen.
9. Die Nacht war kühl.
10. Dieses Hochhaus ist sehr berühmt.
11. Der Mann durfte nicht hinein.

---

[1] The genitive ending is normally -es for monosyllabic nouns and nouns ending in an s sound. The genitive ending of polysyllabic nouns *not* stressed on the last syllable is usually -s. Most other genitive nouns may end in -s or -es, depending on sentence rhythm.

12. Das Kind hat den Weg verloren.
13. Das Dorf liegt im Tal.
14. Das Buch hat unter dem Tisch gelegen.
15. Das Ei hat ganz gut geschmeckt.

ÜBUNG G (*Tape 6*)

Setzen Sie die Substantive (wenn nötig auch die Verben) in den Singular!
(*Vergessen Sie Artikel, Der- und Ein-Wörter nicht!*)

1. Haben Sie die Lieder schon gehört?
2. Wo sind die Bücherläden?
3. Ich habe keine Taschentücher bei mir.
4. Kennen Sie unsere Städte?
5. Sie geht gern in die Gärten.
6. Ich muß meine Einkäufe machen.
7. Welche Stadtteile sind neu?
8. Wir brauchen unsere Wörterbücher.

ÜBUNG H (*Tape 6*)

Setzen Sie die Dativsubstantive in den Plural! (Vergessen Sie Artikel, Der- und
Ein-Wörter nicht!)

BEISPIEL: Er hat es seiner Schwester gezeigt.
     Er hat es seinen Schwestern gezeigt.

1. Er ist diesem Manne lange gefolgt.
2. Er hat mit ihrem Bruder gesprochen.
3. Die Leute liefen aus dem Haus.
4. Das Geld gehörte seinem Schüler.
5. Ich habe mit meinem Lied großen Erfolg gehabt.
6. Auf diesem Gebirge liegt immer Schnee.
7. Der Onkel hat dem Kind Geschenke gebracht.
8. Er ist mit seiner Schwester gekommen.
9. Von welchem Hochhaus spricht er?

36. Formation of Nouns

 (a) Infinitive as Noun

     das Entwickeln *developing, to develop*
     das Aussuchen *choosing, selection*

An infinitive (capitalized!) may be used as a neuter noun.

(b) Derivative Nouns, Class 1 (No Plural Ending)

1. **spielen** *to play*   **der Spieler** *player*
   malen *to paint*   **der Maler** *painter*

Many nouns ending in **-er** are derived from verbs and denote the person performing the action indicated by the verb. Such nouns are masculine. The equivalent feminine nouns have the additional ending **-in**: **die Spielerin, die Malerin.**

2. **die Musik**   *music*   **der Musiker**   *musician*
   die Arbeit   *work*   **der Arbeiter**   *worker*
   die Schweiz   *Switzerland* **der Schweizer** *Swiss*
   (das) Holland *Holland*   **der Holländer** *Dutchman*

Many nouns ending in **-er** are derived from other nouns and denote a profession or nationality. The equivalent feminine nouns have the additional ending **-in**: **die Musikerin, die Arbeiterin, die Schweizerin, die Holländerin.**

3. **das Kind** *child*   **das Kindchen** *little child*
   die Frau *woman*   **das Fräulein** *young lady*

Nouns with the diminutive ending **-chen** or **-lein** are always neuter and take umlaut if possible.

(c) Derivative Nouns, Class 2 (Plural Ending -e or ⸚e)

1. **laufen** *to run*   **der Lauf** *running, course*
   fallen *to fall*   **der Fall** *fall, case*
   sitzen *to sit*   **der Sitz** *seat*

Many monosyllabic masculine nouns are formed from the infinitive stems of verbs.

2. **gehen**   *to go*   **der Gang**   *going, trip*
   klingen *to sound*   **der Klang** *sound*
   reiten   *to ride*   **der Ritt**   *ride*

Many monosyllabic masculine nouns are formed from Ablaut[1] forms of verbs.

(d) Derivative Nouns, Class 3 (Plural Ending -er or ⸚er)

der König   *king*   **das Königtum**   *kingdom*
das Alter   *age*   **das Altertum**   *antiquity*
der Christ *Christian* **das Christentum** *Christianity*
eigen   *one's own* **das Eigentum**   *property*

---

[1] For a definition, see the Glossary.

Nouns with the suffix **-tum** are derived from adjectives or other nouns and are usually neuter.[2]

(e) Compound Nouns

das Hochhaus (*skyscraper*): from **hoch** (*high*), **das Haus** (*house*).
der Bücherladen (*bookstore*): from **Bücher** (*books*), **der Laden** (*store*).
der Geburtstag (*birthday*): from **die Geburt** (*birth*), **der Tag** (*day*).
der Ausgang (*exit*): from **aus** (*out*), **der Gang** (*going*).
das Schaufenster (*show window*): from **schauen** (*to view*), **das Fenster** (*window*).

Compound nouns may be a combination of a noun plus adjective, noun, preposition, adverb, or verb form. The gender of a compound noun is that of the last component. In some compound nouns, **-(e)s** or **-n** is added to the first part of the compound:

die Jahreszeit (*season*): from **das Jahr** (*year*), **die Zeit** (*time*).
der Sonnenaufgang (*sunrise*): from **die Sonne** (*sun*), **der Aufgang** (*rising*).

ÜBUNG I

Bilden Sie Substantive!

BEISPIEL: das Haus, hoch
            das Hochhaus

1. der Freund, die Bücher
2. der Schlüssel, das Haus
3. das Haus, das Land
4. der Brief, die Liebe (add -s-)
5. der Gang, aus
6. Die Zeit, das Jahr (add -es-)
7. die Hitze, der Mittag (add -s-)
8. die Feier, der Geburtstag (add -s-)
9. der Schein, die Sonne (add -n-)
10. das Spiel, die Kinder
11. das Geschäft (add -s-), das Viertel
12. die Wirtschaft (add -s-), das Amt

---

[2] Two masculine nouns with the suffix **-tum** are **der Irrtum** (*error*), derived from **sich irren** (*to err*), and **der Reichtum** (*wealth*), derived from **reich** (*rich*).

IV. LEKTÜRE

HEINZ STEGUWEIT: Schwarzwälder Kirsch

The very short story Schwarzwälder Kirsch (*Black Forest Cherry Brandy*)
*is in the old tradition of the picaresque novel, in which the hero is a scoundrel
whose outrageous tricks and pranks endear him to us rather than the opposite.
(Steguweit, born 1897).*

Als der Stromer[1] Pepeli[2] in zerlumptem Zustand das Wirtshaus am
Kandel[3] betrat, gab's sofort ein Kichern und Rumoren an den
Tischen der Gäste. Was sollte dieses zottige[4] Scheusal im Revier der
Ausflügler und frommen Wanderer?

5   Pepeli aber grüßte artig nach allen Seiten, lächelte hausbacken,[5]
behielt den Hut in der Hand und steuerte geradenwegs auf den
Schanktisch[6] zu, ohne zu betteln oder sonstwie die erstaunten Zeit-
genossen[7] zu belästigen. Nein, Pepeli zog nur eine leere Flasche aus
dem Rock, stellte sie dem Wirt hin und bat ganz sachlich um ein Liter

10 echten Schwarzwälder[8] Kirsch.[9] Jawohl, um ein Liter wasserklaren,
echten Schwarzwälder Kirsch.

    Der Wirt wagte zunächst nicht, das an sich ganz sauber aussehende
Gebilde der Flasche zu berühren. Darum fragte er, vielleicht in der
Hoffnung, den Stromer schnell loszuwerden, seelenruhig dies: „Ein

15 Liter Kirsch? Hast auch so viel Geld, Pepeli?"

    Der Landstreicher schob die Brust etwas entrüstet nach vorne,
setzte den Hut auf, rollte die Augen: „Ich? Geld? Freilich habe ich
Geld!"

    Und der Gastwirt vom Kandel ließ den klaren Schwarzwälder

20 Kirsch frisch aus dem Fäßchen in die Flasche rieseln, bis diese voll
war. Pepeli dankte, preßte den Korken auf den Hals, steckte die gefüllte Pulle[10] ein und faltete überlegen grinsend einen Zwanzigmarkschein auseinander, offenbar in der Erwartung, von dem Gastwirt
noch gemünztes Silber herauszubekommen.

[1] der Stromer *vagabond*
[2] Pepeli *dimunitive of Pepi, which is a nickname for Joseph*
[3] Kandel *a place name*
[4] zottig *shaggy*
[5] hausbacken *home-baked, simple*
[6] der Schanktisch *bar*
[7] der Zeitgenosse *contemporary; here: fellow guest*
[8] Schwarzwälder *adjective for* Schwarzwald, *Black Forest*
[9] der Kirsch *short for* Kirschschnaps, *cherry brandy (also called* das Kirschwasser)
[10] die Pulle *bottle (dialect); standard German:* die Flasche

Diese Hoffnung wurde indessen getäuscht. Schmählich sogar. Denn   25
der Wirt betrachtete sich den Zwanzigmarkschein genauer, warf ihn
dann dem schreckhaft zuckenden Stromer wieder hin: „Geh, Pepeli,
gib den Kirsch wieder raus; das ist ja ein Geldschein von 1910,[11] ein
ganz filziger und alter; wo hast du den her?"

Dem Landstreicher blieb der Unterkiefer stehen, die Augen   30
kämpften rechtschaffen mit Tränen. Pepeli gestand, diesen Schein im
Walde gefunden zu haben. Und faßte es nicht, daß er die frisch mit
Schwarzwälder Kirsch gefüllte Pulle wieder aus dem Rock ziehen
sollte. Aber nichts konnte helfen, Pepelis Kopf sank so verdrießlich
auf die Brust, als hätte man ihm die goldenen Äpfel der Hesperiden[12]   35
aus den Zähnen geholt.

Stumm und keiner Worte mächtig sah der Stromer zu, wie der
Gastwirt die Flasche entkorkte, das klare Kirschwasser wieder ins
Fäßchen gluckern ließ und dann, die leere Pulle zurückreichend, mit
dem Finger streng zur Tür wies: „Marsch raus! Laß dich nicht mehr   40
hier blicken!"

Nein, der Stromer Pepeli ließ sich nimmer im Gasthaus am Kandel
blicken. Der Stromer Pepeli saß vielmehr eine halbe Stunde später
ganz tief irgendwo unter den Tannen und wog schmunzelnd zwei
Flaschen in den Händen: eine leere und eine gefüllte! Die gefüllte   45
setzte er an den Mund und genoß ihren brennenden Inhalt in
schweren, genießerischen Schlücken.

Und beschloß, am nächsten Tage das gleiche Kunststück bei einem
andern Wirt zu versuchen. Dazu bedurfte[13] es keiner langwierigen
Vorbereitungen. Er brauchte die eine Flasche nur wieder mit klarem   50
Quellwasser zu füllen, alles andere würde dann seinen Gang gehen, auf
den alten Zwanzigmarkschein und auf die zweite leere Pulle konnte
er sich schon verlassen!

Unterdessen wunderten sich die Gäste im Wirtshaus am Kandel,
daß der Schwarzwälder Kirsch so wässerig schmeckte, obzwar[14] er   55
doch frisch aus dem Fäßchen quoll.

„Schwarzwälder Kirsch," by Heinz Steguweit, from *Erzähl noch was.
300 kleine Geschichten*, Emil Rohmkopf, Leipzig, 1937.

[11] ein Geldschein von 1910 *This money was worthless after it was withdrawn from circulation following the inflation after World War I.*

[12] die goldenen Äpfel der Hesperiden *In Greek mythology, the Hesperides, daughters of Atlas and Hesperis, were the guardians of the golden apples that Ge (Earth) gave to Hera when she married Zeus.*

[13] bedürfen *to need (followed by genitive object)*

[14] obzwar *although (obwohl, obgleich are more common)*

Komposition

1. A vagabond surprised the guests of the tavern in a village in the Black Forest when he stepped in on a Saturday in the summer.
2. The inn stood between two houses at the edge of this village.
3. Tavern keepers do not like to see such vagabonds in their taverns, because they usually disturb the guests.
4. But this man had friends there, and he greeted them with a smile.
5. He did not like to work; therefore he had to play tricks in order to eat and drink.
6. Such men are usually friends of the children in a village.
7. His tricks amused the men of the village, but the host had his hands full with these tricks.
8. The vagabond said to this host, "I have my money in my pocket, and I want a bottle of cherry brandy."
9. His money was old and had no value, but he played a trick and he left the tavern with his bottle of cherry brandy and his money.
10. He had a smile on his face after his visit as he sat under the trees in the woods and drank his cherry brandy.

V. AUFSATZ

Sie gehen in die Stadt, um ein paar Einkäufe zu machen. Am Eingang zu einem Warenhaus treffen Sie eine Freundin, die ebenfalls Einkäufe macht. Schreiben Sie einen kurzen Aufsatz, in dem Sie Ihre Erlebnisse in der Stadt erzählen! Erwähnen Sie unter anderem:

(1) den Verkehr in den Straßen;
(2) die Gebäude und Läden;
(3) die Auslagen in den Schaufenstern;
(4) das Gespräch mit Ihrer Freundin (die verschiedenen Einkäufe, die Sie und Ihre Freundin machen wollen; ob es Geschenke sind usw.);
(5) warum Sie gern oder ungern Einkäufe machen!

VI. NEUER WORTSCHATZ

der **Anzug, ⸚e**	suit	das **Hemd, -en**	shirt
der **Band, ⸚e**	volume	die **Krawatte, -n**	tie
die **Blume, -n**	flower	der **Laden, ⸚**	store, shop
der **Briefkasten, -**	mail box	**mal (einmal)**	once; sometime
ein-stecken	to put in	**meinen**	to mean; to think
entwickeln	to develop	**sauber**	clean
fertig	finished	das **Schaufenster, -**	show window
der **Fußgänger, -**	pedestrian	der **Stadtteil, -e**	section (of a city)
der **Geburtstag, -e**	birthday	das **Warenhaus, ⸚er**	department store

LEKTION 7

NOUN PLURALS (CONTINUED)

I. GESPRÄCH: „Bei Kuchen und Tee" (*Tape 7*)

HERBERT: Hier ist ein nettes Restaurant. Darf ich Sie zu einer Erfrischung einladen?

ILSE: Gern. Setzen wir uns in den Garten! Bei diesem warmen Wetter bleibe ich am liebsten im Freien.

HERBERT: Einverstanden. Die Gartenwirtschaften in Deutschland gefallen mir. In Amerika kennen wir das kaum.

ILSE: Dies ist eine Konditorei. Man bekommt hier nur alkoholfreie Getränke, sowie Gebäck und Süßigkeiten. — Dort unter dem Baum ist noch ein Tisch frei.

HERBERT: Gut. Was bestellen wir? Ich denke eben an ein Lied, das mein Vater oft gesungen hat: „In einer kleinen Konditorei — da saßen wir zwei — bei Kuchen und Tee . . ."

ILSE: Ein guter alter Schlager. Schön, ich trinke eine Tasse Tee. Aber essen mag ich augenblicklich gar nichts.

HERBERT: Schade! (*Zum Kellner.*) Zweimal Tée, bitte. Und für mich ein Stück von dem weißen Kuchen dort. (*Zu Ilse.*) Zigarette?

ILSE:	Danke. Ich rauche nicht. — Wir haben Glück gehabt, zwei Plätze zu finden.
HERBERT:	Ja, alle Tische sind besetzt. Ich sehe nichts als Frauen — natürlich.
ILSE:	Na, eine Tasse Kaffee ist ein billiges Vergnügen. Und Klatschen kostet gar nichts.
HERBERT:	Da drüben studiert jemand Horoskope.
ILSE:	Astrologie. Ja, das ist ganz interessant. Horoskope sind seit einiger Zeit sehr populär. (*Steht auf und holt eine Zeitschrift.*) Sehen wir uns mal an, was für Herrn Becker geschrieben steht. Sind Sie ein Löwe? Ein Skorpion? Ich meine: In welchem Monat sind Sie geboren?
HERBERT:	Im November. Am zweiten November.
ILSE:	Dann sind Sie ein Skorpion. Hier ist Ihr Horoskop für die Woche: „Skorpion. Sie neigen dazu, Torheiten zu begehen. Vorsicht! Sie erhalten wichtige Nachrichten. Bester Tag: Mittwoch."
HERBERT:	Das ist doch Unsinn. Aberglaube.
ILSE:	Vielleicht, vielleicht auch nicht. Haben Sie nicht gestern einen Brief erhalten? Gestern war Mittwoch.
HERBERT:	Ja, ich habe einen Brief erhalten — von meiner Mutter. Aber der Brief enthielt keine Spur von wichtigen Nachrichten.
ILSE:	Wie können Sie das wissen? Vielleicht stand da etwas darin, das Ihnen heute bedeutungslos erscheint. Und erst später geht Ihnen ein Licht auf . . .
HERBERT:	Später — später ist es immer zu spät! Na schön. Was steht denn in Ihrem Horoskop?
ILSE:	„Wassermann. Vermeiden Sie Spannungen und Streitigkeiten! Bester Tag: Donnerstag." — Genug damit. Ich glaube, ich nehme doch ein Stück Kuchen, wenn Sie nichts dagegen haben, Herbert.

Fragen (*Tape 7*)

Antworten Sie auf deutsch!

1. Wohin gehen Herbert und Ilse?
2. Wohin setzen sie sich?
3. Was bekommt man in einer Konditorei nur?
4. Was für ein Lied hat Herberts Vater oft gesungen?

5. Was bestellt Herbert für sich und Ilse?
6. Was tun die meisten Frauen in einer Konditorei?
7. Unter welchem Zeichen ist Herbert geboren?
8. Was hält Herbert von Astrologie und Horoskopen?
9. Was sollte Herbert nach seinem Horoskop diese Woche erhalten?
10. Was hat er tatsächlich erhalten?

Konversation

Fragen Sie Ihren Nachbar,

1. ob es in Amerika viele Gartenwirtschaften gibt!
2. zu welcher Jahreszeit die Amerikaner gerne im Freien essen!
3. was eine Konditorei ist!
4. wie oft er sein Horoskop liest!
5. was er von der Astrologie hält!
6. in welchem Monat er geboren ist!
7. wann er das letzte Mal wichtige Nachrichten erhalten hat!

II. NÜTZLICHE AUSDRÜCKE

zu etwas einladen
    Darf ich Sie zu einer Erfrischung einladen?
    Darf ich Sie zum Abendessen einladen

to invite to or for something
    May I invite you for some refreshment?
    May I invite you to dinner?

einverstanden

agreed, o.k.

im Freien

out of doors, in the open

das Glück
    Wir haben Glück gehabt.

good luck
    We were lucky.

das Licht
    Ein Licht geht mir auf.

light
    I suddenly realize.

neigen
    neigen *plus* **zu**

    Sie neigt zur Musik

to lean
    to lean in a direction, have a bent for
    She's leaning toward music. She has a bent for music.

nichts dagegen haben
    Ich habe nichts dagegen, wenn Sie mitkommen wollen.

not to mind, not to have any objections
    I have no objections if you want to come along.

Anwendung

Gebrauchen Sie vier der Nützlichen Ausdrücke in ganzen Sätzen!

III. GRAMMATIK UND ÜBUNGEN

37. Plural of Nouns (continued)

(a) CLASS 4: Nouns adding -(e)n to form the plural

NOM. SING.		NOM. PLURAL
der **Löwe**	*lion*	die **Löwen**
der **Mensch**	*human being, man*	die **Menschen**
der **Satellit**	*satellite*	die **Satelliten**
die **Antwort**	*answer*	die **Antworten**
die **Schule**	*school*	die **Schulen**
die **Woche**	*week*	die **Wochen**
die **Frau**	*woman*	die **Frauen**

Nouns in Class 4 include:

1. masculine nouns ending in -**e** and denoting male beings;
2. a few monosyllabic masculine nouns;
3. most masculine nouns of non-German origin with the stress on the last syllable;
4. polysyllabic feminine nouns (except **die Mutter** and **die Tochter**);
5. a few monosyllabic feminine nouns not in Class 2;
6. No neuter nouns.

The umlaut is never added in the plural of Class 4 nouns.

(b) Declension of Masculine Class 4 Nouns

Masculine nouns in Class 4 end in -(e)**n** in all cases except the nominative singular:

	SINGULAR		PLURAL
NOM.	der Student	*student*	die Studenten
GEN.	des Studenten		der Studenten
DAT.	dem Studenten		den Studenten
ACC.	den Studenten		die Studenten

Note:

1. **Herr** (*gentleman, Mr.*) adds -**n** in the singular and -**en** in the plural:

	SINGULAR		PLURAL
NOM.	der **Herr**	*gentleman*	die **Herren**
GEN.	des **Herrn**		der **Herren**
DAT.	dem **Herrn**		den **Herren**
ACC.	den **Herrn**		die **Herren**

2. Feminine nouns ending in **-in** double the **n** before adding **-en** in the plural:

SINGULAR		PLURAL
die **Lehrerin**	*teacher*	die **Lehrerinnen**
die **Studentin**	*student*	die **Studentinnen**

ÜBUNG A   (*Tape 7*)

Verwenden Sie das angegebene Substantiv als Genitivobjekt!

BEISPIEL: Ich wußte den Namen nicht. (die Frau)
              Ich wußte den Namen der Frau nicht.

1. Kennen Sie die Mutter. (die Studentin)
2. Das Schaufenster war voller Süßigkeiten. (die Konditorei)
3. Das Hauptfach ist Naturwissenschaft. (dieser Student)
4. Er vergißt das Ende. (seine Geschichte)
5. Die Frau ist eine Prinzessin. (ein Prinz)
6. Der Anfang war ziemlich komisch. (die Tragödie)
7. Die Kinder waren alle fleißige Schüler. (die Familie)

ÜBUNG B   (*Tape 7*)

Setzen Sie das erste Substantiv und das Verb in den Plural!

BEISPIEL: Die Frau geht in die Kirche.
              Die Frauen gehen in die Kirche.

1. Der Herr hat mit den Kindern geplaudert.
2. Diese Rose hatte einen herrlichen Duft.
3. Die Erfrischung war willkommen.
4. Die Antwort war nicht klar.
5. Der Student hat laut gelacht.
6. Die Zeitschrift liegt auf dem Tisch.
7. Die Nachricht war nicht wichtig.

ÜBUNG C   (*Tape 7*)

Setzen Sie die Substantive (wenn nötig auch die Verben) in den Singular!

1. Wo haben Sie die Studentinnen getroffen?
2. Haben Sie seine Ideen interessant gefunden?
3. Wo sind die Frauen?
4. Die Prinzen haben alles verloren.
5. Diese Löwen sind noch ganz jung.
6. Diese Herren haben nichts gekauft.
7. Warum sind die Lehrerinnen so streng?
8. Manche Studenten sind arm.

38. Mixed Nouns

Mixed nouns add -s in the genitive singular and -(e)n to form the plural:

NOM. SING.		GEN. SING.	NOM. PLURAL
der **Nachbar**	*neighbor*	des **Nachbars**	die **Nachbarn**
der **Vetter**	*cousin*	des **Vetters**	die **Vettern**
das **Ende**	*end*	des **Endes**	die **Enden**
das **Auge**	*eye*	des **Auges**	die **Augen**
der **Professor**	*professor*	des **Professors**	die **Professoren**

Mixed nouns include:

1. a few masculine and neuter nouns;
2. masculine nouns of non-German origin ending in -or.

39. Nouns with Irregular Forms

(a) The following masculine nouns add -ns in the genitive singular and -n in all other singular and plural forms:

der **Funke**	*spark*	der **Glaube**	*belief*
der **Friede**	*peace*	der **Name**	*name*
der **Gedanke**	*thought*	der **Wille**	*will*

	SINGULAR	PLURAL
NOM.	der Glaube	die Glauben
GEN.	des Glaubens	der Glauben
DAT.	dem Glauben	den Glauben
ACC.	den Glauben	die Glauben

Note that **das Herz** (*heart*) has a similar pattern of endings:

	SINGULAR	PLURAL
NOM.	das Herz	die Herzen
GEN.	des Herzens	der Herzen
DAT.	dem Herzen	den Herzen
ACC.	das Herz	die Herzen

(b) A group of nouns of non-German origin that have come into the language rather recently add **-s** in the genitive singular and **-s** throughout the plural. Some of the most common are:

das **Auto**	*auto*	das **Kino**	*movie*
der **Bankier**	*banker*	der **Portier**	*doorman*
das **Büro**	*office*	das **Radio**	*radio*
das **Hotel**	*hotel*	das **Restaurant**	*restaurant*

	SINGULAR		PLURAL
NOM.	der Bankier	*banker*	die Bankiers
GEN.	des Bankiers		der Bankiers
DAT.	dem Bankier		den Bankiers
ACC.	den Bankier		die Bankiers

Note: These nouns do not end in **-n** in the dative plural.

ÜBUNG D   *(Tape 7)*

Verwenden Sie das angegebene Substantiv als Genitivobjekt!

BEISPIEL: Dort steht das Haus. (mein Nachbar)
Dort steht das Haus meines Nachbars.

1. Ernst ist ein Freund. (mein Vetter)
2. Dort ist die Tür zum Büro. (der Bankier)
3. Ich kenne den Sohn. (der Portier)
4. Er wartete vor der Tür auf mich. (das Restaurant)
5. Unser Sprachlehrer interessiert sich für die Bedeutung. (jeder Name)
6. Professor Klein schreibt ein Buch über die Kraft. (der Wille)
7. Professor Krieger schreibt ein Buch über Probleme. (der Friede)

ÜBUNG E   *(Tape 7)*

Setzen Sie die Substantive (wenn nötig auch die Verben) in den Singular!

1. Kennen Sie die Professoren?
2. Haben die Nachbarn ein großes Haus?
3. Die Namen sind mir entgangen.
4. Seine Gedanken sind oberflächlich.
5. Die Herzen pochen schneller.
6. Die Funken sind nicht gefährlich.

ÜBUNG F   *(Tape 7)*

Setzen Sie die Substantive in den Plural!

1. Sie sind mit ihrem **Kind** gekommen.

2. Sie spricht immer von ihrer Tochter.
3. In diesem Kino ist es immer kühl.
4. Er hat lange von seinem Auto geredet.
5. Aus welchem Stadtteil kommen sie?
6. Bist du mit deinem Hotel zufrieden?
7. In unserer Schule kann man alles lernen.
8. Sie gibt ihrer Freundin immer schöne Geschenke.

IV. LEKTÜRE

WOLFGANG BORCHERT: Die Küchenuhr

The protagonist of this complete story is a casualty of World War II, a young man who has lost touch with reality as a result of experiencing the horrors of war. Note that the author (1921–1947) was only eighteen years old at the beginning of the war and died at the age of twenty-six. "Die Küchenuhr" was published posthumously.

Sie sahen ihn schon von weitem auf sich zukommen, denn er fiel auf. Er hatte ein ganz altes Gesicht, aber wie er ging, daran sah man, daß er erst zwanzig war. Er setzte sich mit seinem alten Gesicht zu ihnen auf die Bank. Und dann zeigte er ihnen, was er in der Hand trug.

5   Das war unsere Küchenuhr, sagte er und sah sie alle der Reihe nach[1] an, die auf der Bank in der Sonne saßen. Ja, ich habe sie noch gefunden. Sie ist übriggeblieben.

Er hielt eine runde tellerweiße[2] Küchenuhr vor sich hin und tupfte mit dem Finger die blaugemalten Zahlen ab.

10   Sie hat weiter keinen Wert, meinte er entschuldigend, das weiß ich auch. Und sie ist auch nicht so besonders schön. Sie ist nur wie ein Teller, mit weißem Lack. Aber die blauen Zahlen sehen doch ganz hübsch aus, finde ich. Die Zeiger[3] sind natürlich nur aus Blech. Und nun gehen sie auch nicht mehr. Nein. Innerlich ist sie kaputt, das

15   steht fest.[4] Aber sie sieht noch aus wie immer. Auch wenn sie jetzt nicht mehr geht.

Er machte mit der Fingerspitze einen vorsichtigen Kreis auf dem Rand der Telleruhr entlang. Und er sagte leise: Und sie ist übriggeblieben.

[1] der Reihe nach *one after the other*
[2] tellerweiß *porcelain white*
[3] der Zeiger *pointer, hand (of a clock)*
[4] fest-stehen *to be definite*

Die[5] auf der Bank in der Sonne saßen, sahen ihn nicht an. Einer   20
sah auf seine Schuhe und die Frau sah in ihren Kinderwagen.[6] Dann
sagte jemand:

Sie haben wohl alles verloren?[7]

Ja, ja, sagte er freudig, denken Sie, aber auch alles! Nur sie hier, sie
ist übrig. Und er hob die Uhr wieder hoch, als ob die anderen sie noch   25
nicht kannten.

Aber sie geht doch nicht mehr, sagte die Frau.

Nein, nein, das nicht. Kaputt ist sie, das weiß ich. Aber sonst ist sie
doch noch ganz wie immer: weiß und blau. Und wieder zeigte er ihnen
seine Uhr. Und was das Schönste ist, fuhr er aufgeregt fort, das habe   30
ich Ihnen ja noch überhaupt nicht erzählt. Das Schönste kommt
nämlich noch: Denken Sie mal, sie ist um halb drei stehengeblieben.
Ausgerechnet[8] um halb drei, denken Sie mal.

Dann wurde Ihr Haus sicher um halb drei getroffen, sagte der
Mann und schob wichtig die Unterlippe vor. Das habe ich schon oft   35
gehört. Wenn die Bombe runtergeht, bleiben die Uhren stehen. Das
kommt von dem Druck.

Er sah seine Uhr an und schüttelte überlegen den Kopf. Nein, lieber
Herr, nein, da irren Sie sich. Das hat mit den Bomben nichts zu tun.
Sie müssen nicht immer von den Bomben reden. Nein. Um halb drei   40
war ganz etwas anderes, das wissen Sie nur nicht. Das ist nämlich der
Witz,[9] daß sie gerade um halb drei Uhr stehengeblieben ist. Und
nicht um Viertel nach vier oder um sieben. Um halb drei kam ich
nämlich immer nach Hause. Nachts, meine ich. Fast immer um halb
drei. Das ist ja gerade der Witz.   45

Er sah die anderen an, aber die hatten ihre Augen von ihm weggenommen. Er fand sie nicht. Da nickte er seiner Uhr zu:[10] Dann
hatte ich natürlich Hunger, nicht wahr? Und ich ging immer gleich in
die Küche. Da war es dann fast immer halb drei. Und dann, dann
kam nämlich meine Mutter. Ich konnte noch so leise die Tür auf-   50
machen,[11] sie hat mich immer gehört. Und wenn ich in der dunklen
Küche etwas zu essen suchte, ging plötzlich das Licht an. Dann stand
sie da in ihrer Wolljacke und mit einem roten Schal um. Und barfuß.
Immer barfuß. Und dabei war unsere Küche gekachelt.[12] Und sie

---

[5] die *those who*
[6] der Kinderwagen *baby carriage*
[7] Sie haben wohl alles verloren? *You must have lost everything?*
[8] ausgerechnet *precisely (ironic), of all things*
[9] der Witz *joke*
[10] seiner Uhr zu *in the direction of his clock*
[11] Ich konnte noch so leise die Tür auf-machen, . . . *No matter how softly I opened the door, . . .*
[12] gekachelt *tiled*

55   machte ihre Augen ganz klein, weil ihr das Licht so hell war. Denn
      sie hatte schon geschlafen. Es war ja Nacht.
          So spät wieder, sagte sie dann. Mehr sagte sie nie. Nur: So spät
      wieder. Und dann machte sie mir das Abendbrot warm und sah zu,
      wie ich aß. Dabei scheuerte sie immer die Füße aneinander, weil die
60   Kacheln so kalt waren. Schuhe zog sie nachts nie an. Und sie saß so
      lange bei mir, bis ich satt war. Und dann hörte ich sie noch die Teller
      wegsetzen, wenn ich in meinem Zimmer das Licht schon ausgemacht
      hatte. Jede Nacht war es so. Und meistens immer um halb drei. Das
      war ganz selbstverständlich. Das alles. Es war doch immer so gewesen.
65   Einen Atemzug lang war es ganz still auf der Bank. Dann sagte er
      leise: Und jetzt? Er sah die anderen an. Aber er fand sie nicht. Da
      sagte er der Uhr leise ins weißblaue runde Gesicht: Jetzt, jetzt weiß
      ich, daß es das Paradies war. Das richtige Paradies.
          Auf der Bank war es ganz still. Dann fragte die Frau: Und Ihre
70   Familie?
          Er lächelte sie verlegen an: Ach, Sie meinen meine Eltern? Ja, die
      sind auch mit weg. Alles ist weg. Alles, stellen sie sich vor. Alles weg.
          Er lächelte sie verlegen an.
          Da hob er wieder die Uhr hoch und er lachte. Er lachte: Nur
75   sie ist hier. Sie ist übrig. Und das Schönste ist ja, daß sie ausge-
      rechnet um halb drei stehengeblieben ist. Ausgerechnet um halb drei.
          Dann sagte er nichts mehr. Aber er hatte ein ganz altes Gesicht.
      Und der Mann, der neben ihm saß, sah auf seine Schuhe. Aber er sah
      seine Schuhe nicht. Er dachte immerzu an das Wort Paradies.

"Die Küchenuhr" (1949), from *Das Gesamtwerk*, by Wolfgang Borchert.
By permission of Rowohlt Verlag, GmbH, Reinbek bei Hamburg.

Komposition

1. It was a warm day in summer and the men and women of the town were
   sitting on benches in the park.
2. The names of the people are not important, because all human beings
   are alike.
3. The men were chatting or reading books or newspapers; and the women
   were playing with their children.
4. A young man with a kitchen clock in his hands came up to them.
5. The numbers on the face of the clock were blue, the hands were black;
   but the clock was out of order.

6. As he touched the numbers on the face of the clock, he said, "The bombs destroyed everything. Only this was left."
7. He seemed to be saying, "Life was not very beautiful before the war, but in comparison with now it was paradise."
8. The men on the benches looked at their shoes, because they did not want to look into the eyes of this man.
9. They were looking into his heart and into their own hearts.
10. Perhaps they were thinking, war is dreadful. Which man or woman does not lose in a war?

V. AUFSATZ

Sie sitzen mit einer Freundin im Garten einer deutschen Konditorei. Es ist ein heißer Sommertag, aber im Schatten der Bäume ist es angenehm kühl. Sie trinken beide Kaffee und beobachten die Leute an den anderen Tischen. Beschreiben Sie Ihre Beobachtungen in einem kurzen Aufsatz! Schreiben Sie, zum Beispiel:

(1) über das Wetter im Sommer;
(2) was man in einer Gartenwirtschaft angenehm findet;
(3) was man in einer Konditorei essen und trinken kann;
(4) zu welcher Tageszeit man gewöhnlich in eine Konditorei geht;
(5) warum man in einer Konditorei gewöhnlich mehr Frauen als Männer sieht;
(6) warum es in Amerika nur wenige Gartenwirtschaften gibt!

VI. NEUER WORTSCHATZ

	augenblicklich	at the moment	
	bedeutungslos	meaningless	
	besetzt	occupied	
die	**Erfrischung, -en**	refreshment	
das	**Getränk, -e**	beverage	
	klatschen	to chatter, gossip	
die	**Konditorei, -en**	café, pastry shop	
der	**Kuchen, -**	cake	
die	**Nachricht, -en**	news	
der	**Schlager, -**	popular song, hit tune	

die	**Spannung, -en**	tension, excitement
die	**Spur, -en**	trace
die	**Torheit, -en**	foolishness
der	**Unsinn**	nonsense
das	**Vergnügen, -**	pleasure
	vermeiden, vermied, vermieden	to avoid
die	**Vorsicht**	caution
die	**Zeitschrift, -en**	periodical, magazine

LEKTION 8

CASES AND THEIR FUNCTIONS

I. GESPRÄCH: Ein Fußballspiel *(Tape 8)*

HERBERT: Stimmt es, daß Fußball der beliebteste Sport in Deutschland ist?

OTTO: Zweifellos. Unsere Nationalmannschaft war vor einigen Jahren Weltmeister. 1970 hatte sie im Finalspiel in Mexiko Pech, aber sie gehört dennoch zur Spitzenklasse.

HERBERT: Gewiß. Ich habe deutsche Mannschaften schon im Fernsehen spielen sehen. Aber Fußball ist doch nicht ein Sport für jedermann! Fußball ist viel zu anstrengend.

OTTO: Allerdings. Es ist hauptsächlich ein Spiel für die Zuschauer.

HERBERT: Wie der amerikanische Fußball. Den spielt man in der Schule, vielleicht noch einige Jahre im College. Aber von da an ist man Zuschauer.

OTTO: Bei euch spielt man doch gar nicht Fußball. Man spielt Rugby, nicht wahr?

HERBERT: Rugby? Nein, das ist ein englisches Spiel. Aber du hast recht. Es ist dem amerikanischen Fußball ähnlich.

OTTO: Das ist hier ganz unbekannt. Ich habe schon Bilder davon in
             Zeitschriften gesehen. Es scheint sehr lebhaft zu sein, aber ich
             begreife es ganz und gar nicht.

HERBERT: Na, wenn du einmal nach Amerika kommst, dann wirst du es
             schnell begreifen. Ich verstehe euren Fußball auch nicht
             hundertprozentig.

OTTO: Du solltest mal zwei wirklich gute Mannschaften spielen
             sehen! Es fällt mir eben ein: übermorgen gibt es hier in Frank-
             furt einen spannenden Kampf. Willst du mitkommen?

HERBERT: Gern. Vielleicht sollte ich auch Ilse Hartung einladen?

OTTO: Wenn du willst. Ich weiß nicht, ob Ilse sich für Fußball
             interessiert.

(*Im Stadion.*)

OTTO: Die blauweißen Spieler sind Bayern München, die gelben sind
             Eintracht Frankfurt.

HERBERT: Und der schwarzgekleidete Mann ist wohl der Schiedsrichter?

OTTO: Ja, das ist der Mann mit der Pfeife. Wie du siehst, unterbricht
             er das Spiel nur selten.

HERBERT: Wer wird deiner Meinung nach gewinnen?

OTTO: Eintracht. Man sieht doch auf den ersten Blick, daß Frankfurt
             den Bayern weit überlegen ist.

HERBERT: Die Bayern verteidigen sich aber ausgezeichnet. Sieh, jetzt
             kommt ein Blauweißer mit dem Ball nach vorne, er läuft die
             Seitenlinie entlang, jetzt stößt er den Ball zur Mitte, und . . .

OTTO: Tor! Ein Tor für die Bayern! Der Spieler in der Mitte hat den
             Ball mit dem Kopf ins Tor gestoßen. Das hatte ich nicht
             erwartet.

HERBERT: Alles klatscht. Aber wo bleibt die Musik?

OTTO: Die kommt erst in der Halbzeit.

HERBERT: Das ist aber schade. In Amerika gibt's nach jedem Tor Musik.

Fragen   (*Tape 8*)

Antworten Sie auf deutsch!

1. Warum ist Fußball kein Sport für jedermann?
2. Für wen ist Fußball hauptsächlich ein Spiel?
3. In welchem Alter spielt man in Amerika Fußball?
4. Welchem englischen Spiel ist der amerikanische Fußball ähnlich?

5. Was fällt Otto eben ein?
6. Wie heißen die beiden Mannschaften?
7. Woran erkennt man den Schiedsrichter?
8. Wer wird Ottos Meinung nach das Spiel gewinnen?
9. Wie hat der blauweiße Spieler ein Tor erzielt?
10. Wann spielt die Musik bei einem deutschen Fußballspiel?

Konversation

Fragen Sie Ihren Nachbar,

1. ob der amerikanische Fußball in Deutschland gut bekannt ist!
2. welche Mannschaften Otto und Herbert spielen sehen!
3. welche Mannschaft der anderen überlegen ist!
4. wo Otto Bilder vom amerikanischen Fußball gesehen hat!
5. ob er auch schon ein Fußballspiel in Europa gesehen hat!
6. wie der Schiedsrichter gekleidet ist!
7. an welchen Tagen man in Amerika sportliche Veranstaltungen hat!
8. in welcher Jahreszeit man in Amerika Fußball spielt!
9. was er bei sportlichen Veranstaltungen während der Pause macht!

II. NÜTZLICHE AUSDRÜCKE

allerdings	to be sure, certainly
ausgezeichnet	distinguished, set apart, excellent
bei *plus pers. pron.*	at the home of, where one comes from
bei uns	in our home, where we live, in our home town, in America
bleiben	to remain
Wo bleibt die Musik?	Why isn't there any music?
der Blick	glance, view
auf den ersten Blick	at first sight
ein-fallen	to occur (to one)
Es fällt mir eben ein.	It just occurs to me.
erst (*adv.*)	just now, not until, only
ganz und gar nicht	not at all, absolutely not
die Meinung	opinion
meiner Meinung nach	in my opinion

das Recht	right, justice
recht haben	to be right
unrecht haben	to be wrong
schade	too bad; it's a pity
von da an	from then on
nach vorne	forward
der Zweifel	doubt
zweifellos	without a doubt

Anwendung

Gebrauchen Sie vier der Nützlichen Ausdrücke in ganzen Sätzen!

III. GRAMMATIK UND ÜBUNGEN

40. Nominative

Der schwarzgekleidete Mann ist **der Schiedsrichter.**
The man dressed in black is the referee.
Sportliche Veranstaltungen sind hier immer am Sonntag.
Sports events are always on Sundays here.

The nominative is the case of the subject and predicate noun.

ÜBUNG A   *(Tape 8)*

Bilden Sie Sätze den Beispielen gemäß!

BEISPIELE: Junge, Schüler
             Der Junge ist ein Schüler.

             Damen, Tanten
             Die Damen sind seine Tanten.

1. Mann, Onkel
2. Mädchen, Freundinnen
3. Frauen, Lehrerinnen
4. Arzt, Vater
5. Münchner Mannschaft, gute Mannschaft
6. Löwe, Tier
7. Student, Bruder

41. Genitive

(a) Die Kostüme **der Berliner** sind blauweiß.
The uniforms of the Berliners are blue and white.
Die Freunde **des Spielers** waren alle dort.
The player's friends (The friends of the player) were all there.

The genitive primarily expresses possession.

Note: Genitive nouns normally follow the nouns they modify.
Genitives of proper names and of nouns denoting family membership
precede, as in English, but do not have an apostrophe: **Ottos Fahrrad**
(*Otto's bicycle*), **Mutters Geburtstag** (*mother's birthday*).

(b) Ist das Stadion **diesseits** oder **jenseits des Flusses?**
Is the stadium on this side or on that side of the river?
Während der Pause spielt die Kapelle.
During the intermission the band plays.

The genitive is used with the following prepositions:[1]

anstatt	*instead of*
diesseits	*on this side of*
jenseits	*on that side of*
oberhalb	*above*
trotz	*in spite of*
um . . . willen	*for the sake of*
unterhalb	*below*
während	*during*
wegen	*because of*

ÜBUNG B   (*Tape 8*)

Ergänzen Sie die Sätze mit den korrekten Formen der angegebenen Wörter!

BEISPIEL: Hier ist ein Bild. (der Weltmeister)
Hier ist ein Bild des Weltmeisters.

1. Rolf ist der älteste Spieler. (diese Mannschaft)
2. Die Augen sind ein Teil. (der Kopf)

---

[1] Genitive phrases before certain adjectives (**fähig** *capable*, **schuldig** *guilty*, etc.) and after
certain verbs (**sich erinnern** *to remember*, **sich schämen** *to be ashamed of*, etc.) occur in
formal German only. In conversation, prepositional dative and accusative phrases are
preferred:

> Er ist **an dem Mord schuldig.** (instead of **des Mordes schuldig**)
> *He is guilty of the murder.*

> Ich erinnere mich **an seinen Besuch.** (instead of **seines Besuches**)
> *I remember his visit.*

3. Die Finger sind Teile. (die Hand)
4. Dieses Gemälde zeigt die Hand. (ein Meister)
5. Wie groß ist die Zahl? (die Zuschauer)
6. Wie heißt die Mutter? (die Brüder)
7. Hier ist das Resultat. (meine Versuche)

ÜBUNG C

Ergänzen Sie die Sätze mit den angegebenen Wörtern!

BEISPIEL: Er hat angerufen. (während, meine Abwesenheit)
Er hat während meiner Abwesenheit angerufen.

1. Er hat geraucht. (trotz, das Verbot)
2. Haben Sie ihn gesehen? (während, die Pause)
3. Er hat nicht spielen können. (wegen, seine Verletzungen)
4. Im Theater ist ein Lustspiel gegeben worden. (anstatt, das Trauerspiel)
5. Ich habe nicht schlafen können. (wegen, der Lärm)
6. Italien liegt im Süden. (jenseits, die Alpen)
7. Wir sind wach geblieben. (trotz, unsere Müdigkeit)

42. Dative

(a) Er hat es **dem Schiedsrichter** gesagt.
He said it to the referee.
Ich möchte es **meinem Bruder** geben.
I'd like to give it to my brother.

The dative primarily indicates the indirect object.[1]

Note: The dative also indicates *to whom* or *for whom* something is done:

Er schaute **dem Mädchen** ins Gesicht.
He looked into the girl's face.
Sie hat **ihrem Mann** die Schuhe geputzt.
She cleaned her husband's shoes.
Der Dieb hat **der Frau** alles gestohlen.
The thief stole everything from the woman.
Man hat es **ihm** genommen.
They took it away from him.

(b) Die Spieler müssen **dem Schiedsrichter gehorchen.**
The players must obey the referee.

---

[1] For word-order patterns affecting objects, see Appendix 1.

Man kann ihm nicht glauben.
You can't believe him.

The dative is used for the object of the following verbs:

antworten	*to answer*	**gehören**	*to belong*
befehlen	*to command*	**gelingen**	*to succeed*
begegnen	*to meet (by chance)*	**glauben**[1]	*to believe*
danken	*to thank*	**helfen**	*to help*
dienen	*to serve*	**passen**	*to fit, be suitable*
drohen	*to threaten*	**schaden**	*to damage, hurt*
folgen	*to follow*	**scheinen**	*to seem*
gefallen	*to please*	**trauen**	*to trust*
gehorchen	*to obey*		

(c) **Beim Fußball** darf niemand den Ball **mit der Hand** berühren.
In football, nobody is allowed to touch the ball with his hands.
Er stammt **aus einem kleinen Dorf** bei Wien.
He's from a small village near Vienna.

The dative is used with the following prepositions:

aus	*out of, from*
außer	*except*
bei	*at*
entgegen	*toward*
gegenüber	*opposite*
mit	*with*
nach	*after; to, toward; according to*
seit	*since*
von	*from, of*
zu	*to*

Note:

(1) **Nach** in the sense of *according to* frequently follows the noun:

Meiner Meinung nach hat er unrecht.
In my opinion he's wrong.

(2) **Entgegen** and **gegenüber** usually follow the noun:

Er ging **den Kindern entgegen.**
He went toward the children.
Der Park liegt **dem Hause gegenüber.**
The park is located opposite the house.

---

[1] **Glauben** is followed by a dative personal object and an accusative nonpersonal object:

Ich glaube **ihm** nicht.
I don't believe him.

Ich glaube **die Geschichte** nicht.
I don't believe the story.

(3) **Von** may be used in combination with an adverb, most commonly **an** or **aus:**

Vom ersten Tag an hat er gut gearbeitet.
From the first day on his work has been good.
Vom Fenster aus sieht man den See.
From the window you see the lake.

In constructions like **von . . . an, von . . . aus,** the adverb often merely indicates direction without affecting the meaning of the preposition (compare English *from here on*).

(d) Berlin ist **der anderen Mannschaft überlegen.**
Berlin is superior to the other team.
Das war **ihm** sehr **angenehm.**
That was very pleasant for him.

The dative is used with certain adjectives, which always follow the noun or pronoun:

ähnlich	*similar*
angenehm	*pleasant, agreeable*
begreiflich	*comprehensible*
bekannt	*known*
gleich	*like, equal*
möglich	*possible*
nützlich	*useful*
treu	*faithful*
überlegen	*superior*
verwandt	*related*
verständlich	*comprehensible*

ÜBUNG D *(Tape 8)*

Ergänzen Sie die Sätze mit den korrekten Formen der angegebenen Wörter!

BEISPIEL: Er hat Blumen geschickt. (seine Frau)
Er hat seiner Frau Blumen geschickt.

1. Der Lehrer erklärt die Lektion. (seine Schüler)
2. Er hat eine Zeitschrift gezeigt. (seine Freundin)
3. Wir haben ein kleines Geschenk gegeben. (unser Chef)
4. Sie hat ein Lied gesungen. (ihr Kind)
5. Er hat einen Gefallen getan. (sein Nachbar)
6. Das Spiel hat nicht gefallen. (die Zuschauer)
7. Wir werden eine Uhr kaufen. (unser Vater)

ÜBUNG E   *(Tape 8)*

Ergänzen Sie die Sätze mit dem Dativ der angegebenen Pronomen!

BEISPIEL: Er hat nicht geantwortet. (ich)
            Er hat mir nicht geantwortet.

1. Man wird kaum glauben. (sie)
2. Das schadet nichts. (du)
3. Sie haben gedroht. (er)
4. Hat das gepaßt? (Sie)
5. Das gefällt nicht immer. (wir)
6. Das Experiment ist gelungen. (ich)
7. Was hast du befohlen? (er)

ÜBUNG F   *(Tape 8)*

Ergänzen Sie die Sätze mit dem Dativ der angegebenen Wörter!

BEISPIEL: Er ist sehr dankbar. (sein Helfer)
            Er ist seinem Helfer sehr dankbar.

1. Es war nicht möglich. (meine Schwester)
2. Die blauen Spieler waren überlegen. (die gelben Spieler)
3. Er bleibt treu. (seine Freunde)
4. Das Werkzeug war sehr nützlich. (der Arbeiter)
5. Der Entschluß des Sohnes war unbegreiflich. (die Eltern)
6. Das Problem ist wohl bekannt. (der Forscher)
7. Diese Prüfung war sehr unangenehm. (alle Studenten)

ÜBUNG G

Ergänzen Sie die Sätze mit den angegebenen Wörtern!

BEISPIEL: Er raucht nicht mehr. (seit, ein Jahr)
            Er raucht seit einem Jahr nicht mehr.

1. Samstags sind wir nicht gegangen. (zu, die Schule)
2. Sie wohnte in Hamburg. (bei, ihr Onkel)
3. Er wollte es besprechen. (mit, der Schiedsrichter)
4. Gehen Sie jeden Tag? (zu, die Arbeit)
5. Sie hat sich ein Kleid gekauft. (aus, reine Seide)
6. Haben Sie nichts gelesen? (außer, die Dramen von Schiller)
7. Er wohnt in einem neuen Hause. (der Park, gegenüber)
8. Sie ist spät heimgekehrt. (nach, die Vorstellung)

43. Accusative

(a) Berlin hat **den Kampf** gewonnen.
Berlin has won the game.
Er stößt **den Ball** zur Mitte.
He kicks the ball to the middle.

The accusative primarily expresses the direct object.

Note: Two accusative objects may be used after the following verbs:

fragen	*to ask*
heißen	*to call*
kosten	*to cost*
lehren	*to teach*
nennen	*to name*

Die Kinder nennen **ihn ihren Onkel.**
The children call him their uncle.
Seine Mutter hat **ihn das** gelehrt.
His mother taught him that.

(b) **Ohne gute Spieler** kann keine Mannschaft gewinnen.
Without good players no team can win.
Man muß **durch die ganze Stadt** fahren.
You have to drive through the whole city.

The accusative is used with the following prepositions:

bis	*until, up to*
durch	*through*
entlang	*along*
für	*for*
gegen	*against*
ohne	*without*
um	*around*
wider	*against*

Note:

(1) The preposition **bis** is often used adverbially with another preposition (**an, auf, nach, zu,** etc.), which determines the case of the noun:

Er hat **bis zum letzten Tag** gearbeitet.
He worked up to the last day.
Er ist **bis an die Grenze** gefahren.
He drove all the way to the border.
But:
Er ist **bis Weihnachten** geblieben.
He stayed until Christmas.

(2) **Ohne** is frequently used without an article:

Ohne Ball kann man nicht spielen.
You can't play without a ball.

(3) **Entlang** follows the noun:

Er läuft **die Seitenlinie entlang.**
He's running along the sideline.

ÜBUNG H   (*Tape 8*)

Ergänzen Sie die Sätze mit den angegebenen Wörtern!

BEISPIEL: Sie hat ein Geschenk gekauft. (für, ihr Vater)
Sie hat ein Geschenk für ihren Vater gekauft.

1. Man kann nicht spielen. (ohne, ein Ball)
2. Der Spieler ist gelaufen. (auf . . . zu, das Tor)
3. Sie hat es getan. (gegen, mein Wille)
4. Sie ist hereingekommen. (durch, diese Tür)
5. Er beschloß zu gehen. (ohne, wir)
6. Er hat immer geredet. (gegen, ich)
7. Wir sind gefahren. (der See, entlang)

44. Dative or Accusative

The following prepositions are used with the dative or the accusative:

an	*at, on*
auf	*on*
hinter	*behind*
in	*in, into*
neben	*near, next to*
über	*over, above, via*
unter	*below, beneath*
vor	*in front of*
zwischen	*between*

(a) The dative expresses location:

Er steht **an der Tür.**
He's standing at the door.
Sie sind **im Zimmer** herumgelaufen.
They ran around in the room.

(b) The accusative expresses motion or direction:

Er ging **an die Tür.**
He went to the door.
Er legt das Buch **auf den Tisch.**
He's laying the book on the table.
Sie kamen **ins Zimmer** hereingelaufen.
They came running into the room.

Note: **Auf** with the accusative is sometimes used with **zu: auf . . . zu** (*to, up to*)*:*

Er ging mit drohender Miene **auf den Schiedsrichter zu.**
He walked up to the referee with a threatening look on his face.

ÜBUNG I   (*Tape 8*)

Ersetzen Sie die Verben in den folgenden Sätzen!

BEISPIELE: Er ist in der Schule geblieben. (gehen)
Er ist in die Schule gegangen.

Ich habe es auf den Zettel geschrieben. (lesen)
Ich habe es auf dem Zettel gelesen.

1. Sie legte das Buch auf den Stuhl. (bemerken)
2. Der Hund schlief unter dem Tisch. (laufen)
3. Er legte die Decke über das Kind. (betrachten)
4. Er hat den Wagen hinter das Haus gefahren. (stehenlassen)
5. Mein Onkel wohnt in der Schweiz. (reisen)
6. Er stellte das Radio auf den Tisch. (anstellen)
7. Er klopfte an die Tür. (stehenbleiben)
8. Sie kam ans Fenster. (stehen)

45. Cases in Time Expressions

(a) **Eines Nachmittags** habe ich im Fernsehen ein Rugbyspiel gesehen.
One afternoon I watched a rugby game on TV.
Er ist **eines Abends** plötzlich gekommen.
He suddenly arrived one evening.

The genitive expresses indefinite time.

(b) **Den ganzen Abend** saßen wir vor dem Fernsehapparat.
We sat in front of the TV set the whole evening.
Er mußte **eine Stunde** zu Fuß gehen.
He had to walk for an hour.

Vorigen Monat haben wir ihn in München gesehen.
Last month we saw him in Munich.
Nächsten Sonntag gibt es einen spannenden Fußballkampf.
Next Sunday there'll be an exciting football game.

The accusative expresses definite time and duration.

(c) **Im August** mache ich eine Reise nach Europa.
In August I'm taking a trip to Europe
Am Sonntag haben wir oft sportliche Veranstaltungen.
On Sundays we often have sports events.
Vor vielen Jahren habe ich selbst Fußball gespielt.
Many years ago I played football myself.

The dative is used with **in, an, vor** to express a point in time.

ÜBUNG J

Bilden Sie Sätze dem Beispiel gemäß!

BEISPIEL: Er hat gearbeitet. (the whole afternoon)
           Er hat den ganzen Nachmittag gearbeitet.

1. Er hat uns ins Theater eingeladen. (one evening)
2. Ich habe sie angerufen. (half an hour ago)
3. Er ist plötzlich abgereist. (one day)
4. Es gibt ein spannendes Fußballspiel. (next Sunday)
5. Wir haben immer schönes Wetter. (in spring)
6. Wir haben auf ihn gewartet. (one hour)
7. Wir waren in Europa. (last year)

IV. LEKTÜRE

FRIEDRICH SCHILLER: Der Handschuh

Friedrich Schiller (1759–1805), Germany's greatest poet of freedom and prophet of a better future through the perfectibility of man, wrote several Balladen, *which are among the best known in German literature. The form implies a short narrative poem, simple in structure, and frequently on a traditional subject.*
In order to achieve the appropriate rhymes and rhythms in a poem, word order is treated freely. The occasional use of archaic words reflects the language of Schiller's time.

Vor seinem Löwengarten,[1]
Das Kampfspiel zu erwarten,
Saß König Franz,
Und um ihn die Großen der Krone,
Und rings auf hohem Balkone   5
Die Damen in schönem Kranz.

Und wie er winkt mit dem Finger,
Auf tut sich der weite Zwinger,[2]
Und hinein mit bedächtigem Schritt
Ein Löwe tritt   10
Und sieht sich stumm
Rings um,
Mit langem Gähnen,
Und schüttelt die Mähnen
Und streckt die Glieder   15
Und legt sich nieder.

Und der König winkt wieder,
Da öffnet sich behend[3]
Ein zweites Tor,
Daraus rennt   20
Mit wildem Sprunge
Ein Tiger hervor.
Wie der den Löwen erschaut,
Brüllt er laut,
Schlägt mit dem Schweif   25
Einen furchtbaren Reif
Und recket[4] die Zunge,
Und im Kreise scheu
Umgeht er den Leu[5]
Grimmig schnurrend,   30
Drauf streckt er sich murrend
Zur Seite nieder.

Und der König winkt wieder,
Da speit das doppelt geöffnete Haus

[1] der Löwengarten *lion's den*
[2] der Zwinger *den, cage; arena*
[3] behend *speedy, agile*
[4] recken *to stretch*
[5] der Leu, -en, -en *archaic for* der Löwe

35 Zwei Leoparden auf einmal aus,
Die stürzen mit mutiger Kampfbegier
Auf das Tigertier;
Das packt sie mit seinen grimmigen Tatzen,
Und der Leu mit Gebrüll
40 Richtet sich auf — da wird's still
Und herum im Kreis,
Von Mordsucht heiß,
Lagern[6] sich die greulichen Katzen.

Da fällt von des Altans[7] Rand
45 Ein Handschuh von schöner Hand
Zwischen den Tiger und den Leun[8]
Mitten hinein.

Und zu Ritter Delorges spottenderweis'
Wendet sich Fräulein Kunigund:
50 „Herr Ritter, ist Eure Lieb' so heiß,
Wie Ihr mir's schwört zu jeder Stund',
Ei[9] so hebt mir den Handschuh auf."

Und der Ritter in schnellem Lauf
Steigt hinab in den furchtbarn Zwinger
55 Mit festem Schritte,
Und aus der Ungeheuer[10] Mitte
Nimmt er den Handschuh mit keckem Finger.

Und mit Erstaunen und mit Grauen
Sehen's die Ritter und Edelfrauen,
60 Und gelassen bringt er den Handschuh zurück.
Da schallt ihm sein Lob aus jedem Munde,
Aber mit zärtlichem Liebesblick —
Er verheißt ihm sein nahes Glück —
Empfängt ihn Fräulein Kunigunde.
65 Und er wirft ihr den Handschuh ins Gesicht:
„Den Dank, Dame, begehr' ich nicht!"
Und verläßt sie zur selben Stunde.

---

[6] sich lagern *to lie down*
[7] der Altan *balcony, gallery*
[8] den Leun = den Leuen
[9] ei *well*

[10] das Ungeheuer *monster;* aus der Ungeheuer Mitte = aus der Mitte der Ungeheuer

Komposition

1. Nowadays a student invites his girl friend to a football game on Saturday.
2. And it is not dangerous at all, if she lets her glove drop on the sideline.
3. Without danger he stands up, walks into the playing field, picks up the glove and gives it back to her.
4. Nobody helps him — it isn't necessary — and his girl friend thanks him very simply.
5. But in this ballad by Schiller, a lion, a tiger and two leopards were fighting.
6. When the glove fell from the lady's hand, it lay among the monsters in the arena.
7. The lady's knight was sitting next to her; he had always served her faithfully, and she trusted him.
8. Calmly he stepped into the arena among the monsters, took the glove and stepped up to the lady.
9. She smiled at him, but she did not take the glove from his hand, because he threw it into her face.
10. From then on he did not want to see her again.

V. AUFSATZ

Sie schreiben einen Brief an einen Freund und erzählen darin von einem Fußballspiel, das Sie kürzlich gesehen haben. Sie schreiben zum Beispiel über:

(1) die Beliebtheit dieses Sports in Deutschland;
(2) die Zahl der Spieler in jeder Mannschaft (elf), und wie die Spieler und der Schiedsrichter gekleidet sind;
(3) die Unterschiede zwischen dem amerikanischen und dem deutschen Fußball;
(4) die Zahl der Tore, die jede Mannschaft erzielt hat;
(5) die Stimmung der Zuschauer, und wie Ihnen das Spiel gefallen hat.

VI. NEUER WORTSCHATZ

ähnlich	similar	**spannend**	exciting
anstrengend	strenuous	die **Spitzen-**	top class
begreifen, begriff, begriffen	to understand	**klasse, -n**	
		das **Tor, -e**	(soccer) goal
das **Fernsehen**	television	**überlegen**	superior
hauptsächlich	mainly	**unterbrechen**	to interrupt
der **Kampf, ⸚e**	fight; game	**(unterbricht), unterbrach, unterbrochen**	
lebhaft	lively		
die **Mannschaft, -en**	team	**sich verteidigen**	to defend oneself
die **Pfeife, -n**	whistle; pipe	der **Weltmeister, -**	world champion
der **Schiedsrichter, -**	referee, umpire	der **Zuschauer, -**	spectator

LEKTION 9

ADJECTIVES AND ADVERBS

I. GESPRÄCH: Fernsehen *(Tape 9)*

HERR LENZ: Wollen Sie heute abend noch ausgehen?

HERBERT: Ich hatte es vor. Aber es regnet, und wenn es so wei-
terregnet, bleibe ich lieber zu Hause.

HERR LENZ: Das ist nur ein kleines Gewitter. In einer halben Stunde
hört es wieder auf. — Nun, wenn Sie hier bleiben, können
wir vielleicht etwas Radio hören.

OTTO: Es gibt auch ein paar gute Sendungen im Fernsehen.

HERBERT: Das ist ein guter Gedanke. Wenn Herr Lenz nichts dagegen
hat . . .

HERR LENZ: Keineswegs. Ich will nur zuerst die Nachrichten im Rundfunk hören. Nachher könnt ihr den Fernsehapparat an-
stellen.

OTTO: Hier. Ich habe deine Station schon eingestellt. Aber was
ist denn los? So einen schlechten Empfang haben wir noch
nie gehabt.

HERR LENZ: Das Gewitter! Es kracht wie ein Maschinengewehr. (*Er dreht am Knopf.*) So. Nun ist es etwas besser.

ANSAGER: Der westdeutsche Rundfunk bringt Ihnen die Abendnachrichten. Zuerst die Zeitangabe. Bitte vergleichen Sie mit Ihren Uhren. Beim dritten Ton ist es genau zwanzig Uhr. . . .

OTTO: Da ist das Heft mit den Fernsehprogrammen der Woche. Um acht Uhr gibt es ein Kriminalstück und um neun einen bunten Abend.

HERBERT: Ein bunter Abend? Was ist das?

OTTO: Das sind Darbietungen verschiedener Art: Sänger, Tänzer, Komiker und so weiter.

HERBERT: Ah natürlich! Aber sieh mal! Das Kriminalstück ist ja amerikanisch.

OTTO: Oh, wir haben viele amerikanische Sendungen, besonders Filme aus dem wilden Westen. Die Deutschen finden solche Filme faszinierend.

HERBERT: Und die Indianer und die Cowboys sprechen alle Deutsch?

OTTO: Freilich. Das kommt dir komisch vor, nicht wahr?

HERBERT: Ein bißchen schon.

HERR LENZ: So. Die Nachrichtensendung ist zu Ende. Ich habe das Radio abgestellt.

OTTO: Es ist ein paar Minuten nach acht. Hoffentlich hat das Kriminalstück noch nicht angefangen. (*Er dreht den Apparat an.*)

HERBERT: Das Bild flimmert ein wenig. Nun wird es deutlicher. — Aber, das ist ja eine Reklame! Ich dachte, es gäbe keine Reklamen im deutschen Fernsehen.

HERR LENZ: Im Radio sind sie nicht üblich. Aber im Fernsehen bekommen wir mehr als genug davon. Die Sendungen beginnen oft mit kleineren Verspätungen.

OTTO: Seid doch bitte still! Das Stück fängt an.

Fragen (*Tape 9*)

Antworten Sie auf deutsch!

1. Was hatte Herbert an diesem Abend vor?
2. Warum wollte er lieber zu Hause bleiben?
3. Was hat Herr Lenz vorgeschlagen?

4. Was für eine Sendung wollte Herr Lenz im Rundfunk hören?
5. Warum war der Empfang im Rundfunk so schlecht?
6. Was für ein Heft hat Otto in die Hand genommen?
7. Woraus besteht ein bunter Abend?
8. Was für amerikanische Programme finden die Deutschen besonders faszinierend?
9. Wann hat Herr Lenz das Radio abgestellt?
10. Was gibt es im deutschen Radio nur selten?

Konversation

Fragen Sie Ihren Nachbar,

1. warum Herbert keine Lust hat auszugehen!
2. ob das amerikanische Fernsehen auch deutsche Filme bringt!
3. ob es im amerikanischen Radio viel Reklame gibt!
4. was für Sendungen er neulich im Fernsehen gesehen hat!
5. ob er gerne Nachrichtensendungen im Fernsehen sieht!
6. ob er oft Radio hört!
7. ob er mehr deutsche Filme im Fernsehen sehen möchte!
8. welche Sendungen er vorzieht, Kriminalstücke oder bunte Abende!

II. NÜTZLICHE AUSDRÜCKE

der Apparat; das Gerät	the set (*radio, TV*)
den Apparat ab-stellen (ab-drehen)	to turn off the set
den Apparat an-stellen (an-drehen)	to turn on the set
das Ende	the end
am Ende	at the end, finally
zu Ende	over, finished
das Fernsehen	television
im Fernsehen	on TV
heute abend	this evening, tonight
keineswegs	by no means, not at all
der Knopf	button, knob
am Knopf drehen	to adjust the knob
das Radio	radio
Radio hören	to listen to the radio
der Rundfunk	radio
im Rundfunk	on the radio

einen Sender (eine Station) ein-stellen	to tune in a station
und so weiter (*abbrev.* usw.)	and so forth
vor-kommen	to occur
Das kommt selten vor.	That occurs seldom.
Das kommt mir komisch vor.	That seems funny to me.
weiter- (*plus verb*)	to keep on (*doing something*)
weiter-regnen	to keep on raining

Anwendung

Gebrauchen Sie fünf der Nützlichen Ausdrücke in ganzen Sätzen!

III. GRAMMATIK UND ÜBUNGEN

46. Predicate Adjectives

Marie ist **jung** und **hübsch.**
Mary is young and pretty.
Dieser Kaffee ist **gut.**
This coffee is good.

When used predicatively (that is, after the noun), descriptive adjectives never take endings.

47. Attributive Adjectives

Attributive adjectives (that is, adjectives that normally precede a noun) have certain endings.

(a) Adjectives After **Der**-Words

Der **junge** Mann ist ihr Bruder.
The young man is her brother.
Ich kann den **jungen** Mann nicht mehr sehen.
I can't see the young man anymore.
Diese **hübsche** Dame ist seine Schwester.
This pretty lady is his sister.
Ich kenne diese **hübsche** Dame nicht.
I don't know this pretty lady.
Jedes **kleine** Kind liebt Süßigkeiten.
Every small child loves sweets.
Sie hat dieses **kleine** Kind nicht gehört.
She didn't hear this small child.
Die **bunten** Abende gefallen mir immer am besten.
I always like the variety shows the best.

Der Name dieses **amerikanischen** Programmes ist mir unbekannt.
The name of this American program is unknown to me.
Sie haben lange mit der **jungen** Frau geredet.
They talked a long time with the young woman.

An adjective preceded by a **der**-word ends in **-en** except in the nominative singular (masculine, feminine, and neuter) and in the accusative singular (feminine and neuter), where it ends in **-e**:

	SINGULAR		
NOM.	der junge Mann	die junge Frau	das junge Kind
GEN.	des jungen Mannes	der jungen Frau	des jungen Kindes
DAT.	dem jungen Mann	der jungen Frau	dem jungen Kind
ACC.	den jungen Mann	die junge Frau	das junge Kind

	PLURAL		
NOM.	die jungen Männer	die jungen Frauen	die jungen Kinder
GEN.	der jungen Männer	der jungen Frauen	der jungen Kinder
DAT.	den jungen Männern	den jungen Frauen	den jungen Kindern
ACC.	die jungen Männer	die jungen Frauen	die jungen Kinder

(b) Adjectives After **Ein**-Words

Herr Klemper ist ein **guter** Freund meines Vaters.
Mr. Klemper is a good friend of my father's.
Herbert wollte eine **gute** Sendung finden.
Herbert wanted to find a good program.
Sie trug ein **schönes** Kleid.
She was wearing a pretty dress.
Sie ist die Tochter eines **fremden** Diplomaten.
She's the daughter of a foreign diplomat.
Er ist mit seiner **kleinen** Schwester gekommen.
He came with his little sister.

An adjective preceded by an **ein**-word ends in **-en**, except in the nominative singular masculine (ending **-er**), the nominative and accusative singular feminine (ending **-e**), and the nominative and accusative singular neuter (ending **-es**):[1]

	SINGULAR	
NOM.	mein guter Freund	eine gute Sendung
GEN.	meines guten Freundes	einer guten Sendung
DAT.	meinem guten Freund	einer guten Sendung
ACC.	meinen guten Freund	eine gute Sendung

NOM.	ein gutes Kleid
GEN.	eines guten Kleides
DAT.	einem guten Kleid
ACC.	ein gutes Kleid

----
[1] Note that the *exceptional* adjective endings after **ein**-words correspond to the endings of **der**-words.

	PLURAL	
NOM.	meine guten Freunde	keine guten Sendungen
GEN.	meiner guten Freunde	keiner guten Sendungen
DAT.	meinen guten Freunden	keinen guten Sendungen
ACC.	meine guten Freunde	keine guten Sendungen

NOM.	keine guten Kleider
GEN.	keiner guten Kleider
DAT.	keinen guten Kleidern
ACC.	keine guten Kleider

(c) Adjectives Without **Der-** or **Ein-**Words

Kaltes Wasser ist erfrischend.
Cold water is refreshing.
Er schreibt mit **roter** Tinte.
He writes with red ink.

An adjective that is not preceded by a **der-** or an **ein-**word takes the endings of **der-**words, except that, in the genitive singular masculine and neuter, the adjective ending is **-en** instead of **-es**:

		SINGULAR	
NOM.	guter Kaffee	gute Tinte	gutes Fleisch
GEN.	guten Kaffees	guter Tinte	guten Fleisches
DAT.	gutem Kaffee	guter Tinte	gutem Fleisch
ACC.	guten Kaffee	gute Tinte	gutes Fleisch

		PLURAL	
NOM.	gute Männer	gute Frauen	gute Kinder
GEN.	guter Männer	guter Frauen	guter Kinder
DAT.	guten Männern	guten Frauen	guten Kindern
ACC.	gute Männer	gute Frauen	gute Kinder

(d) Adjectives in a Series

Ein **anderes gutes** Fotogeschäft liegt in der nächsten Straße.
Another good camera shop is in the next street.
Otto hat seinen **jungen amerikanischen** Freund am Flughafen empfangen.
Otto met his young American friend at the airport.

All adjectives in a series have the same ending.

ÜBUNG A   (*Tape 9*)

Setzen Sie das Adjektiv in der korrekten Form vor das Substantiv!

BEISPIEL: Ein Kind kam mir entgegen. (klein)
            Ein kleines Kind kam mir entgegen.

1. Nachrichten sind immer willkommen. (gut)

2. Ein Mann wollte es ihr verkaufen. (fremd)
3. Er hat nichts als Wasser getrunken. (kalt)
4. Sein Vater hat ihn getadelt. (eigen)
5. Ein Gewitter kommt im Sommer oft vor. (klein)
6. Er ist mit Verspätung angekommen. (groß)
7. Unser Radio ist kaputt. (neu)
8. Dies ist mein Wort. (letzt)

ÜBUNG B   *(Tape 9)*

Setzen Sie das angegebene Adjektiv vor das Substantiv!

1. Ich habe seinen Freund nie gesehen. (amerikanisch)
2. Dieses Gewitter kann nichts schaden. (klein)
3. Es gibt heute abend keine Sendungen. (gut)
4. Haben Sie das im Rundfunk gehört? (deutsch)
5. Mancher Student spricht zu wenig. (jung)
6. Ich kann diesen Radioapparat nicht leiden. (neu)
7. Die Reklamen langweilen mich. (viel)
8. Meine Schwestern sind musikalisch. (beide)

ÜBUNG C   *(Tape 9)*

Setzen Sie das angegebene Adjektiv vor das erste Substantiv!

1. Kinder gehen früh zu Bett. (klein)
2. Der Onkel hatte drei Fernsehgeräte. (reich)
3. Er hat mit Tinte geschrieben. (rot)
4. Wir wollen ein Programm im Radio hören. (amerikanisch)
5. Wenige Leute glauben das. (vernünftig)
6. Mein Freund besucht mich nächsten Sommer. (deutsch)
7. Sie kommt mit einer Freundin nach Amerika. (holländisch)
8. Das Radiogerät ist kaputt. (alt)
9. Der Rundfunk bringt selten Reklamen. (deutsch)
10. Dieser Fernsehapparat ist billig. (neu)

48. Numerical Adjectives

The following common numerical adjectives always have plural meaning:

alle	*all*
andere	*other*
beide	*both*
einige	*several, a few*
mehrere	*several*

viele   *many*
wenige   *few*

(a) Numerical adjectives, except **alle** and **beide,** function like unpreceded adjectives. They have the endings of **der**-words, as do descriptive adjectives following them:[1]

Einige gute Fotogeschäfte sind in der nächsten Straße.
Several good camera shops are in the next street.
Er hat **wenige gute** Freunde.
He has few good friends.

(b) **Alle** and **beide** function like **der**-words and are followed by descriptive adjectives with the ending **-en:**

Er hat **alle roten** Karten weggeworfen.
He threw away all the red cards.
Beide jungen Männer sprechen Deutsch.
Both young men speak German.

ÜBUNG D (*Tape 9*)

Beanworten Sie die folgenden Fragen mit **ja** *und gebrauchen Sie dabei das angegebene Adjektiv!*

BEISPIEL: Stehen hohe Bäume im Park? (einige)
            Ja, einige hohe Bäume stehen im Park.

1. Gibt es ausländische Studenten in Heidelberg? (viele)
2. Liest er deutsche Zeitschriften gerne? (alle)
3. Haben Sie alte Freunde getroffen? (einige)
4. Hat er Ihnen noch deutsche Zeitschriften gezeigt? (andere)
5. Haben Sie bunte Abende im Fernsehen gesehen? (mehrere)
6. Kommen kleine Verspätungen vor? (viele)
7. Kennen Sie die jungen Herren? (beide)
8. Hat er schöne Gemälde in seinem Hause? (einige)

49. Adverbs

Otto fährt immer **langsam.**
Otto always drives slowly.
Ich höre ihn **gut.**
I hear him well.

---

[1] Note that **andere, beide, viele, wenige** may also follow a **der**-word and function like descriptive adjectives preceded by a **der**-word:

diese anderen bekannten Programme   *these other well-known programs*
die wenigen guten Freunde   *the few good friends*

Adverbs never have endings in German. Thus, an adverb is identical with its corresponding uninflected adjective.

50. Comparison of Adjectives and Adverbs: Forms

POSITIVE		COMPARATIVE	SUPERLATIVE	
lang	*long*	länger	längst	am längsten
kurz	*short*	kürzer	kürzest	am kürzesten
langsam	*slow*	langsamer	langsamst	am langsamsten

An adjective or adverb has three degrees of comparison: positive, comparative, and superlative. The comparative is formed with the suffix **-er,** the superlative with the suffix **-(e)st.** (Note that the superlative has two forms.) Most monosyllabic adjectives and adverbs add umlaut in the comparative and superlative.

51. Comparison of Adjectives and Adverbs: Uses

(a) Comparison in the Positive Degree

Marie ist **so alt wie** Gertrud.
Mary is as old as Gertrude.
Sie singt **nicht so schön wie** Gertrud.
She doesn't sing as beautifully as Gertrude.

Comparison in the positive degree (affirmative or negative) is expressed by **so . . . wie** (*as . . . as*).

(b) Comparison in the Comparative Degree

Gertrud ist nicht **älter als** Marie.
Gertrude is not older than Mary.
Sie singt **schöner als** Marie.
She sings more beautifully than Mary.
Sie hat die **schönere** Stimme.
She has the more beautiful voice.

In the comparative degree, **als** is equivalent to English *than*. Note that, in attributive position, comparatives have regular adjective endings (die **schönere** Stimme).

(c) Superlative Degree

1. Der Frühling ist die **schönste** Jahreszeit.
   Spring is the most beautiful season.
   Er hat die Reise mit seinem **ältesten** Freund gemacht.
   He took the trip with his oldest friend.

The superlative of an attributive adjective has regular adjective endings.

2. Die Suppe ist **am besten,** wenn sie heiß ist.
   Soup is best when it's hot.
   Gertrud singt **am schönsten.**
   Gertrude sings the most beautifully.

The superlative of a predicate adjective and of an adverb is expressed by the **am . . . sten** form.

(d) Absolute Comparative

Ein **älterer** Mann stand an der Tür.
An elderly man was standing at the door.
Wir haben einen **längeren** Spaziergang gemacht.
We took a rather long walk.

The comparative may be used in an absolute sense, with no real comparison being made. It often has the meaning of *rather* or *somewhat*.

(e) Absolute Superlative

Es war eine **höchst interessante** Geschichte.
It was an extremely interesting story.
Er hat **äußerst leise** gesungen.
He sang very, very softly.

Höchst and **äußerst** are used with the positive degree of an adjective or adverb to express an idea in an absolute superlative sense.[1]

52. Irregular Comparisons

The following common adjectives and the two adverbs **bald** and **gern** have irregular comparative and superlative forms:

POSITIVE		COMPARATIVE	SUPERLATIVE	
groß	*big*	größer	größt	am größten
gut	*good*	besser	best	am besten
hoch	*high*	höher	höchst	am höchsten
nah	*near*	näher	nächst	am nächsten
viel	*much*	mehr	meist	am meisten
bald	*soon*	eher		am ehesten
gern	*gladly*	lieber		am liebsten

[1] The absolute superlative also occurs in set phrases, such as **in tiefster Trauer** (*in deepest mourning*); **Liebste Mutter!** (*Dearest Mother!*).

Note the English equivalents for the forms of **gern**:

Ich trinke Milch **gern.**	*I like to drink milk.*
Ich trinke Tee **lieber.**	*I prefer to drink tea.*
Ich trinke Kaffee **am liebsten.**	*I like most of all to drink coffee.*

ÜBUNG E (*Tape 9*)

Beantworten Sie die folgenden Fragen mit **nein** *und gebrauchen Sie dabei den Komparativ!*

BEISPIEL: Ist Ihr Bruder so alt wie Robert?
Nein, Robert ist älter als mein Bruder.

1. Ist ein Radioapparat so groß wie ein Fernsehapparat?
2. Gibt es im Fernsehen so viele Reklamen wie im Radio?
3. Ist die zweite Sendung so interessant wie die erste?
4. Sprechen Sie Deutsch so gern wie Englisch?
5. Schreibt Heinrich so gut wie Thomas?
6. Finden Sie Ihren Deutschlehrer so streng wie Ihren Englischlehrer?
7. Ist ein Volkswagen so teuer wie ein Mercedes-Benz?
8. Ist dieser Berg so hoch wie das Matterhorn?

ÜBUNG F

Ergänzen Sie die folgenden Sätze mit einem Superlativ!

BEISPIELE: Wir alle haben schöne Häuser, aber er hat . . .
Wir alle haben schöne Häuser, aber er hat das schönste.

Der Baß singt besser als der Tenor, aber der Bariton singt . . .
Der Baß singt besser als der Tenor, aber der Bariton singt am besten.

1. In den Kleinstädten ist das Leben billiger als in Berlin, aber auf dem Lande ist das Leben . . .
2. Alfred singt besser als ich, aber Josef singt . . .
3. Ich habe gute Beziehungen, aber Werner hat . . .
4. Von meinen jüngeren Schwestern ist Eva . . .
5. Ich esse lieber Kuchen als Käse, aber Früchte esse ich . . .
6. Von allen berühmten Gemälden in diesem Museum ist die Mona Lisa . . .
7. Im November ist das Wetter kälter als im September, aber im Januar ist es . . .
8. Mit einem großen Dampfer fährt man schneller als mit einem kleinen Dampfer, aber mit dem Flugzeug fährt man . . .

53. Adjective-Nouns

Bekannte haben es mir gesagt.
Acquaintances told it to me.
Er ist **ein Bekannter** von mir.
He is an acquaintance of mine.
Das ist **die Deutsche,** von der ich gesprochen habe.
That's the German woman about whom I spoke.
Das Neue ist nicht immer besser als **das Alte.**
The new is always not better than the old.

Adjectives used as nouns (capitalized!) have regular adjective endings, depending upon whether they are unpreceded or preceded by a **der-** or an **ein**-word.

In the masculine singular, an adjective-noun refers to a male being; in the feminine singular, to a female being; in the neuter singular, to an abstraction.

ÜBUNG G

Ergänzen Sie die folgenden Sätze, indem Sie die angegebenen Adjektive als Substantive gebrauchen!

BEISPIEL: Ein _____ hat es mir gesagt. (bekannt)
              Ein Bekannter hat es mir gesagt.

1. Der Schiedsrichter war ein _____. (deutsch)
2. Ein _____ stand vor der Tür. (fremd)
3. Das _____ ist nicht immer schön. (alt)
4. Haben Sie den _____ schon besucht? (krank)
5. Bonifatius ist ein _____. (heilig)
6. Der _____ trägt eine dunkle Brille. (blind)
7. Ich sehe meine _____ nur selten. (verwandt)

54. Etwas, nichts, viel, wenig, alles

Er hat **etwas Gutes** gefunden
He found something good.
Er hat **viel Schönes** gesagt.
He said many nice things.
Alles Neue ist nicht immer gut.
Everything that's new is not always good.

A neuter singular adjective-noun (capitalized) ending in -es follows **etwas** (*something*), **nichts** (*nothing*), **viel** (*much*), and **wenig** (*little, not much*).

A neuter singular adjective-noun ending in -e follows **alles** (*everything*).

ÜBUNG H   (*Tape 9*)

Ändern Sie die Sätze dem Beispiel entsprechend!

BEISPIEL: Er hat nichts gelernt, was gut ist.
Er hat nichts Gutes gelernt.

1. Er wünschte uns alles, was gut ist.
2. Warum sagte er nie etwas, was neu ist?
3. In diesem Buche gibt es nichts, was interessant ist.
4. Er hat auf seiner Reise viel gesehen, was schön ist.
5. Sie hatte über die Sendung wenig zu sagen, was gut ist.
6. Ich weiß nichts über ihn, was schlecht ist.
7. Er hat mir in seinen Briefen alles mitgeteilt, was wichtig ist.
8. Er spricht immer gerne über etwas, was ungewöhnlich ist.

IV. LEKTÜRE

FRANZ KAFKA: Das Schloß

In this unfinished novel, a surveyor, known only as K., says he has been summoned to work in a village whose governing bodies are in the castle at the top of the hill. Nobody seems to know about him. In his efforts to establish his claim to a job, K. runs into many situations which are as impalpable and frustrating as the description of the telephone use given here to K. by a low-ranking member of the castle hierarchy. When he finally gets permission for an interview with the competent official from the castle, K. falls asleep and fails to achieve his purpose. (Kafka, 1883–1924).

„Sie sind eben noch niemals mit unseren Behörden in Berührung gekommen. Alle diese Berührungen sind nur scheinbar, Sie aber halten sie infolge Ihrer Unkenntnis der Verhältnisse für wirklich. Und was das Telefon betrifft:[1] Sehen Sie, bei mir, der ich wohl wahr-
5   lich genug mit den Behörden zu tun habe,[2] gibt es kein Telefon. In Wirtsstuben und dergleichen, da mag es gute Dienste leisten, so etwa wie ein Musikautomat,[3] mehr ist es auch nicht. Haben Sie schon einmal hier telefoniert, ja? Nun also, dann werden Sie mich vielleicht

---

[1] was das Telefon betrifft *as far as the telephone is concerned*

[2] zu tun haben *to have business* (*with*)

[3] der Musikautomat *music machine*

verstehen. Im Schloß funktioniert das Telefon offenbar ausgezeichnet; wie man mir erzählt hat, wird dort ununterbrochen telefoniert,   10
was natürlich das Arbeiten sehr beschleunigt. Dieses ununterbrochene
Telefonieren hören wir in den hiesigen Telefonen als Rauschen und
Gesang, das haben Sie gewiß auch gehört. Nun ist aber dieses
Rauschen und dieser Gesang das einzig Richtige und Vertrauens-
werte, was uns die hiesigen[4] Telefone übermitteln, alles andere ist   15
trügerisch. Es gibt keine bestimmte telefonische Verbindung mit dem
Schloß, keine Zentralstelle, welche unsere Anrufe weiterleitet; wenn
man von hier aus jemanden im Schloß anruft, läutet es dort bei allen
Apparaten der untersten Abteilungen oder vielmehr, es würde bei
allen läuten, wenn nicht, wie ich bestimmt weiß, bei fast allen dieses   20
Läutewerk abgestellt wäre. Hier und da aber hat ein übermüdeter
Beamter das Bedürfnis, sich ein wenig zu zerstreuen, besonders am
Abend oder bei Nacht, und schaltet das Läutewerk ein;[5] dann bekommen wir Antwort, allerdings eine Antwort, die nichts ist als
Scherz. Es ist das ja auch sehr verständlich. Wer darf denn Anspruch   25
erheben,[6] wegen seiner privaten kleinen Sorgen mitten in die wichtigsten und immer rasend vor sich gehenden Arbeiten hineinzuläuten?
Ich begreife auch nicht, wie selbst ein Fremder glauben kann, daß,
wenn er zum Beispiel Sordini[7] anruft, es auch wirklich Sordini ist, der
ihm antwortet. Vielmehr ist es wahrscheinlich ein kleiner Registrator   30
einer ganz anderen Abteilung. Dagegen kann es allerdings in auserlesener Stunde geschehen, daß, wenn man den kleinen Registrator
anruft, Sordini selbst die Antwort gibt. Dann freilich ist es besser,
man läuft vom Telefon weg, ehe der erste Laut zu hören ist."

„So habe ich das allerdings nicht angesehen", sagte K., „diese   35
Einzelheiten konnte ich nicht wissen; viel Vertrauen aber hatte ich
zu diesen telefonischen Gesprächen nicht und war mir immer dessen
bewußt, daß nur das wirkliche Bedeutung hat, was man geradezu im
Schloß erfährt und erreicht."

„Nein", sagte der Vorsteher,[8] an einem Wort sich festhaltend,[9]   40
„wirkliche Bedeutung kommt diesen telefonischen Antworten
durchaus zu,[10] wie denn nicht? Wie sollte eine Auskunft, die ein
Beamter aus dem Schloß gibt, bedeutungslos sein? Ich sagte es schon

---

[4] hiesig *local*
[5] schaltet das Läutewerk ein *turns the bell on*
[6] Anspruch erheben *to lay claim*
[7] Sordini *name of an official at the castle*
[8] der Vorsteher *supervisor*
[9] sich festhaltend *seizing upon*
[10] kommt diesen Antworten zu *must be ascribed to these answers*

gelegentlich[11] des Klammschen[12] Briefes; alle diese Äußerungen
45   haben keine amtliche Bedeutung; wenn Sie ihnen amtliche Bedeutung
zuschreiben, gehen Sie in die Irre; dagegen ist ihre private Bedeutung
in freundschaftlichem oder feindseligem Sinne sehr groß, meist
größer, als eine amtliche Bedeutung jemals sein könnte."

„Gut", sagte K., „angenommen, daß sich alles so verhält, dann
50   hätte ich also eine Menge guter Freunde im Schloß; genau besehen,[13]
war schon damals vor vielen Jahren der Einfall jener Abteilung, man
könnte einmal einen Landvermesser kommen lassen, ein Freundschaftsakt mir gegenüber, und in der Folgezeit reihte sich dann einer
an den anderen, bis ich dann, allerdings zu bösem Ende, hergelockt
55   wurde und man mir mit dem Hinauswurf droht."

Komposition

1. K. learned that the telephone in his village was more complicated than he had thought.
2. In his conversation with the supervisor from the castle, he found out that the officials at the castle usually turn off the bell.
3. And sometimes when you try to reach an official, the bells in the whole castle ring, but nobody answers.
4. Or somebody answers, gives you his name, but it is not really his name.
5. They do so much work on the telephone in this castle, and they do it so fast, that they do not have any time to talk with a stranger.
6. This seems more peculiar to K. than the first explanation of his difficulties with the telephone.
7. K. does not understand the really terrible tempo of the work there.
8. After the supervisor has explained it, K. thinks that a telephone conversation with the castle has no real meaning.
9. But he learns that the personal meaning of that message may be much more important than the official meaning of the message.
10. If these explanations confuse you, K. is still more confused than you.

[11] gelegentlich (*plus gen.*) *in reference to*
[12] Klamm *name of an official in the castle*
[13] genau besehen *looking at it closely*

V. AUFSATZ

Sie sitzen nach dem Abendessen mit Ihrem Freund im Wohnzimmer. Da es draußen regnet, beschließen Sie, den Abend zu Hause am Radio und am Fernsehen zu verbringen. Schreiben Sie das Gespräch, das Sie mit Ihrem Freund führen, nieder! Schreiben Sie zum Beispiel:

(1) warum Sie beide nicht ausgehen;
(2) welche Sendungen im Radio Ihnen und Ihrem Freund am besten gefallen;
(3) warum man an gewissen Tagen schlechten Empfang hat;
(4) welche Sendungen im Fernsehen Ihnen am besten gefallen;
(5) warum Sie, wenn es möglich ist, doch lieber ins Kino gehen!

VI. NEUER WORTSCHATZ

ab-stellen	to turn off	die **Reklame, -n**	advertisement, commercial
an-stellen	to turn on		
die **Darbietung, -en**	performance, presentation	der **Sänger, -**	singer
der **Empfang, ⸚e**	reception	die **Sendung, -en**	program (*on radio or TV*)
freilich	of course		
der **Gedanke, -ns, -n**	thought	**vergleichen, verglich, verglichen**	to compare
das **Gewitter, -**	thunderstorm	die **Verspätung, -en**	delay
das **Heft, -e**	notebook, pamphlet		
		die **Zeitangabe, -n**	time, stating the time
hoffentlich	I hope		
das **Maschinengewehr, -e**	machine gun		

LEKTION 10

PRONOUNS:
PERSONAL,
DEMONSTRATIVE,
POSSESSIVE,
INTERROGATIVE

I. GESPRÄCH: Eine Gesellschaft *(Tape 10)*

FRAU LENZ:	Guten Tag, Frau Hartung.
FRAU HARTUNG:	Ach, Frau Lenz! Bitte treten Sie ein! Und das ist gewiß Herr Becker. Es freut mich, daß Sie auch gekommen sind.
HERBERT:	Guten Tag, Frau Hartung. Es war nett von Ihnen, mich einzuladen.
FRAU HARTUNG:	Ilse hat uns viel von Ihnen erzählt. — Bitte kommen Sie herein! — Heiß heute, nicht wahr?
FRAU LENZ:	Ja wirklich. Otto ist schwimmen gegangen, wie gewöhnlich. Und mein Mann läßt sich entschuldigen. Er ist geschäftlich nach Hamburg gefahren.
FRAU HARTUNG:	Darf ich Sie gleich ins Eßzimmer bitten? — Hier ist Frau Lenz, die ihr alle kennt. Und dies ist Herr Becker. Darf ich vorstellen? Meine Schwägerin, Frau Weber, — mein Mann — und meine Tochter Ilse. Die kennen Sie ja.

124

HERBERT:	(*gibt allen die Hand.*) Sehr angenehm.
FRAU HARTUNG:	Nun, setzen wir uns zu Tisch! Herr Becker, bitte nehmen Sie hier zwischen Frau Weber und meinem Mann Platz! Was trinken Sie? Tee oder Kaffee?
HERBERT:	Kaffee, wenn ich bitten darf.
HERR HARTUNG:	Herr Becker, Sie sprechen sehr fließend deutsch. Ich kann kaum glauben, daß Sie erst zwei Wochen in unserem Land sind. Wo haben Sie denn Deutsch gelernt?
HERBERT:	In der Schule und auf der Universität. Allerdings auch zu Hause. Mein Vater stammt aus Köln und meine Mutter aus Prag. — Darf ich um den Zucker bitten?
FRAU HARTUNG:	Bitte schön. Und hier ist das Gebäck, Apfelkuchen und Torte. Sie müssen von beiden ein Stück versuchen.
HERBERT:	Vielen Dank. Die Torte ist ausgezeichnet.
FRAU HARTUNG:	Die habe ich selber gebacken. — Ilse, bring die Kirschflasche! Sie nehmen doch gewiß ein Gläschen Kirsch, Herr Becker?
HERBERT:	Wenn Sie darauf bestehen. Ich bin zwar nicht daran gewöhnt.
HERR HARTUNG:	Ich nehme auch einen Schluck. Kirsch gibt es bei uns nur, wenn wir Gäste haben. — Herr Becker, Sie müssen uns Ihre Eindrücke schildern. Wir möchten hören, was ein junger Ausländer von unserer Stadt hält.
HERBERT:	Die Stadt ist sehr schön. Bisher hat mir fast alles sehr gut gefallen. Ich führe eine Art Tagebuch.
HERR HARTUNG:	Tatsächlich? Worüber schreiben Sie denn? Ich meine: Wofür interessieren Sie sich besonders?
HERBERT:	Ich interessiere mich eigentlich für alles, am meisten vielleicht für Baukunst. Ich möchte Architekt werden.
FRAU HARTUNG:	Herr Becker, möchten Sie nicht noch eine Tasse Kaffee? — Und Frau Lenz. Ihre Tasse ist auch leer.
FRAU LENZ:	Gut, eine Tasse noch. Dann müssen wir gehen.

Fragen (*Tape 10*)

Antworten Sie auf deutsch!

1. Wer ist Frau Hartung?
2. Wohin ist Otto an diesem Nachmittag gegangen?

3. In welches Zimmer bittet Frau Hartung ihre Gäste?
4. Wer sind die Leute, die Frau Hartung Herbert vorstellt?
5. Wo nimmt Herbert Platz?
6. Wo hat Herbert Deutsch gelernt?
7. Aus welchen Städten stammen Herberts Eltern?
8. Was für Gebäck serviert Frau Hartung?
9. Wie findet Herbert die Torte?
10. Was möchte Herbert werden?

Konversation

Fragen Sie Ihren Nachbar,

1. seit wann er Deutsch lernt!
2. für welches Fach er sich am meisten interessiert!
3. was er lieber trinkt, Tee oder Kaffee!
4. wie lange Herbert schon in Deutschland ist!
5. wie viele Personen bei Frau Hartungs Gesellschaft sind!
6. warum Herr Lenz nicht zu dieser Gesellschaft gekommen ist!

II. NÜTZLICHE AUSDRÜCKE

bestehen auf (*plus dat.*)
Er besteht auf der Richtigkeit seiner Antwort.

to insist on something
He insists on the correctness of his answer.

bitten
um etwas bitten
wenn ich bitten darf

to ask, beg
to ask for something
if you please

führen
ein Tagebuch führen

to lead
to keep a diary

halten von (*plus dat.*)
Was halten Sie von ihm?

to think of, have an opinion about
What do you think of him?

sich interessieren für (*plus acc.*)
Ich interessiere mich für Musik.

to be interested in
I'm interested in music.

Platz nehmen

to sit down, take a seat

Sehr angenehm.

How do you do? (*in response to a social introduction*)

auf (an) der Universität
Er ist Student auf der Universität.
Er ist Professor an der Berliner Universität.

at the university (*studying there*)
He's a student at the university.
He's a professor at the University of Berlin.

| **nicht wahr?** | (*a phrase added to a statement to make it a question, such as:* aren't we, didn't he, won't they, etc.) |
| **Es war heiß gestern, nicht wahr?** | It was hot yesterday, wasn't it? |

Anwendung

Gebrauchen Sie vier der Nützlichen Ausdrücke in ganzen Sätzen!

III. GRAMMATIK UND ÜBUNGEN

55. Personal Pronouns

(a) Forms

SINGULAR

	I	*you*	*he*	*she*	*it*
NOM.	ich	du	Sie	er	sie	es
GEN.	(meiner)[1]	(deiner)[1]	(Ihrer)[1]	(seiner)[1]	(ihrer)[1]	(seiner)[1]
DAT.	mir	dir	Ihnen	ihm	ihr	ihm
ACC.	mich	dich	Sie	ihn	sie	es

PLURAL

	we	*you*		*they*
NOM.	wir	ihr	Sie	sie
GEN.	(unser)[1]	(euer)[1]	(Ihrer)[1]	(ihrer)[1]
DAT.	uns	euch	Ihnen	ihnen
ACC.	uns	euch	Sie	sie

(b) Agreement of Personal Pronoun with Noun

Ist **der Apfelkuchen** gut? — Ja, **er** ist ausgezeichnet.
Is the apple cake good? — Yes, it's excellent.
Ist **die Luft** kühl? — Ja, **sie** ist kühl.
Is the air cool? — Yes, it's cool.
Wo ist **mein Glas?** — **Es** ist hier auf dem Servierbrett.
Where's my glass? — It's here on the serving tray.

---

[1] Genitive forms, which are rare, occur as the objects of a few verbs and adjectives:

Erbarme dich **meiner!** *Have mercy on me!*
Sie war **seiner** nicht sicher. *She wasn't sure of him.*

Genitive forms are combined with the preposition **wegen;** final **r** changes to **t** except in **unser** and **euer,** which *add* **t: meinetwegen, unsertwegen** etc. *as far as I'm concerned, as far as we're concerned, etc.*

Wo ist **das Mädchen?** — **Es** ist schon fortgegangen.
Where's the girl? — She has already left.

A personal pronoun agrees in gender and number with the noun for which it stands. Thus the English equivalent of **er** may be *he* or *it*, of **sie** *she* or *it*, and of **es** *he, she,* or *it*.

(c) **Da-**Compounds

Hat er **von der Gesellschaft** gesprochen? — Ja, er hat **davon** gesprochen.
Did he talk about the party? — Yes, he talked about it.
Hatte er **an diese Möglichkeit** gedacht? — Nein, **daran** hatte er nicht gedacht.
Had he thought of this possibility? — No, he hadn't thought of it.

When used with a preposition, a personal pronoun referring to an object is normally replaced by **da-**, which is joined to the preposition (**dabei, damit, dazu**). **Dar-** is used if the preposition begins with a vowel (**daran, darüber**). Compare:

Er hat **an ihn** gedacht.   but   Er hat **daran** gedacht.
He thought of him.   *He thought of it.*

ÜBUNG A   *(Tape 10)*

Beantworten Sie die folgenden Fragen mit **ja** *und gebrauchen Sie dabei Personalpronomen anstelle der Substantive!*

BEISPIEL: Haben Sie die Zeitung gelesen?
Ja, ich habe sie gelesen.

1. Gehörte es deinem Onkel?
2. Hat er den Tisch gekauft?
3. Haben Sie dem Mädchen gedankt?
4. Ist das Kind krank?
5. Kennen Sie seine Wohnung?
6. Hat er seinen blauen Anzug getragen?
7. Waren die Erfrischungen teuer?
8. Hat der Film Ihnen gefallen?
9. Ist er mit Anna gekommen?
10. Sie kommen oft mit Ihren Brüdern zusammen, nicht wahr?
11. Hast du das bei deinem Freund getan?

ÜBUNG B   *(Tape 10)*

Ersetzen Sie das Präpositionalobjekt durch eine Zusammensetzung mit **da-**!

BEISPIEL: Er hat über sein Pech gelacht.
             Er hat darüber gelacht.

1. Was wissen Sie von der Geschichte?
2. Er hat lange mit dem Problem gerungen.
3. Wir saßen auf einer niedrigen Bank.
4. Ich bin gegen diesen Vorschlag.
5. Wer ist für diesen Vorschlag?
6. Sie macht oft Fehler bei ihrer Arbeit.
7. Er ist durch diese Tat sehr berühmt geworden.
8. Ich habe nicht an diese Frage gedacht.

56. Selbst (selber)

Er hat es **selbst (selber)** getan.
Er **selbst (selber)** hat es getan.
He did it himself.
Die Leute sind **selbst (selber)** daran schuld.
It's the people's own fault.

The emphatic pronoun **selbst (selber)** is invariable. Note that when **selbst** precedes a noun or pronoun it means *even:*

Selbst der König hat ihn gelobt.
Even the king praised him.
Selbst ohne Hilfe vermochte er, das schwere Problem zu lösen.
Even without help he managed to solve the difficult problem.

57. Demonstrative Pronouns

(a) Der, die, das as Demonstrative Pronouns

Ist **Gertrud** hier? — Nein, **die** ist schon fortgegangen.
Is Gertrude here? — No, she has already left.
Wo sind **die Jungen?** — **Die** machen heute einen Ausflug.
Where are the boys? — They're having an outing today.
Was halten Sie von **Herrn Schwarz?** — Mit **dem** komme ich nicht aus.
What do you think of Mr. Schwarz? — I don't get along with him.

Forms of **der, die, das** may be used as demonstrative pronouns or as stressed personal pronouns. These forms are identical with those of the relative pronoun.

(b) Der-Words

Mancher glaubt das nicht.
Many a person doesn't believe that.

Dieser Wagen gehört mir, **jener** gehört meinem Vater.
This car belongs to me, that one belongs to my father.
Gefallen Ihnen beide Bücher? — Nein, **dieses** gefällt mir besser als **jenes.**
Do you like both books? — No, I like this one better than that one.

Der-words may be used as demonstrative pronouns. In colloquial German, **jener** is often replaced by a form of **dieser da, der da, der dort, dieser dort:**

Der da gehört meinem Vater.
Dieses gefällt mir besser als **das da.**

(c) **Das, dies** as Subject

Wer ist die blonde Dame dort? — **Das** ist meine Schwester.
Who's the blond lady over there? — That's my sister.
Das (dies) sind meine Ansichten darüber.
Those (these) are my opinions about that.

Das or **dies,** both invariable in this usage, may function as subject of the verb **sein** followed by a noun. The verb agrees with the predicate. The English equivalent may be *this, that, these, those.*

ÜBUNG C   *(Tape 10)*

Ersetzen Sie das Personalpronomen durch ein Demonstrativpronomen!

BEISPIEL: *Ihn* sieht man selten hier.
                   Den sieht man selten hier.

1. *Er* ist nicht mein Freund.
2. *Sie* kenne ich nicht.
3. Mit *ihr* kann man nichts machen.
4. *Ihn* kann ich gut leiden.
5. Von *ihm* habe ich nichts gehört.
6. Bei *ihr* ißt man gut.
7. *Sie* weiß immer etwas Amüsantes zu erzählen.
8. Mit *ihnen* muß man sehr langsam fahren.

58. Ein-Words as Pronouns; Possessive Pronouns

Hier steht mein Glas, und dort steht **Ihres.**
Here's my glass and there's yours.
Da ist mein Platz. Wo ist **Ihrer?**
There's my seat. Where's yours?
Führen Sie ein Tagebuch? Ich führe **keines.**
Do you keep a diary? I don't keep any.

Ein-words (possessive adjectives, **ein,** and **kein**) used as pronouns have **der-**words endings in all cases.

ÜBUNG D *(Tape 10)*

Ersetzen Sie das Substantiv im zweiten Satz durch ein Ein-Wort!

BEISPIEL: Er besitzt ein Auto. Ich habe kein Auto.
Er besitzt ein Auto. Ich habe keines.

1. Hier ist ein Hotel. Da drüben ist auch ein Hotel.
2. Ich finde mein Zimmer ganz hübsch. Wie finden Sie Ihr Zimmer?
3. Mein Wagen ist rot. Sein Wagen ist blau.
4. Meine Eltern sind sehr streng. Sind deine Eltern auch so streng?
5. Wir sangen zuerst ein Lied. Dann sangen wir noch ein Lied.
6. Kannst du mir deine Schreibmaschine leihen? Mit meiner Schreibmaschine kann ich nicht mehr schreiben.
7. Ich sehe dein Glas. Sein Glas sehe ich nicht.
8. Seine Schwester führt ein Tagebuch. Führt er kein Tagebuch?

59. Interrogative Pronouns

(a) **Wer, was**

	MASCULINE AND FEMININE	NEUTER
NOM.	**wer**	**was**
GEN.	**wessen**	—
DAT.	**wem**	—
ACC.	**wen**	**was**

Wer hat Ihnen das gesagt?
Who told you that?
Wessen Fahrrad haben Sie?
Whose bicycle do you have?
Wem sind Sie begegnet?
Whom did you meet?

Was ist der Zweck dieser Übung?
What's the purpose of this exercise?
Wer sind diese beiden Herren?
Who are these two gentlemen?

(b) **Wo-**Compounds

Woran hat Otto nicht gedacht?
What did Otto not think of?

Worüber hat er geredet?
What did he talk about?

When used with a preposition, **was** is normally replaced by **wo-,** which is joined to the preposition (**womit, wozu**). **Wor-** is used if the preposition begins with a vowel (**woraus, worin, worüber**).

ÜBUNG E (*Tape 10*)

Bilden Sie Fragen dem Beispiel entsprechend!

BEISPIEL :   Mein Bruder hat es gesagt. (Who)
              Wer hat es gesagt?

1. Dieser Mann ist sein Bruder. (Who)
2. Ich habe es Ihnen erklärt. (To whom)
3. Mein Buch liegt hier. (Whose)
4. Er hat mit meiner Schwester getanzt. (With whom)
5. Hans und Fritz sind die besten Studenten. (Who)
6. Wir haben einen schwarzen Pudel gefunden. (What)
7. Er hat meine Schwester getroffen. (Whom)
8. Er hat es für mich getan. (For whom)

ÜBUNG F (*Tape 10*)

Fragen Sie nach dem Präpositionalobjekt, indem Sie eine Zusammensetzung mit **wo-** *gebrauchen!*

BEISPIEL :   Das Programm besteht aus mehreren Darbietungen.
              Woraus besteht das Programm?

1. Sie schreibt mit einem Kugelschreiber.
2. Die Rede war von Freiheit und Treue.
3. Sie warten auf den Zug.
4. Er hat über den Zweiten Weltkrieg geschrieben.
5. Er interessiert sich besonders für Baukunst.
6. Der Blinde hat sie an ihrer Stimme erkannt.
7. Er hat es aus Holz gemacht.
8. Er legte das Buch auf den Schreibtisch.

IV. LEKTÜRE

KARL MAY: Winnetou

Probably the most popular light reading for German-speaking youth is Winnetou, *a story of the Wild West of the 1860's and the "noble savage." A young German, called both "das Greenhorn" and "Old Shatterhand," and three of his companions have been threatened by the Apaches with death at the stake because of false evidence given by the treacherous chief of the Kiowas. When it is discovered that Old Shatterhand had actually saved the lives of the chief of the Apaches, Intschu tschuna, and his son, Winnetou, the Apaches make amends.*

In this selection Nscho-tschi, daughter of Intschu tschuna, expresses her gratitude to Old Shatterhand. (Karl May, 1842–1912)

Als mein ‚Gastzimmer‘ so weit eingerichtet war, daß ich es betreten konnte, brachte mir ‚Schöner Tag‘[1] eine prächtig geschnittene Friedenspfeife nebst Tabak. Sie stopfte sie mir selber und setzte den Tabak in Brand. Als ich die ersten Züge tat, sagte sie:

„Dieses Kalumet sendet dir Intschu tschuna, mein Vater. Er hat   5
den Ton dazu aus den heiligen Steinbrüchen geholt, und Nscho-tschi hat den Kopf daraus geschnitten. Es ist noch in keines Mannes Mund gewesen, und wir bitten dich, es von uns als dein Eigentum anzunehmen und unser[2] zu gedenken, wenn du daraus rauchst."

„Eure Güte ist groß", entgegnete ich. „Sie beschämt mich fast,   10
denn ich kann dieses Geschenk nicht erwidern."

„Du hast uns schon so viel gegeben, daß wir es dir nie vergelten können, nämlich das Leben Intschu tschunas und Winnetous. Beide waren wiederholt in deiner Hand, und du hast sie geschont. Dafür sind dir unsre Herzen zugetan, und du sollst unser Bruder sein, wenn   15
es dir recht ist."

„Wie kannst du so fragen? Mir wird dadurch ein Herzenswunsch erfüllt. Intschu tschuna ist ein berühmter Häuptling und Krieger, und Winnetou habe ich gleich vom ersten Augenblick an liebgehabt. Es ist mir eine große Ehre und eine ebenso große Freude, der Bruder   20
solcher Männer genannt zu werden. Ich möchte nur, daß meine Gefährten auch daran teilnehmen dürfen."

„Wenn sie wollen, wird man sie so betrachten, als wären sie als Apatschen geboren."

„Wir danken euch dafür. Also du selber hast diesen Pfeifenkopf   25
aus dem heiligen Ton geschnitten? Wie geschickt deine Hände sind!"

Sie errötete über dieses Lob und wehrte ab.

„Ich weiß, daß die Frauen und Töchter der Bleichgesichter viel kunstfertiger und geschickter sind als wir. Jetzt werde ich dir noch etwas holen."   30

Sie ging und brachte mir dann meine Revolver, mein Messer und all die Gegenstände, die mir gehörten, die sich aber nicht in meinen Taschen befunden hatten. Ich bedankte mich, erkannte an, daß mir

---

[1] Schöner Tag *German for Nscho-tschi (sister of Winnetou)*   [2] unser zu gedenken *genitive object of* gedenken

nun nicht mehr das geringste fehlte und fragte: „Werden auch meine
35   Kameraden wiederbekommen, was ihnen abgenommen wurde?"

„Ja, alles. Sie werden es jetzt schon haben, denn während ich dich
hier bediene, sorgt Intschu tschuna für sie."

„Und wie steht es mit unseren Pferden?"

„Die sind auch da. Du wirst das deinige³ wieder reiten und
40   Hawkens seine Mary auch."

„Ah, du kennst den Namen seines Maultiers?"

„Ja, auch den Namen seiner alten Büchse, die er Liddy nennt. Ich
habe oft, ohne daß ich es dir erzählte, mit ihm gesprochen. Er ist ein
sehr spaßhafter Mann, aber doch ein tüchtiger Jäger."

45   „Ja, das ist er und noch weit mehr, nämlich ein treuer, aufopfe-
rungsfähiger Gefährte, den man gern haben muß. Doch ich möchte
dich etwas fragen. Wirst du mir die Wahrheit sagen?"

„Nscho-tschi lügt nicht", entgegnete sie stolz.

„Eure Krieger haben den gefangenen Kiowas alles abgenommen,
50   was sie bei sich trugen?"

„Ja."

„Auch meinen drei Gefährten?"

„Ja."

„Weshalb denn nicht auch mir? Man hat den Inhalt meiner
55   Taschen nicht angerührt."

„Weil mein Bruder Winnetou es so befohlen hatte."

„Und weißt du, weshalb er diesen Befehl gab?"

„Weil er dich liebte."

„Obwohl er mich für seinen Feind hielt?"

60   „Ja. Du sagtest vorhin, daß du ihn gleich vom ersten Augenblick an
liebgehabt hättest. Das war umgekehrt auch bei ihm der Fall. Es hat
ihm sehr weh getan, dich für einen Feind halten zu müssen, und
nicht für einen Feind —"

Sie hielt inne, denn sie hatte etwas sagen wollen, was mich ihrer
65   Ansicht nach beleidigen mußte.

„Sprich weiter!" bat ich.

„Nein."

„So will ich es an deiner Stelle tun. Mich für seinen Feind halten zu
müssen, das konnte ihm nicht weh tun, denn man kann auch einen
70   Feind achten. Aber er hat geglaubt, ich wäre ein Lügner, ein falscher,
hinterlistiger Mensch. Das schmerzte ihn. Nicht wahr?"

„Du sagst es."

³ das deinige = deines

Komposition

1. The Apaches are good friends of Old Shatterhand; he likes them.
2. The Kiowas are their enemies, and he had fought with the Apaches against them.
3. Most of the Apaches do not speak English, and he cannot talk with them.
4. But Nscho-tschi speaks English and she likes to talk with him.
5. Intschu tschuna asks him, "Do you want to be one of us?"
6. Old Shatterhand had not thought of that, but he is pleased by it.
7. The chieftain tells him, "You will be Winnetou's brother and he will be yours."
8. His daughter then brought him all the things that belonged to him.
9. The warriors had taken their knives, their rifles, and their horses.
10. Nscho-tschi gives him a peace pipe. She had made it herself.

V. AUFSATZ

Sie sind bei einem Freund in Deutschland zum Abendessen eingeladen. Ihr Freund stellt Sie seinen Eltern vor. Der Vater Ihres Freundes interessiert sich für viele Dinge und stellt Ihnen viele Fragen. Schreiben Sie diese Fragen und Ihre Antworten in Form eines Gespräches nieder! Der Vater Ihres Freundes möchte zum Beispiel wissen:

(1) wie Sie von Amerika nach Europa gereist sind;
(2) wie lange Sie schon in Deutschland sind und ob dies Ihre erste Europareise ist;
(3) aus welcher Stadt Sie kommen und ob dies eine große oder kleine Stadt ist;
(4) ob Sie Brüder und Schwestern haben, und wie alt sie sind;
(5) wozu Sie nach Deutschland gekommen sind;
(6) welches Ihre ersten Eindrücke von Deutschland sind.

VI. NEUER WORTSCHATZ

der **Ausländer,** -	foreigner	**gewohnt, ge-**	accustomed, used
backen	to bake	**wöhnt an**	to
(bäckt),		die **Gesellschaft,**	group; party, com-
backte		**-en**	pany
(buk),		das **Gläschen,** -	little glass
gebacken		der **Schluck,** ⁅e	sip, mouthful
die **Baukunst**	architecture	**schildern**	to describe
der **Eindruck,** ⁅e	impression	die **Schwägerin,**	sister-in-law
entschuldigen	to excuse	**-nen**	
das **Eßzimmer,** -	dining room	**stammen**	to come from,
die **Flasche, -n**	bottle		originate
fließend	fluent; flowing	das **Tagebuch,** ⁅er	diary
das **Gebäck, -e**	pastry, baked goods		

Lektion 11

Indefinite pronouns;

numerals;

expressions of time;

dates

I. GESPRÄCH: Gehen wir ins Theater! *(Tape 11)*

HERBERT:	Wie wollen wir den Abend verbringen?
ILSE:	Wollen Sie ins Kino?
HERBERT:	Heute nicht. Ich möchte mal etwas anderes sehen.
ILSE:	Wie wäre es mit einem Beat-Keller? Die sind ganz amüsant. Da sehen Sie allerdings nichts als Teenagers.
HERBERT:	Nein, für diese Art Unterhaltung fühle ich mich bereits etwas zu alt.
ILSE:	Ich· bin auch keine gute Beat-Tänzerin. — Gehen wir ins Konzert! In der Beethovenhalle wird ein neues Tonstück von Hans Werner Henze aufgeführt.
HERBERT:	Ein Tonstück von . . .? Nein, das ist zu modern für mich.
ILSE:	Dann gehen wir ins Theater. Oder ist Ihnen das auch zu modern?
HERBERT:	Es kommt darauf an, was gespielt wird. Ganz avantgardistische Sachen gefallen mir nicht. Ich habe vor ein paar

Jahren in New York ein Stück von Peter Weiß gesehen. Den Titel habe ich vergessen — er war sehr lang —, und es handelte von Verrückten in einem Irrenhaus. Das war zu viel für mich.

ILSE: Das war gewiß das Stück über Marat und Sade. — Nun, im Stadttheater wird ein Stück von Dürrenmatt aufgeführt: "Die Physiker". Der Schauplatz ist zwar auch ein Irrenhaus, aber die Handlung ist sehr spannend und leicht zu verstehen. Ein Krimi sozusagen.

HERBERT: Gut. Das würde mir passen. Aber ob da noch Plätze zu bekommen sind?

ILSE: Ich glaube schon. Das Stück ist nicht neu. Ich habe es früher schon einmal gesehen. Aber dies ist eine Neuinszenierung, und die Besetzung soll sehr gut sein.

HERBERT: Um wieviel Uhr fängt die Vorstellung an?

ILSE: Der Vorhang geht um acht Uhr auf. Hoffentlich müssen wir an der Kasse nicht zu lange Schlange stehen.

(*An der Theaterkasse.*)

ILSE: Wir haben es gut getroffen. Wir sind gleich an der Reihe.

HERBERT: Lassen Sie mich die Karten besorgen! (*Zum Fräulein an der Kasse.*) Haben Sie noch ein paar Plätze im Parkett für heute abend?

FRÄULEIN: Das ganze Parkett ist leider ausverkauft. Wir haben nur noch Balkonplätze, dritte Reihe links und vierte Reihe rechts.

ILSE: Nehmen Sie links! Die sind gar nicht schlecht.

FRÄULEIN: Platz 112 und Platz 113. Dreißig Mark, bitte.

HERBERT: Können Sie mir auch zwei Programme geben?

FRÄULEIN: Die bekommen Sie von der Platzanweiserin.

Fragen (*Tape 11*)

Antworten Sie auf deutsch!

1. Was für Leute sieht man in einem Beat-Keller?
2. Warum will Herbert nicht in einen Beat-Keller?
3. Von wem ist das neue Tonstück in der Beethovenhalle?
4. Wovon handelt das Stück von Peter Weiß über Marat und Sade?
5. Was für Theaterstücke gefallen Herbert nicht?

6. Wie heißt das Stück von Dürrenmatt im Stadttheater?
7. Welche Ähnlichkeit hat das Schauspiel von Weiß mit dem Schauspiel von Dürrenmatt?
8. Um wieviel Uhr geht der Vorhang auf?
9. Wo nimmt Herbert Plätze für die Vorstellung?
10. Wieviel kostet ein Balkonplatz im Stadttheater?

Konversation

Fragen Sie Ihren Nachbar,

1. ob er auch schon ein Konzert mit klassischer Musik gehört hat!
2. ob er lieber ins Konzert oder ins Theater geht!
3. wann er das letzte Mal ins Theater gegangen ist!
4. was er lieber sieht, eine Komödie oder eine Tragödie!
5. ob er lieber im Parkett oder im Balkon sitzt!
6. um wieviel Uhr der Vorhang im amerikanischen Theater meistens aufgeht!

II. NÜTZLICHE AUSDRÜCKE

auf etwas an-kommen	to depend upon something
Es kommt auf ihn an.	It depends upon him.
Es kommt darauf an, was gespielt wird.	It depends on what's being played.
die Art	kind, sort
diese Art Musik	this kind of music
handeln von (*plus dat.*)	to deal with, be concerned with
Das Stück handelt vom Zweiten Weltkrieg.	The play deals with World War II.
der Krimi (*short for* **der Kriminalfilm, der Kriminalroman**)	detective story
nichts als	nothing but
Es gibt heute abend nichts als Krimis im Fernsehen.	There's nothing but detective stories on TV tonight.
ein paar (*invariable*)	a few, several
Er ist mit ein paar Freunden gekommen.	He came with a few friends.
noch ein paar	a few more
Wir haben noch ein paar Plätze.	We have a few more seats.
Schlange stehen	to stand in line

es gut treffen	to hit it right, be lucky
Wir haben es mit unserer Auswahl gut getroffen.	We hit it right with our selection.
die Reihe	row
an der Reihe sein	to have one's turn
Wir sind gleich an der Reihe.	We'll have our turn right away.
der Vorhang	curtain
Der Vorhang geht um acht Uhr auf.	The curtain goes up at eight o'clock.
Der Vorhang fällt um elf Uhr.	The curtain falls at eleven o'clock.
	The performance is over at eleven.

Anwendung

Gebrauchen Sie vier der Nützlichen Ausdrücke in ganzen Sätzen!

III. GRAMMATIK UND ÜBUNGEN

60. Indefinite Pronouns

(a) **Man**

> **Man** kann nicht immer tun, was **man** will.
> *One can't always do what one wants to.*
> *You can't always do what you want to.*
> **Man** sagt es überall.
> *They (people) are saying it everywhere.*

> Es macht **einem** Angst, solche Geschichten zu hören.
> *It frightens one to hear such stories.*
> Es wundert **einen,** daß sie nie fallen.
> *It surprises you that they never fall.*

The indefinite pronoun **man** (dative **einem,** accusative **einen**) refers to an indefinite person or persons and is equivalent to English *one, you, they, people.* Note also the colloquial use of **man** in place of a personal pronoun:

Man kommt morgen an.
They are arriving tomorrow.
Man kann's kaum glauben.
I can scarcely believe it.

(b) **Jemand, niemand**

> War **jemand** zu Hause? — Nein, **niemand.**
> *Was somebody at home? — No, nobody.*

Sie ist mit **jemand** gekommen, den ich nicht kenne.
She came with somebody I don't know.
Haben Sie sonst **jemand** gesehen? — Nein, **niemand** anders.
Did you see anybody else? — No, nobody else.

Jemand and **niemand** are used chiefly in the uninflected nominative, dative, and accusative forms. The genitive (**jemandes**) is rarely used.

Von wem haben Sie das gehört? — O, von **irgend jemand.**
From whom did you hear that? — Oh, from someone (emphatic).

The word **irgend,** which emphasizes indefiniteness, occurs in combinations only, such as: **irgend jemand** (*anybody, somebody or other*), **irgendeiner** (*anyone, someone or other*), **irgend etwas** (*something or other*).

ÜBUNG A   *(Tape 11)*

Ersetzen Sie die angegebenen Wörter durch die korrekte Form von **man!**

BEISPIEL: Es tut *den Leuten* leid, dies zu hören.
Es tut *einem* leid, dies zu hören.

1. *Wir* müssen in der Schule viel arbeiten.
2. *Das Volk* möchte mehr Freiheit haben.
3. Der Lehrer gibt *uns* die Gelegenheit, viel zu lernen.
4. Waren *die Zuhörer* aufmerksam?
5. Er bringt *uns* jeden Tag Blumen aus seinem Garten.
6. Er ladet *uns* oft ein, nicht wahr?
7. *Wir* sehen ihn immer gerne.
8. Bei schönem Wetter machen *die Leute* gern Ausflüge.

61. Anticipatory <u>da</u>

Ich erinnere Sie **daran,** daß Sie hier nicht rauchen dürfen.
I remind you that you're not allowed to smoke here.
Sie dankte mir **dafür,** daß ich die Karten besorgt hatte.
She thanked me for having got the tickets.
Ich mache Sie **darauf** aufmerksam, daß die Vorstellung Punkt acht anfängt.
I call it to your attention that the performance begins at eight sharp.
Er machte sich ein Vergnügen **daraus,** uns zu belästigen.
He took pleasure in bothering us.

After a verb, noun, or adjective requiring a preposition (**sich erinnern an** *to remember,* **danken für** *to thank for,* **aufmerksam machen auf** *to call attention to,* **sich ein Vergnügen machen aus** *to take pleasure in,* and others), the preposition is joined with **da- (dar-)** in anticipation of a following clause.

ÜBUNG B   (*Tape 11*)

Verbinden Sie die beiden Sätze dem Beispiel entsprechend!

BEISPIEL: Er war traurig. Er erhielt keine Briefe.
Er war traurig darüber, daß er keine Briefe erhielt.

1. Ich warte. Die Platzanweiserin bringt mir ein Programm.
2. Wir erkannten ihn. Er war so klein.
3. Er war stolz. Seine Schwester war Schauspielerin.
4. Ich erinnere mich jetzt. Der Zug kommt um zehn Uhr an.
5. Sie machte uns aufmerksam. Der Präsident spricht heute im Rundfunk.
6. Ich habe ihr gedankt. Sie hat meinen Freund auch eingeladen.
7. Ich dachte gar nicht. Ich hatte eine Verabredung.
8. Wir sind froh. Wir konnten dir helfen.

62. Numerals

(a)   Forms (Irregular forms are underscored)

	CARDINALS		ORDINALS
0	null		
1	eins	der, die, das	erste
2	zwei		zweite
3	drei		dritte
4	vier		vierte
5	fünf		fünfte
6	sechs		sechste
7	sieben		sieb(en)te
8	acht		achte
9	neun		neunte
10	zehn		zehnte
11	elf		elfte
12	zwölf		zwölfte
13	dreizehn		dreizehnte
14	vierzehn		vierzehnte
15	fünfzehn		fünfzehnte
16	sechzehn		sechzehnte
17	siebzehn		siebzehnte
18	achtzehn		achtzehnte
19	neunzehn		neunzehnte
20	zwanzig		zwanzigste
21	einundzwanzig		einundzwanzigste
30	dreißig		dreißigste
31	einunddreißig		einunddreißigste
40	vierzig		vierzigste
50	fünfzig		fünfzigste

60	sechzig	sechzigste
70	siebzig	siebzigste
80	achtzig	achtzigste
90	neunzig	neunzigste
100	hundert	hundertste
101	hunderteins	hunderterste
200	zweihundert	zweihundertste
1,000	tausend	tausendste
1,000,000	eine Million	millionste
2,000,000	zwei Millionen	
1 billion	eine Milliarde	
1,000 billions	eine Billion	

FRACTIONS

1/2	die Hälfte[1]	1/8	ein Achtel
1/3	ein Drittel[2]	1/9	ein Neuntel
1/4	ein Viertel	1/10	ein Zehntel
1/5	ein Fünftel	1/20	ein Zwanzigstel
1/6	ein Sechstel	1/30	ein Dreißigstel
1/7	ein Siebtel	1/100	ein Hundertstel

(b) Cardinal Numbers

1. **Ein**undzwanzig und **eins** ist zweiundzwanzig.
   Twenty-one and one is twenty-two.
   Man braucht mehr als **einen** Tag, um Museen zu besichtigen.
   You need more than one day to visit museums.

   The form **eins** is used in counting (**eins, zwei, drei** usw.) but not before **und.** The form **ein** has normal **ein**-word endings before a noun. Other cardinal numbers have no endings.

2. Dieses Buch hat genau **hundert** Seiten.
   This book has exactly one hundred pages.

   The number **hundert** (*one hundred*) is generally not preceded by **ein.**

3. Das Jahr hat **dreihundertfünfundsechzig** Tage.
   A year has three hundred and sixty-five days.

   Numbers are written together as one word.

4. **Hunderte von Leuten** waren dort.
   Hundreds of people were there.
   Es gab **Tausende von Zuschauern.**
   There were thousands of spectators.

---

[1] The adjective form for *one half* is **halb:** ein **halber** Apfel (*half an apple*).
[2] Except for **die Hälfte,** fractions are neuter.

Hundert (*hundred*) and **Tausend** (*thousand*) may function as neuter nouns. In the plural they are followed by the preposition **von.**

5. Berlin hat über **drei Millionen** Einwohner.
   Berlin has over three million inhabitants.

Million—also **Milliarde** and **Billion**—are feminine nouns.

(c) Ordinal Numbers

Ich habe es zum **fünfzehnten** Mal versucht.
I have tried it for the fifteenth time.
Heute abend sehen wir die **hundertste** Vorstellung.
This evening we'll be seeing the hundredth performance.

Ordinal numbers from **zwei** to **neunzehn** add **-t,** from **zwanzig** on **-st,** to the cardinal form. Ordinal numbers have normal adjective endings.

(d) Fractions

In acht Tagen[1] können wir **ein Fünftel der Arbeit** tun.
In a week we can complete a fifth of the work.
Die Hälfte der Darsteller stammt aus Österreich.
Half (of) the actors come from Austria.

Fractions are neuter nouns formed by adding **-el** to the ordinal numbers, with the exception of **die Hälfte.** They are followed by nouns in the genitive

ÜBUNG C   (*Tape 11*)

Antworten Sie auf deutsch!

1. Wieviel ist 17 und 3?
2. Wieviel ist 150 und 75?
3. Wieviel ist 780 und 91?
4. Wieviel ist ein Viertel von 60?
5. Wieviel ist ein Drittel von 900?
6. Wieviel ist ein Achtel von 32?
7. Wieviel ist die Hälfte von 24?
8. Wieviel ist ein Fünftel von 75?

ÜBUNG D   (*Tape 11*)

Ergänzen Sie das angegebene Zahlwort auf deutsch!

1. (eleventh) Dies ist die _____ Lektion.

---

[1] Germans usually say **acht Tage** for *a week* and **vierzehn Tage** for *two weeks*, although **eine Woche** and **zwei Wochen** are not uncommon.

2. (fifth)   Ich kann das _____ Kapitel nicht verstehen.
3. (16th)   Lincoln war unser _____ Präsident.
4. (twelfth)   Der Dezember ist der _____ Monat des Jahres.
5. (third)   Kennen Sie den Film „Der _____ Mann"?
6. (20th)   Wir leben im _____ Jahrhundert.
7. (72nd)   Heute ist der _____ Geburtstag meines Großvaters.
8. (100th)   Morgen ist die _____ Vorstellung dieses Stückes.

63. Expressions of Time

(a) Clock Time

Wieviel Uhr ist es? (Wie spät ist es?) — Es ist . . .
What time is it? — It is . . .

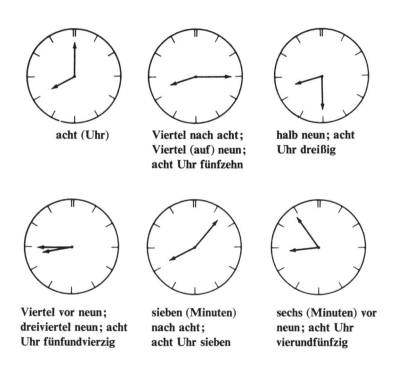

acht (Uhr)	Viertel nach acht; Viertel (auf) neun; acht Uhr fünfzehn	halb neun; acht Uhr dreißig
Viertel vor neun; dreiviertel neun; acht Uhr fünfundvierzig	sieben (Minuten) nach acht; acht Uhr sieben	sechs (Minuten) vor neun; acht Uhr vierundfünfzig

1. **Uhr** is optionally used only with an even hour (**acht Uhr**), but must be used when stating the hour first, followed by the number of minutes (**acht Uhr sieben**).
2. The half hour is expressed in relation to the next hour (**halb neun** *half past eight*).

(b) Adverbial Time Expressions

1. **Um wieviel Uhr** kommt er an? — **Um acht Uhr.**
   At what time is he arriving? — At eight o'clock.

   Um is the German equivalent for *at* in time expressions.[1]

2. Ich stehe **morgens** um sieben auf.
   I get up at seven in the morning.
   Meinen Sie **acht Uhr morgens oder abends?**
   Do you mean eight A.M. *or* P.M.*?*

   The adverbs **morgens, vormittags, nachmittags, abends, nachts,** in addition to their basic meaning (*in the morning*, etc.), are used to distinguish A.M. and P.M.

   Similar adverbs and adverbial forms for the days of the week **(sonntags, montags, dienstags, mittwochs, donnerstags, freitags, sonnabends)** express customary time:

   Er geht **sonntags** immer in die Kirche.[2]
   He always goes to church on Sundays.

3. Die Vorstellung fängt **um zwanzig Uhr** (20⁰⁰) an.
   The performance begins at 8 P.M.
   Der Zug fährt (**um**) **siebzehn Uhr fünfzehn** (17¹⁵) von Köln ab.
   The train leaves Cologne at 5:15 P.M.

   Germans use the twenty-four hour system for official documents, public announcements, theater performances, transportation schedules, and telegrams.

ÜBUNG E   *(Tape 11)*

Antworten Sie mit **nein** *und erhöhen Sie die Zeitangaben in den Antworten um zehn Minuten!*

BEISPIEL: Ist Herbert um sieben Uhr angekommen?
             Nein, Herbert ist um zehn nach sieben angekommen.

1. Hören Sie Ihren Wecker morgens um 7¹⁵?
2. Gehen Sie um 7³⁵ zum Frühstück?

---

[1] When **Punkt** (*at exactly, on the dot of*) is used, **um** is omitted:

        Er kommt **Punkt acht Uhr** abends.
        He's coming at exactly eight P.M.

[2] Compare: Er geht **Sonntag** in die Kirche.

        He's going to church (next) Sunday.

3. Verlassen Sie das Haus um 8^{05}?
4. Kommen Sie um 8^{40} im Büro an?
5. Fängt der Arbeitstag nicht um 8^{45} an?
6. Trinken Sie um 10^{25} eine Tasse Kaffee?
7. Gehen Sie um 11^{50} zum Mittagessen?
8. Beginnt die Arbeit um 12^{30} wieder?

64. Dates

(a) Days of the Month

Heute ist **der 28. (achtundzwanzigste) Februar.**
Today is February 28th.
Das geschah **am 4. (vierten) Juli.**
That happened on July 4th.

In dates, ordinal numbers express the day of the month. In writing, these ordinals are normally expressed as figures followed by a period.

Note: On letter heads or in official documents, dates are expressed in the accusative: **den 23. (dreiundzwanzigsten) Januar** (*January 23rd*).

(b) Years

Im Jahre 1918 (neunzehnhundertachtzehn) wurde Deutschland eine Republik.
In 1918 Germany became a republic.
Ich war **1970 (neunzehnhundertsiebzig)** in München.
I was in Munich in 1970.

Years are expressed in cardinal numbers, either with or without the phrase **im Jahre; hundert** may not be omitted in German.[1]

ÜBUNG F   *(Tape 11)*

Beantworten Sie die folgenden Fragen!

1. Wann ist Weihnachten?
2. Wann ist Neujahr?
3. Wann ist Washingtons Geburtstag?
4. Wann ist Lincolns Geburtstag?
5. Welchen Tag im Juli feiert man überall in Amerika?
6. Nennen Sie das Datum des letzen Tages des Jahres!
7. In welchem Jahrhundert lebte Lincoln?
8. Welcher Tag kommt nur einmal alle vier Jahre?

---

[1] As in English, Germans may use abbreviated forms:

Ich war **70** in München. *I was in Munich in '70.*

IV. LEKTÜRE

GERHART HAUPTMANN: Bahnwärter Thiel

In this short novella, Hauptmann (1862–1946), a Nobel Prize winner, tells how flagman Thiel's second, shrewish wife, Lene, gains such control over him that he is incapable of the feeblest attempt to protect Tobias, his child by his first marriage, against the mistreatment of his stepmother, who lavishes affection on her own infant son by Thiel. Through Lene's fault Tobias is killed by a train at the isolated crossing where Thiel works. The father loses consciousness and must be carried home through the forest by railroad workers from the work train that brought the dead child from the doctor. This passage is the end of the novella.

Man beförderte den Kranken mühsam die schmale Stiege hinauf in seine Wohnung und brachte ihn sogleich zu Bett. Die Arbeiter kehrten sogleich um, um Tobiäschens[1] Leiche nachzuholen.

Alte, erfahrene Leute hatten kalte Umschläge angeraten, und Lene befolgte ihre Weisung mit Eifer und Umsicht. Sie legte Handtücher   5 in eiskaltes Brunnenwasser und erneuerte sie, sobald die brennende Stirn des Bewußtlosen sie durchhitzt hatte. Ängstlich beobachtete sie die Atemzüge des Kranken, welche ihr mit jeder Minute regelmäßiger zu werden schienen.

Die Aufregungen des Tages hatten sie doch stark mitgenommen,   10 und sie beschloß, ein wenig zu schlafen, fand jedoch keine Ruhe. Gleichviel ob sie die Augen öffnete oder schloß, unaufhörlich zogen die Ereignisse der Vergangenheit daran vorüber. Das Kleine[2] schlief. Sie hatte sich entgegen ihrer sonstigen Gewohnheit wenig darum bekümmert. Sie war überhaupt eine andere geworden. Nirgend eine   15 Spur des früheren Trotzes. Ja, dieser kranke Mann mit dem farblosen, schweißglänzenden Gesicht regierte sie im Schlaf.

Eine Wolke verdeckte die Mondkugel,[3] es wurde finster im Zimmer und Lene hörte nur noch das schwere, aber gleichmäßige Atemholen ihres Mannes. Sie überlegte, ob sie Licht machen sollte. Es wurde ihr   20 unheimlich im Dunkeln. Als sie aufstehen wollte, lag es ihr bleiern in allen Gliedern,[4] die Lider fielen ihr zu, sie entschlief.

Nach Verlauf von einigen Stunden, als die Männer mit der Kindesleiche zurückkehrten, fanden sie die Haustür weit offen.

---

[1] Tobiäschen *diminutive for* Tobias   [4] lag es ihr bleiern in allen Gliedern *her*
[2] das Kleine *Lene's child*   *arms and legs felt like lead*
[3] die Mondkugel = der Mond *full moon*

25   Verwundert über diesen Umstand stiegen sie die Treppe hinauf, in die
obere Wohnung, deren Tür ebenfalls weit geöffnet war.

Man rief mehrmals den Namen der Frau, ohne eine Antwort zu
erhalten. Endlich strich man ein Schwefelholz[5] an der Wand, und der
aufzuckende Lichtschein enthüllte eine grauenhafte Verwüstung.

30   „Mord, Mord!"

Lene lag in ihrem Blut, das Gesicht unkenntlich, mit zerschlagener
Hirnschale.

„Er hat seine Frau ermordet, er hat seine Frau ermordet!"

Kopflos lief man umher. Die Nachbarn kamen, einer stieß an die

35   Wiege. „Heiliger Himmel", und er fuhr zurück, bleich, mit ent-
setzensstarrem Blick. Da lag das Kind mit durchschnittenem Halse.

Der Wärter war verschwunden; die Nachforschungen, welche man
noch in derselben Nacht anstellte, blieben erfolglos. Den Morgen
darauf fand ihn der diensttuende Wärter zwischen den Bahngeleisen[6]

40   und an der Stelle sitzend, wo Tobiäschen überfahren worden war.

Er hielt das braune Pudelmützchen[7] im Arm und liebkoste es
ununterbrochen wie etwas, das Leben hat.

Der Wärter am Block,[8] davon in Kenntnis gesetzt, erbat telegraphisch Hilfe.

45   Nun versuchten mehrere Männer ihn durch gutes Zureden von den
Geleisen fortzulocken; jedoch vergebens.

Der Schnellzug, der um diese Zeit passierte, mußte anhalten, und
erst der Übermacht seines Personals gelang es, den Kranken, der
alsbald furchtbar zu toben begann, mit Gewalt von der Strecke zu

50   entfernen.

Man mußte ihm Hände und Füße binden und der inzwischen
requirierte Gendarm[9] überwachte seinen Transport nach dem Berliner Untersuchungsgefängnisse,[10] von wo aus er jedoch schon am
ersten Tage nach der Irrenabteilung der Charité[11] überführt wurde.

55   Noch bei der Einlieferung hielt er das braune Mützchen in Händen
und bewachte es mit eifersüchtiger Sorgfalt und Zärtlichkeit.

From *Bahnwärter Thiel* (1887) by Gerhart Hauptmann. By permission of
Verlag Ullstein GmbH, Frankfurt/Main-Berlin-Propyläen Verlag.

---

[5] das   Schwefelholz = das   Streichholz
match
[6] das Bahngeleise *railroad track*
[7] das Pudelmützchen *fluffy little cap*
[8] der Block *block, section of a railroad*

[9] der Gendarm *rural policeman*
[10] das Untersuchungsgefängnis *jail for persons under criminal investigation*
[11] die Charité *famous Berlin hospital*

Komposition

1. The first child of flagman Thiel was Tobias, a boy in his fourth year.
2. Tobias' mother had died in his second year, and in his third year his father had married Lene.
3. She was a cruel stepmother and Thiel could do nothing to protect his child against his stepmother.
4. On his birthday, the 16th of May, Tobias went with his father, stepmother and stepbrother to the forest where his father worked.
5. While Lene's child was sleeping in his baby carriage, Tobias wandered onto the railroad tracks.
6. Lene paid no attention to the fact that Tobias was playing on the tracks.
7. She thought only that her child was not in danger.
8. When she heard a train, she thought of her husband's son, but it was too late; the train killed him.
9. When they told the father that his son was dead he lost consciousness.
10. They carried him home, but the next morning they could not find him.
11. Instead of the husband, they found the wife and her child, both dead.

V. AUFSATZ

Sie gehen mit einer Freundin ins Theater. Während Sie an der Theaterkasse Schlange stehen, unterhalten Sie sich mit Ihrer Freundin. Schreiben Sie das Gespräch, das Sie mit der Freundin und anschließend mit dem Fräulein an der Theaterkasse führen, nieder! Sie sprechen zum Beispiel über:

(1) das Stück, das gespielt wird;
(2) den Autor und andere Stücke dieses Autors;
(3) die Darsteller, die Sie kennen;
(4) die vermutliche Länge des Stückes;
(5) ein anderes Stück, das Sie kürzlich gesehen haben;
(6) den Preis der Plätze, die Sie nehmen möchten.

VI. NEUER WORTSCHATZ

aufführen	to perform	die **Platzanweise-**	usher
die **Besetzung, -en**	cast (of a play)	**rin, -nen**	
besorgen	to get; to take care of	die **Reihe, -n**	row
		die **Sache, -n**	thing; matter, subject
die **Handlung, -en**	plot (*of a play*), action		
		der **Schauplatz, ⸚**	setting, locale
das **Irrenhaus, ⸚er**	insane asylum	das **Tonstück, -e**	musical composition
die **Kasse, -n**	pay office, box office		
		die **Unterhaltung,**	entertainment; conversation
das **Parkett, -e**	orchestra (*seating area in theater*)	**-en**	
		der **Verrückte,**	insane person
der **Physiker, -**	physicist	**-n, -n**	

Lektion 12

Relative Pronouns

I. GESPRÄCH: Angst vor Prüfungen   (*Tape 12*)

HERBERT: Dein Zimmer gefällt mir, Otto.

Otto: Trotz der Unordnung?

HERBERT: Unordnung gehört zu einem Studentenzimmer! Besonders wenn man wie du gerade vor dem Abitur steht.

OTTO: Ja, ich muß wirklich büffeln. Darum bin ich seit einigen Tagen auch so nervös und aufgeregt.

HERBERT: Aber du brauchst doch keine Angst zu haben. Du hast mir selbst einmal gesagt, daß du noch nie bei einer Prüfung durchgefallen bist.

OTTO: Das stimmt. In den Naturwissenschaften, im Französischen und im Englischen bekomme ich sogar immer gute Noten. Das sind Fächer, für die ich mich interessiere. Aber im Lateinischen und in der Geschichte — da brauche ich immer Glück, um durchzukommen.

HERBERT: Lateinisch habe ich nie gehabt. Aber ich habe gehört, es soll nicht sehr spannend sein.

OTTO: Geschichte ist auch so ein Fach. Ich verstehe nicht, wozu man
            so einen Haufen Namen und Daten lernen muß, die für uns
            heute doch bedeutungslos sind. Weißt du zum Beispiel, wer
            Philipp der Zweite war?

HERBERT: Der war König von Spanien, im 16. Jahrhundert.

OTTO: Wirklich? Und das weißt du so — wie ein Computer?

HERBERT: Na, ich habe etwas Kunstgeschichte studiert. Wer Architekt
            werden will, muß auch in der Kunstgeschichte etwas Bescheid
            wissen.

OTTO: Ja, das verstehe ich. Ich aber will nicht Architekt werden; ich
            will Chemie studieren.

HERBERT: Das ist ein schweres Studium.

OTTO: Darüber mache ich mir keine Sorgen. Was mir Angst macht,
            ist mein Abitur. Das Schlimmste ist, daß ich ausgerechnet
            jetzt mit Gerda Streit habe.

HERBERT: Gerda? Deine Freundin? Ich kenne sie nicht.

OTTO: Du siehst sie hier auf dem Foto über meinem Schreibtisch.

HERBERT: Seit wann hast du denn Streit mit ihr?

OTTO: Schon über eine Woche. Sie hat mich kein einziges Mal
            angerufen.

HERBERT: Vielleicht solltest du sie mal anrufen!

OTTO: Auf keinen Fall. Es ist Gerda, die sich entschuldigen muß.

HERBERT: Versuche es doch einmal! Es kann nicht schaden. Vielleicht
            kommt dir nachher alles leichter vor.

Fragen   (*Tape 12*)

Antworten Sie auf deutsch!

1. Warum ist Otto seit einigen Tagen nervös und aufgeregt?
2. In welchen Fächern bekommt Otto immer gute Noten?
3. In welchen Fächern braucht Otto Glück, um durchzukommen?
4. Weshalb hat Herbert Kunstgeschichte studiert?
5. Was will Otto auf der Universität studieren?
6. Was sagt Herbert über dieses Studium?
7. Mit wem hat Otto seit mehreren Tagen Streit?
8. Wo hängt ein Foto von Gerda?
9. Was für einen Rat gibt Herbert Otto?

Konversation

Fragen Sie Ihren Nachbar,

1. ob er lieber spät abends oder früh morgens studiert!
2. in welchem Fach er die besten Noten bekommt!
3. vor welchen Prüfungen er am meisten Angst hat!
4. ob er auch schon bei einer Prüfung durchgefallen ist!
5. ob er auch ein Foto auf oder über seinem Schreibtisch hat!
6. ob seine Freundin auch Studentin ist und wo sie studiert!

II. NÜTZLICHE AUSDRÜCKE

Angst haben vor (*plus dat.*)	to be afraid of something, worried about something
Ich habe Angst vor meinen Prüfungen.	I'm afraid of my exams.
Angst machen (*plus dat. of person*)	to worry somebody
Meine Prüfungen machen mir Angst.	I'm worried about my exams. My exams worry me.
auf dem Foto	in the picture
ausgerechnet	just (ironic)
Er wollte es ausgerechnet jetzt mit mir besprechen.	He wanted to discuss it with me just now (of all times).
Bescheid wissen	to be informed about something
In der Chemie weiß er Bescheid.	He knows his chemistry.
büffeln	to cram, grind (*student slang*)
kein einziges Mal	not once, not a single time
eine Prüfung ab-legen	to take a test, exam
eine Prüfung bestehen	to pass a test, exam
bei einer Prüfung durch-fallen	to fail an exam
bei einer Prüfung durch-kommen	to pass an exam
das Examen	(final) examination
die Sorge	care, worry
sich (*dat.*) **Sorgen machen um**	to worry about something
Ich mache mir Sorgen um meine Mutter.	I'm worried about my mother.
Streit haben mit (*plus dat. of person*)	to quarrel with somebody, have a disagreement with
Ich habe augenblicklich Streit mit meinen Eltern.	My parents and I are disagreeing at the moment.

Anwendung

Gebrauchen Sie vier der Nützlichen Ausdrücke in ganzen Sätzen!

III. GRAMMATIK UND ÜBUNGEN

65. Relative Pronouns

	SINGULAR			**PLURAL**
	Masc.	Fem.	Neut.	**ALL GENDERS**
NOM.	der	die	das	die
GEN.	dessen	deren	dessen	deren
DAT.	dem	der	dem	denen
ACC.	den	die	das	die

The relative pronoun in general conversational use has forms identical with the definite article in all cases except the genitive singular and plural and the dative plural.

See Appendix 1 for forms of **welcher,** which may also be used as relative pronouns in all cases except the genitive. Forms of **welcher** are not common in conversation.

66. Uses of Relative Pronouns

(a) Without Preposition

As Subject:

Es sind meine Prüfungen, **die** mir Sorgen machen.
It's my exams that are worrying me.

Showing Possession:

Ist das die Dame, **deren** Tochter so schön gesungen hat?
Is that the lady whose daughter sang so beautifully?

As Indirect Object:

Dort ist der Mann, **dem** ich die Zeitung gegeben habe.
There is the man to whom I gave the newspaper.

As Direct Object:

Dies ist ein Fach, **das** ich nie studiert habe.
That's a subject that I have never studied.

The relative pronoun introduces a dependent relative clause. The finite verb stands at the end of the clause, and the clause is set off by commas.

The gender and number of the relative pronoun are determined by its antecedent. Its case is determined by its function in the relative clause. (This usage is essentially the same in English, but in German the relative pronoun has distinct forms for each gender and case. It is, therefore, easy to see its relationship and function.)

Note that the relative pronoun may never be omitted in German:

Ist Frau Hartung die Dame, **die** ich gestern kennengelernt habe?
Is Frau Hartung the lady I met yesterday?
Da steht der Mann, **dem** ich es gegeben habe.
There's the man I gave it to.

(b) With Preposition

Der Tisch, **auf den** ich das Foto stellen wollte, stand in der Ecke.
The table on which I wanted to put the photo was in the corner.
Morgen muß ich eine Prüfung ablegen, **vor der** ich wirklich Angst habe.
Tomorrow I have to take an exam that I'm really worried about.

A relative pronoun used as object of a preposition always stands directly with the preposition. It may not be separated from it, as in English. Note that the relative pronoun must take the case form required by the preposition (dative or accusative).[1]

ÜBUNG A   *(Tape 12)*

Verbinden Sie den zweiten Satz als Relativsatz mit dem ersten Satz!

BEISPIEL: Hier ist ein Brief. Ich habe ihn eben erhalten.
Hier ist ein Brief, den ich eben erhalten habe.

1. Herr Köller ist unser Nachbar. Ihm gehört das Haus an der Ecke.
2. Er ist ein netter Mensch. Alle Leute haben ihn gern.
3. Er hat einen Sohn. Der Sohn studiert Mathematik.
4. Mathematik ist ein Fach. Ich liebe das Fach nicht.
5. Mein Onkel hat einen Hund. Er heißt Rex.
6. Hans ist ein Mensch. Man kann ihm nicht trauen.
7. Gertrud ist ein braves Kind. Es arbeitet immer fleißig.
8. Sie ist eine fleißige Schülerin. Ihre Zeugnisse sind immer gut.

---

[1] A **wo**-compound may be substituted for a preposition plus relative pronoun referring to a thing (**womit, wovon, wozu**). **Wor-** is used if the preposition begins with a vowel (**woran, worauf, worin**). **Wo**-compounds in relative clauses are generally not used in conversation. They are more common in formal writing:

Der Tisch, **worauf** ich das Foto stellen wollte, stand in der Ecke.
Morgen muß ich eine Prüfung ablegen, **wovor** ich wirklich Angst habe.

9. Es sind Kinder. Man kann sie nur loben.
10. Kennen Sie die Dame dort? Sie spricht eben mit meinem Vater.
11. Meine Tante ist eine neugierige Person. Man muß ihr immer alles erzählen.
12. Aber sie ist die beste Köchin. Ich kenne sie.

ÜBUNG B (Tape 12)

Verbinden Sie den zweiten Satz als Relativsatz mit dem ersten Satz!

BEISPIEL: Wo ist der Mann? Er ist mit ihm gekommen.
              Wo ist der Mann, mit dem er gekommen ist?

1. Hier ist das Buch. Ich dachte eben an das Buch.
2. Wie heißt der Roman? Sie haben mir von dem Roman erzählt.
3. Der Architekt hat sehr gute Pläne. Wir sind mit seinen Plänen zufrieden.
4. Er hat eine Weltanschauung. Man muß vor ihr Respekt haben.
5. Ist dies das Haus? Sie wohnen in dem Haus.
6. Herr Müller ist ein netter Mensch. Mit ihm kann man sich gut amüsieren.
7. Seine Mutter ist eine gebildete Frau. Man hört viel Gutes von ihr.
8. Er ist ein guter Freund. Alle gehen gerne zu ihm.
9. Er ist ein ausgezeichneter Arzt. Man redet viel über ihn.
10. Ich kenne die jungen Damen. Er interessiert sich für sie.

ÜBUNG C

*Wiederholen Sie die Sätze 1 bis 5 in Übung B, indem Sie statt des Relativpronomens eine Form mit **wo-** gebrauchen!*

67. Was as Relative Pronoun

(a) Das ist alles, **was** sie mir gesagt haben.
   That's all they said to me.
   Das ist das Schönste, **was** ich je gesehen habe.
   That's the most beautiful thing I have ever seen.
   Das erste, **was** wir tun müssen, ist fleißig studieren.
   The first thing we must do is to study diligently.

   Was is used as a relative pronoun after a general or indefinite antecedent, such as **alles, einiges, das einzige, etwas, nichts, manches, viel(es), allerhand, allerlei, wenig, genug;** after a neuter adjective-noun such as **das Beste, das Gute, das Schönste;** after an ordinal number, such as **das erste.**

(b) Er trinkt zuviel Kaffee, **was** ich nie tue.
   He drinks too much coffee, (something) which I never do.

Er ist gestern angekommen, **was** mich sehr gefreut hat.
He arrived yesterday, (a fact) which pleased me very much.

Was is used as a relative pronoun when a whole clause is the antecedent.

ÜBUNG D   (*Tape 12*)

Verbinden Sie die beiden Sätze in jeder Gruppe, indem Sie den zweiten Satz in einen Relativsatz mit **was** *umändern!*

BEISPIEL: Sie ist eine fleißige Studentin. Das freut mich sehr.
Sie ist eine fleißige Studentin, was mich sehr freut.

1. Er hat immer Angst vor Prüfungen. Das kann ich nicht verstehen.
2. Er hat verschiedenes gesagt. Es hat mir nicht gefallen.
3. Mein Vater hat von seiner Jugend gesprochen. Das tut er sehr selten.
4. Sie haben alles getan. Sie konnten es tun.
5. Otto hat seine Freundin nicht angerufen. Das war nicht nett von ihm.
6. Das war das Letzte. Er hat es gesagt.
7. Ich mußte zwei Stunden Schlange stehen. Es war nicht angenehm.
8. Sie ist zu spät gekommen. Das ist noch nie vorgekommen.

68. <u>Wer</u> and <u>Was</u> as Indefinite Relative Pronouns

Wer Chemie studiert, muß auch Mathematik studieren.
Whoever studies chemistry must also study mathematics.
Wer zuletzt lacht, lacht am besten.
He who laughs last laughs best.
Wir dürfen einladen, **wen** wir wollen.
We may invite whomever we want.

Was auf dem Tisch liegt, sollte genügen.
What is on the table should be enough.
Was Sie hier sagen, stimmt nicht.
What you are saying here isn't right.

Wer and **was** are used as relative pronouns whenever there is no antecedent. **Wer** occurs in the following forms: **wer** (nominative singular), **wem** (dative singular) and **wen** (accusative singular). **Was** occurs only as nominative and accusative singular. The English equivalents are usually *he who, whoever, what, that which.*

ÜBUNG E   (*Tape 12*)

Verbinden Sie die beiden Sätze in jeder Gruppe, indem Sie den ersten Satz in einen Relativsatz mit **wer** *oder* **was** *umändern!*

BEISPIEL: Er lacht zuletzt. Er lacht am besten.
Wer zuletzt lacht, lacht am besten.

Es scheint billig zu sein. Es kostet manchmal viel.
Was billig zu sein scheint, kostet manchmal viel.

1. Er will nicht hören. Er muß fühlen.
2. Es ist sehr teuer. Es ist nicht immer gut.
3. Er hat das gesagt. Er kennt die Angelegenheit nicht.
4. Er ist nicht blind. Er kann das einsehen.
5. Er hat Freunde. Er hat das größte Glück.
6. Es steht in der Zeitung. Es stimmt nicht immer.
7. Er ist eingeladen. Er sollte pünktlich ankommen.
8. Es fällt mir auf. Es ist die Unordung in seinem Zimmer.

IV. LEKTÜRE

MAX FRISCH: Stiller

The Swiss border authorities imprison a man entering the country and claim he is Anatol Stiller, a Swiss citizen who disappeared from Zurich six years earlier. He denies that he is Stiller, but Stiller's wife, Julika, comes from Paris and identifies him as her husband. They go to the locales of important incidents in her life with her husband, among them Davos, where her husband had deserted her just before disappearing. He persists, however, in his desperate effort to convince Julika and his jailers that he has a reality different from what other people say they see in him.

The following four excerpts express the difficulty, perhaps impossibility, of anyone's saying exactly what he is or who he is. (Frisch, born 1911).

Ich bin nicht ihr Stiller.[1] Was wollen sie von mir! Ich bin ein unglücklicher, nichtiger, unwesentlicher Mensch, der kein Leben hinter sich hat, überhaupt keines. Wozu mein Geflunker?[2] Nur damit sie mir meine Leere lassen, meine Nichtigkeit, meine Wirklichkeit, denn es gibt keine Flucht, und was sie mir anbieten, ist Flucht, nicht   5
Freiheit, Flucht in eine Rolle. Warum lassen sie nicht ab?

* * * * *

Man kann alles erzählen, nur nicht sein wirkliches Leben; — diese

---

[1] ihr Stiller = der Stiller der Beamten   [2] das Geflunker *fibbing, lies (colloquial)*

Unmöglichkeit ist es, was uns verurteilt zu bleiben, wie unsere Gefährten uns sehen und spiegeln, sie, die vorgeben, mich zu kennen,
10 sie, die sich als meine Freunde bezeichnen und nimmer gestatten, daß ich mich wandle, und jedes Wunder (was ich nicht erzählen kann, das Unaussprechliche, was ich nicht beweisen kann) zuschanden machen — nur um sagen zu können:

„Ich kenne dich."

* * * * *

15 „Ich liebe dich —", wiederholte ich und wollte einiges sagen, was nicht ihre oder meine Vergangenheit, sondern unsere Begegnung betraf, meine Empfindungen in dieser Stunde, meine Hoffnungen über diese Stunde hinaus; aber sie hörte mich nicht. Auch wenn sie schwieg, hörte sie mich nicht, sie stellte nur die Pose einer auf-
20 merksamen Zuhörerin. Ihr Geist war in Davos, man sah es, und während meiner Rede begann sie sogar zu weinen. Ich fand es nun ebenfalls traurig, daß zwei Menschen, obzwar sie einander gegenübersitzen, Aug in Auge,[3] einander nicht wahrzunehmen vermögen. „Julika?" rief ich sie bei ihrem Namen, und endlich drehte sie ihr
25 schönes Gesicht zu mir. Aber sie sah mich nicht, sondern Stiller! Ich ergriff ihre schlanke Hand, damit sie erwachen würde. Sie gab sich Mühe, mir zuzuhören. Sie lächelte, sooft ich ihr meine Liebe beteuerte, und sie hörte mich an, mag sein, doch ohne zu hören, was ich hätte sagen wollen. Sie hörte nur, was Stiller, hätte er jetzt auf
30 meinem Sesselchen gesessen, vermutlich gesagt haben würde. Es war schmerzlich für mich, dies zu spüren. Eigentlich könnte man nur verstummen! Ich blickte auf ihre nahe Hand, die ich unwillkürlich losgelassen hatte, und mußte an den ungeheuerlichen Traum mit den Wundmalen[4] denken. Julika bat mich weiterzu-
35 sprechen. Wozu? Auch ich fühlte mich plötzlich recht hoffnungslos. Jedes Gespräch zwischen dieser Frau und mir, so schien mir, ist fertig, bevor wir's anfangen, und jede Handlung, die mir jemals einfallen mag, ist schon im voraus gedeutet, meinem augenblicklichen Wesen entfremdet, indem sie in jedem Fall nur als eine
40 angemessene oder unangemessene, eine erwartete oder unerwartete Handlung des verschollenen Stiller erscheinen wird, nie als die meine. Nie als die meine!

* * * * *

[3] Aug in Auge *eye to eye, opposite one another*   [4] den ungeheuerlichen Traum mit den Wundmalen (*a recurring dream of this man*)

Das ist es: ich habe keine Sprache für die Wirklichkeit. Ich liege auf meiner Pritsche,[5] schlaflos von Stundenschlag zu Stundenschlag, versuche zu denken, was ich tun soll. Soll ich mich ergeben? Mit Lügen ist es ohne weiteres zu machen, ein einziges Wort, ein soge-   45
nanntes Geständnis, und ich bin ‚frei‘, das heißt in meinem Fall: dazu verdammt, eine Rolle zu spielen, die nichts mit mir zu tun hat. Anderseits: wie soll einer denn beweisen können, wer er in Wirk- lichkeit ist? Ich kann's nicht. Weiß ich es denn selbst, wer ich bin? Das ist die erschreckende Erfahrung dieser Untersuchungshaft: ich   50
habe keine Sprache für meine Wirklichkeit!

From *Stiller* (1954), by Max Frisch. Reprinted by permission of Suhr-kamp Verlag KG, copyright © 1954, Suhrkamp Verlag, Frankfurt/Main.

Komposition

1. Stiller was a man who had disappeared six years ago.
2. The man whom the border police have arrested and who is now in jail denies that he is Stiller.
3. The passport that he has bears the name White, but the people with whom he is traveling do not know Mr. White.
4. And nobody appears who knows the man whose passport he is carrying.
5. Stiller's wife, Julika, a woman whose memories of her husband are very clear, says the man she is talking to is her husband.
6. When he speaks with her, she does not see or hear him but the man who was her husband.
7. She still loves the Stiller she knew, which this man cannot understand.
8. The police want something from him that he cannot give them, a con-fession that he is the man they are looking for.
9. The saddest thing is that he can no longer use words to express his own reality.
10. Can one prove his identity, prove who one is, describe everything that one is? Can you?

V. AUFSATZ

Schreiben Sie einen Aufsatz über das Thema, warum viele Studenten vor ihren Prüfungen nervös und reizbar sind! Liegt es vielleicht daran,

[5] die Pritsche *plank bed*

(1) daß sie von Natur aus ängstlich sind?
(2) daß sie während des Semesters zu wenig gearbeitet haben?
(3) daß sie es schwer finden, sich zu konzentrieren?
(4) daß sie kein Interesse an abstrakten Theorien haben?
(5) daß sie nicht gerne Namen und Daten auswendig lernen?
(6) daß sie bei gewissen Fragen andere Ansichten als ihre Professoren haben?
   usw.

VI. NEUER WORTSCHATZ

an-rufen, rief an, angerufen	to telephone, call up	der **Haufen, -**	heap
aufgeregt	excited	das **Jahrhundert, -e**	century
das **Datum, Daten**	date	die **Kunstgeschichte**	history of art
sich **entschuldigen**	to apologize	**lateinisch**	Latin
das **Fach, ̈er**	subject	die **Naturwissenschaft, -en**	natural science
französisch	French		
die **Geschichte**	history	die **Note, -n**	grade, mark
das **Glück**	luck, good luck	die **Unordnung, -en**	disorder

LEKTION 13

FUTURE AND
FUTURE PERFECT;
ALS, WENN, WANN

I. GESPRÄCH: Im Büro (*Tape 13*)

HERR LENZ: Guten Morgen, Fräulein Wieland.

SEKRETÄRIN: Guten Morgen, Herr Lenz. Wie war das Wochenende?

HERR LENZ: Sehr schön, danke. Nun, es ist Montag, es geht wieder los. Ich glaube, wir haben viel Arbeit heute.

SEKRETÄRIN: Die Post ist bereits eingetroffen. Ich bin eben dabei, sie durchzusehen. Hier ist auch ein Telegramm.

HERR LENZ: Aha. Das wird gewiß von den Anilinwerken in München sein.

SEKRETÄRIN: Ich glaube nicht. Direktor Kellermann von den Anilinwerken hat vor ein paar Minuten selbst angerufen. Er scheint eine wichtige Mitteilung für Sie zu haben.

HERR LENZ: Ja, das ist sehr dringend. Ich will sofort mit ihm sprechen. Bitte verbinden Sie mich mit ihm!

SEKRETÄRIN: (*nimmt den Hörer ab und dreht die Wählscheibe.*) Hier ist die Firma Lenz und Kompanie in Frankfurt. Ist Herr

	Direktor Kellermann zu sprechen? — Einen Augenblick! Herr Lenz ist gleich am Apparat.
HERR LENZ:	Guten Morgen, Herr Kellermann. Wie geht's? — Ja, hier ist's auch angenehm kühl. — Sie sagen, die Verträge für die Lieferung der Rohstoffe sind bereit? — Das freut mich. Über den Zahlungstermin werden wir uns gewiß einigen können. — Natürlich. So bald wie möglich. Ich komme morgen selbst nach München. — Abholen? Nein, das ist nicht nötig. Ich komme mit dem Wagen. — Danke, meiner Frau geht's sehr gut. Bitte grüßen Sie auch Ihre Gattin von mir. Auf Wiedersehen, morgen.
SEKRETÄRIN:	Aber Herr Lenz! Sie haben doch morgen früh eine Besprechung mit Ingenieur Schmidt!
HERR LENZ:	Das hatte ich ganz vergessen. Na, die Sache mit den Anilinwerken ist wichtiger. Rufen Sie Schmidt an und sagen Sie, daß ich die Besprechung leider auf Donnerstag verschieben muß.
SEKRETÄRIN:	Ich rufe sofort an. — (*Nach einer Weile.*) Herr Schmidt läßt sagen, daß er Donnerstag Vormittag hier sein wird.
HERR LENZ:	Gut. — Jetzt will ich Ihnen einige Briefe diktieren. Fangen wir mit dem Telegramm an!
SEKRETÄRIN:	Herr Lenz, ich möchte zuerst noch etwas sagen. Es handelt sich um etwas sehr Wichtiges für mich.
HERR LENZ:	Wollen Sie eine Gehaltserhöhung?
SEKRETÄRIN:	Nein, aber ich werde mich nächsten Monat verloben.
HERR LENZ:	Das ist allerdings eine Überraschung. Ich wünsche Ihnen viel Glück. Schade für mich. Ich werde mich nach einer neuen Sekretärin umsehen müssen.
SEKRETÄRIN:	Vorderhand brauchen Sie sich keine Sorgen zu machen. Ich werde Sie nicht im Stich lassen. Heiraten werde ich erst in einem Jahr.
HERR LENZ:	Da bin ich aber froh. Schreiben Sie auf meine Agende, daß ich Ihnen nächsten Monat ein Verlobungsgeschenk kaufen muß!

Fragen (*Tape 13*)

Antworten Sie auf deutsch!

1. Was macht Fräulein Wieland eben mit der Post?
2. Wer hat vor ein paar Minuten angerufen?

3. Warum will Herr Lenz sofort mit Direktor Kellermann sprechen?
4. Was besprechen Herr Lenz und Direktor Kellermann am Telefon?
5. Wie wird Herr Lenz nach München fahren?
6. Was hat Herr Lenz vergessen?
7. Auf wann muß er seine Besprechung mit Ingenieur Schmidt verschieben?
8. Was für eine überraschende Nachricht hat Fräulein Wieland für ihren Chef?
9. Wann wird Fräulein Wieland heiraten?
10. Was wird Herr Lenz nächsten Monat für seine Sekretärin kaufen?

Konversation

Fragen Sie Ihren Nachbar,

1. an welchen Wochentagen er am meisten Post bekommt!
2. ob er oft Telegramme erhält!
3. wo er das nächste Wochenende verbringen wird!
4. in welchem Monat er seinen Geburtstag feiern wird!
5. ob er schon weiß, wann er heiraten wird!
6. ob er weiß, was Anilin ist!

II. NÜTZLICHE AUSDRÜCKE

ab-holen	to fetch, pick up
Darf ich Sie am Bahnhof abholen?	Can I pick you up at the station?
am Apparat sein	to be on the phone
dabei sein, etwas zu tun	to be in the act of doing something
Ich bin dabei, meine Briefe zu lesen.	I'm just reading my letters.
sich handeln um	to be a matter of, concern
Es handelt sich um Ihre Gesundheit.	It's a matter of your health.
sagen lassen	to give an oral message
Er läßt sagen, daß er Montag nicht frei ist.	He told me to tell you that he won't be free on Monday.
los-gehen	to set out, begin, go off
Jetzt geht's los.	Things are starting now. Let's start.
im Stich lassen	to leave in the lurch
Er hat mich im Stich gelassen.	He left me in the lurch.
sich (*acc.*) um-sehen nach	to look around for

die Wählscheibe	the dial (*telephone*)
die Wählscheibe drehen	to dial a number
zu sprechen sein	to be available (to talk to)
Der Arzt ist leider nicht zu sprechen.	I'm sorry the doctor is not available.

Anwendung

Gebrauchen Sie fünf der Nützlichen Ausdrücke in ganzen Sätzen!

III. GRAMMATIK UND ÜBUNGEN

69. Future Tense

(a) Forms

ich **werde singen**	*I shall (will) sing*
du **wirst singen**	*you will sing*
er **wird singen**	*he will sing*
wir **werden singen**	*we shall (will) sing*
ihr **werdet singen**	*you will sing*
sie **werden singen**	*they will sing*

The future tense consists of the present tense of the auxiliary verb **werden** plus the infinitive of the main verb.

(b) Uses of the Future

1. Future Time

Sie **werden** morgen **kommen.**
They will (are going to) come tomorrow.
Wir **werden** nächste Woche nach München **fahren.**
We shall (will) drive to Munich next week.
Er sagt, daß er Freitag **anrufen wird.**
He says he will call Friday.

In general, the future tense is used in German as in English, that is, to express an idea in future time.

Note: As in English, the present tense in German is frequently preferred for expressing future action, especially when the context clearly indicates future time:

Sie **kommen** morgen.
They're coming tomorrow.
Wir **fahren** nächste Woche nach München.
We're driving to Munich next week.

2. Probability

Sie werden das (wohl) **wissen.**
You probably know that. You must know that.
Das wird (schon) richtig **sein.**
That's probably right. That must be right.

The future tense is used to express present probability. Either **wohl** or **schon** is usually added to reinforce the idea of probability.

ÜBUNG A   *(Tape 13)*

Setzen Sie die Verben in den folgenden Sätzen ins Futur!

1. Fräulein Wieland ist im Büro.
2. Ich schicke Ihnen ein Telegramm.
3. Sie kommen selbst nach München?
4. Fährt er mit dem Wagen oder mit dem Zug?
5. Ich muß die Besprechung verschieben.
6. Er kommt voraussichtlich Montag an.
7. Er kann erst nächstes Jahr heiraten.
8. Wir müssen die Übung wiederholen.

ÜBUNG B   *(Tape 13)*

Beginnen Sie die folgenden Sätze mit **Ich weiß nicht, ob** *und setzen Sie sie ins Futur!*

1. Das Telegramm kommt rechtzeitig an.
2. Er ruft mich an.
3. Sie bleibt noch lange.
4. Das Wetter ist heiß.
5. Er holt sie am Bahnhof ab.
6. Herr Direktor Kellermann hat viel zu tun.
7. Er diktiert den ganzen Morgen Briefe.
8. Meine Sekretärin verlobt sich.

ÜBUNG C   *(Tape 13)*

Ersetzen Sie das Futur durch das Präsens!

BEISPIEL: Sie wird morgen kommen.
             Sie kommt morgen.

1. Ich werde Sie um drei Uhr am Bahnhof abholen.
2. Die Post wird um neun Uhr eintreffen.

3. Ich werde ihn sofort anrufen.
4. Die Verträge werden bereit sein.
5. Seine Sekretärin wird eine Gehaltserhöhung verlangen.
6. Sie wird Sie nicht im Stich lassen.
7. Ich werde morgen eine Besprechung mit meinem Chef haben.
8. Er wird nächste Woche eine Prüfung ablegen müssen.

ÜBUNG D   (Tape 13)

Ändern Sie die folgenden Sätze, indem Sie **wohl** *gebrauchen und eine Möglichkeit oder Wahrscheinlichkeit ausdrücken!*

BEISPIEL: Das weiß er.
                      Das wird er wohl wissen.

1. Meine Sekretärin ist im Büro.
2. Du verstehst das.
3. Die Post ist eingetroffen.
4. Er hat eine wichtige Mitteilung für Sie.
5. Seine Prüfungen machen ihm Angst.
6. Er hat recht.
7. Sie kennt ihn.
8. Er kann schwimmen.

70. Future Perfect

(a) Forms

ich **werde getan haben**	*I shall (will) have done*
du **wirst getan haben**	*you will have done*
er **wird getan haben**	*he will have done*
wir **werden getan haben**	*we shall (will) have done*
ihr **werdet getan haben**	*you will have done*
sie **werden getan haben**	*they will have done*

The future perfect consists of the present tense of the auxiliary verb **werden** plus the perfect infinitive of the main verb. The perfect infinitive stands at the end of a main clause.

(b) Uses of the Future Perfect

1. Sie **werden** die Nachricht **bekommen haben,** bevor er anruft.
   They will have got the news before he telephones.

In general, the future perfect tense is used in German, as in English, to express an action that will be completed before another action in future time. This use of the future perfect is as rare in

German as in English, however. The above sentence would normally be expressed as follows

Sie werden die Nachricht **bekommen,** bevor er anruft.
They will get the news before he telephones.

2. Past Probability

Er **wird** sie (wohl) **gesehen haben.**
He probably saw her. He must have seen her.
Die Straßenbahn **wird** schon **abgefahren sein.**
I guess the streetcar has already left.

The most common use of the future perfect is to express past probability. Either **wohl** or **schon** is often added to reinforce the idea of probability.

ÜBUNG E   *(Tape 13)*

Ändern Sie jeden zweiten Satz, indem Sie **wohl** *gebrauchen und eine Möglichkeit oder Wahrscheinlichkeit ausdrücken!*

BEISPIEL: Er weiß es schon. Er hat es im Rundfunk gehört.
            Er wird es wohl im Rundfunk gehört haben.

1. Gerda ist nicht gekommen. Sie hat die Verabredung vergessen.
2. Die Kellnerin dankte überaus freundlich. Ich habe ihr zuviel Trinkgeld gegeben.
3. Es steht in der Zeitung. Sie haben es gelesen.
4. Deine Rechnung stimmt nicht? Du hast einen Fehler gemacht.
5. Unser Chef ist sehr unfreundlich heute. Er hat mit seiner Frau Streit gehabt.
6. Sie haben keine Hotelzimmer gefunden? Sie haben sich zu wenig umgesehen.
7. Er hat es falsch gemacht. Man hat es ihm nicht richtig erklärt.
8. Sie ist nicht schwimmen gegangen. Das Wasser ist zu kalt gewesen.

71. Als, wenn, wann

Als, wenn, and **wann** all mean *when*, but they are used in different ways.

(a) **Als**

Ich habe sie sofort erkannt, **als** ich sie sah.
I recognized her at once when I saw her.
Die Straßenbahn war eben abgefahren, **als** wir zur Haltestelle kamen.
The streetcar had just left when we arrived at the stop.

Als refers to a single past action.

(b) **Wenn**

Rufen Sie mich an, **wenn** Sie in München sind!
Call me up when (whenever) you're in Munich.
Er war nie zu Hause, **wenn** ich ihn besuchen wollte.
He was never at home when I wanted to visit him.

Wenn refers to repeated action in any tense or to a future action, often with the meaning of *whenever*.[1]

(c) **Wann**

Wann ist er abgefahren?
When did he leave?
Wissen Sie, **wann** er abfahren will?
Do you know when he wants to leave?

Wann is used with any tense to introduce a direct or indirect question.

ÜBUNG F

Ergänzen Sie mit **als,** *wenn oder* **wann!**

1. Wir trafen ihn, _____ wir auf die Straßenbahn warteten.
2. Wir treffen meistens einige Bekannte, _____ wir nach Hause fahren.
3. Er las gerade die Zeitung, _____ wir ihn begrüßten.
4. Er trägt immer seinen besten Anzug, _____ er ins Theater geht.
5. Ich möchte wissen, seit _____ er diesen Anzug hat.
6. Er verreist übermorgen, aber nur _____ das Wetter schön bleibt.
7. Er wird uns eine Postkarte schicken, _____ er in Berlin ist.
8. Hat er Ihnen gesagt, _____ er zurückkommt?
9. Das hat er noch nicht gewußt, _____ ich ihn fragte.
10. Er wird es uns bestimmt mitteilen, _____ er uns schreibt.

IV. LEKTÜRE

THOMAS MANN: Der Zauberberg

In Thomas Mann's (1875–1955) Nobel Prize winning novel Der Zauberberg, *Hans Castorp has turned his back on the vigorous reality of life "on the plains" for the artificial, escapist life of a tuberculosis sanatorium high in the mountains.*

---

[1] **Wenn** may also mean *if:*

Wenn er Geld hat, kann er es bezahlen.
If he has money, he can pay for it.

Settembrini, an ironic fellow patient, who alternately repulses and attracts Castorp, has lengthy discussions with him affirming the values which Castorp has temporarily rejected. Ultimately Settembrini's positive philosophy wins. This excerpt occurs just after the noon meal at the sanatorium.

Auf jeden Fall stand der Oktober vor der Tür, jeden Tag konnte er eintreten. Es war ein leichtes[1] für Hans Castorp, sich das auszurechnen, und außerdem wurde er durch Gespräche seiner Mitpatienten darauf hingewiesen, denen er zuhörte. „Wissen Sie, daß in fünf Tagen wieder einmal der Erste[2] ist?" hörte er Hermine Kleefeld zu zwei jungen Herren ihrer Gesellschaft sagen, dem Studenten Rasmussen und jenem Wulstlippigen,[3] dessen Name Gänser war. Man stand nach der Hauptmahlzeit im Speisedunst[4] zwischen den Tischen herum und zögerte plaudernd, in die Liegekur[5] zu gehen. „Der erste Oktober, ich habe es in der Verwaltung auf dem Kalender gesehen. Das ist der zweite seiner Art, den ich an diesem Lustort[6] verlebe. Schön, der Sommer ist hin, soweit er vorhanden war, man ist um ihn betrogen, wie man um das Leben betrogen ist, im ganzen und überhaupt." Und sie seufzte aus ihrer halben Lunge, indem sie kopfschüttelnd ihre von Dummheit umschleierten Augen zur Decke richtete. „Lustig, Rasmussen!" sagte sie hierauf und schlug ihrem Kameraden auf die abfallende Schulter. „Machen Sie Witze!" „Ich weiß nur wenige", erwiderte Rasmussen und ließ die Hände wie Flossen[7] in Brusthöhe hängen; „die aber wollen mir nicht vonstatten gehn,[8] ich bin immer so müde." „Es möchte kein Hund," sagte Gänser hinter den Zähnen, „so oder ähnlich noch viel länger leben."[9] Und sie lachten achselzuckend.

Aber auch Settembrini, seinen Zahnstocher zwischen den Lippen, hatte in der Nähe gestanden, und im Hinausgehen sagte er zu Hans Castorp:

„Glauben Sie ihnen nicht, Ingenieur, glauben Sie ihnen niemals, wenn sie schimpfen! Das tun sie alle ohne Ausnahme, obgleich sie sich nur zu sehr zu Hause fühlen. Führen ein Lotterleben[10] und

---

[1] ein leichtes = leicht
[2] der Erste = der erste Oktober
[3] jenem Wulstlippigen *that puffy-lipped man*
[4] der Speisedunst *the vapor of food*
[5] die Liegekur *rest therapy (As part of tuberculosis therapy patients had to rest morning and afternoon.)*
[6] an diesem Lustort *at this place of pleasure (ironic)*
[7] die Flosse *fin*
[8] vonstatten gehen *to proceed, go (well)*
[9] Es möchte kein Hund . . . leben. *I wouldn't wish for a dog to live . . .*
[10] ein Lotterleben *a dissolute life*

30 erheben auch noch Anspruch auf Mitleid, dünken sich zur Bitterkeit
berechtigt, zur Ironie, zum Zynismus! ,An diesem Lustort!' Ist es
vielleicht kein Lustort? Ich will meinen, daß es einer ist, und zwar in
des Wortes zweifelhaftester Bedeutung! ,Betrogen', sagt dies Frauenzimmer;[11] ,an diesem Lustort um das Leben betrogen.' Aber entlassen
Sie sie in die Ebene, und ihr Lebenswandel dort unten wird keinen
35 Zweifel darüber lassen, daß sie es darauf anlegt, baldmöglichst wieder
heraufzukommen. Ach ja, die Ironie! Hüten Sie sich vor der hier
gedeihenden Ironie, Ingenieur! Hüten Sie sich überhaupt vor dieser
geistigen Haltung! Wo sie nicht ein gerades und klassisches Mittel
der Redekunst[12] ist, dem gesunden Sinn keinen Augenblick mißver-
40 ständlich, da wird sie zur Liederlichkeit, zum Hindernis der Zivilisation, zur unsaubern Liebelei mit dem Stillstand, dem Ungeist, dem
Laster. Da die Atmosphäre, in der wir leben, dem Gedeihen dieses
Sumpfgewächses offenbar sehr günstig ist, darf ich hoffen oder muß
fürchten, daß Sie mich verstehen."

45 Wirklich waren des Italieners Worte von der Art derer, die noch
vor sieben Wochen im Tieflande für Hans Castorp nur Schall gewesen
wären, für deren Bedeutung aber der Aufenthalt hier oben seinen
Geist empfänglich gemacht hatte: empfänglich im Sinne intellek-
tuellen Verständnisses, nicht ohne weiteres auch in dem der Sympa-
50 thie,[13] was vielleicht noch mehr besagen will. Denn obgleich er im
Grunde seiner Seele froh war, daß Settembrini auch jetzt noch, trotz
allem, was geschehen,[14] fortfuhr, zu ihm zu sprechen, wie er es tat, ihn
weiter belehrte, warnte und Einfluß auf ihn zu nehmen suchte, ging
seine Auffassungsfähigkeit sogar so weit, daß er seine Worte beur-
55 teilte und ihnen seine Zustimmung, wenigstens bis zu einem gewissen Grade, vorenthielt.[15]

From *Der Zauberberg* (1924), by Thomas Mann. Copyright 1924 by
S. Fischer Verlag, 1952 by Thomas Mann. By permission of S. Fischer
Verlag, Frankfurt/Main.

Komposition

1. On the day after Castorp's arrival the doctor looked at him and said,
   "You probably have a fever.

---

[11] das Frauenzimmer *lady, woman* (*ironic or derogatory*)

[12] ein Mittel der Redekunst *figure of speech*

[13] die Sympathie *congeniality*

[14] was geschehen (war) (*The auxiliary for perfect tenses is sometimes omitted in dependent clauses where the meaning is clear without it.*)

[15] vorenthalten *to withhold*

2. You will have to stay in bed for a day or two."
3. Castorp replied, "I'm certainly not ill. I'm probably just tired from the trip.
4. And I'm not going to become ill. I'm just going to visit my cousin here for a week.
5. Then I'll return to Hamburg, to the plains, where I'll work and where my life is."
6. But when he was lying in bed, he thought, "The life that one leads here as a sick man is much easier than life on the plains.
7. I think I'll stay here a while."
8. Settembrini tells him, "Here you will never get well, because you do not want to get well.
9. After you have been here a long time, you will find that I am right."
10. At the end of the story Castorp realizes that he will be happier if he returns to the plains, even if life there has more problems.

V. AUFSATZ

Fräulein Wieland arbeitet seit einigen Jahren im Büro von Herrn Lenz. Heute hat sie eine Unterredung mit ihrem Chef: sie wünscht eine Gehaltserhöhung. Schreiben Sie das Gespräch zwischen der Sekretärin und Herrn Lenz nieder! Betonen Sie besonders die Gründe, warum die Sekretärin ein höheres Gehalt verlangt, z.B.

(1) seit wie vielen Jahren sie schon hier arbeitet;
(2) wann sie das letzte Mal eine Gehaltserhöhung bekommen hat;
(3) daß es im Büro heute viel mehr Arbeit als früher gibt;
(4) daß die Kosten für Lebensmittel, Wohnungen usw. von Jahr zu Jahr höher werden;
(5) daß sie nächstes Jahr heiraten möchte;
(6) daß sie für ihre Zukunft etwas Geld sparen möchte! usw.

VI. NEUER WORTSCHATZ

der	**Augenblick, -e**	moment	der **Rohstoff, -e**	raw material
die	**Besprechung, -en**	conference	die **Überraschung,**	surprise
	dringend	urgent	**-en**	
sich	**einigen**	to agree	**verbinden,**	to join, connect
	ein-treffen	to arrive	**verband,**	
	(trifft ein),		**verbunden**	
	traf ein, ist eingetroffen		sich **verloben**	to become engaged
die	**Gattin, -nen**	wife	der **Vertrag, ⸚e**	contract
die	**Gehaltserhö-**		**verschieben,**	to postpone
	hung, -en	raise in wages	**verschob,**	
	heiraten	to get married	**verschoben**	
die	**Lieferung, -en**	delivery, shipment	**vorderhand**	for the time being
die	**Mitteilung,**	message, commu-	der **Zahlungs-**	date of payment
	-en	nication	**termin, -e**	

Lektion 14

Subjunctive;

Contrary-to-fact Clauses

I. GESPRÄCH: Ankunft im Hotel (*Tape 14*)

HERR LENZ:	So, nun sind wir in München. Dort sehen Sie die Zwiebeltürme der Frauenkirche. Das ist das Stadtzentrum.
HERBERT:	Es ist zwei Uhr. Die Fahrt hat fünfeinhalb Stunden gedauert.
HERR LENZ:	Wenn wir nicht zweimal angehalten hätten, wären wir schon um eins angekommen.
HERBERT:	Wo ist das Hotel?
HERR LENZ:	Ganz nahe am Bahnhofplatz. Wir wären bestimmt schon dort, wenn wir nicht all diese Umleitungen hätten.
HERBERT:	Es wird bestimmt schwer sein, einen Parkplatz zu finden.
HERR LENZ:	Ich kenne in der Nähe eine Garage, wo ich den Wagen einstellen kann.

(*Im Hotel.*)

EMPFANGSCHEF:	Guten Tag. Womit kann ich dienen?

172

HERR LENZ:	Mein Name ist Lenz. Ich habe mir zwei Zimmer reservieren lassen. Hier ist die Bescheinigung.
EMPFANGSCHEF:	Stimmt. Ihre Zimmer sind im dritten Stock, gleich nebeneinander.
HERR LENZ:	Sind es ruhige Zimmer? Vorne auf dem Bahnhofplatz ist immer viel Lärm.
EMPFANGSCHEF:	Die Zimmer sind ruhig. Der Preis ist 32 Mark pro Tag, Frühstück und Bedienung inbegriffen.
HERBERT:	Ich hätte gerne ein Bad gehabt.
EMPFANGSCHEF:	Alle Zimmer im Hotel haben Bad. — Dürfte ich Sie bitten, dieses Formular auszufüllen?
HERR LENZ:	Gern. — Wo sind die Schlüssel?
EMPFANGSCHEF:	Hier, bitte. Ich lasse Ihr Gepäck gleich auf Ihre Zimmer bringen. Der Fahrstuhl ist nebenan.
HERR LENZ:	Wann wird das Abendessen serviert? Ich möchte ein paar Freunde einladen.
EMPFANGSCHEF:	Zwischen sechs und neun Uhr. Darf ich Plätze reservieren lassen?
HERR LENZ:	Nein, warten Sie! Ich muß erst einen Anruf machen. Wo ist der Fernsprecher?
EMPFANGSCHEF:	Links, um die Ecke. Sie können aber auch von Ihrem Zimmer aus telefonieren. Lokalgespräche sind kostenlos.
HERR LENZ:	Und Sie, Herbert, Sie gehen wohl aus?
HERBERT:	Ja, ich treffe einen alten Freund, der in Schwabing wohnt.
HERR LENZ:	Na, amüsieren Sie sich gut! In Schwabing ist immer viel Betrieb. Wenn ich nicht geschäftlich hier wäre, würde ich sogar mit Ihnen gehen.
EMPFANGSCHEF:	Es ist alles in Ordnung. Der Gepäckträger wartet auf Sie.

Fragen   *(Tape 14)*

Antworten Sie auf deutsch!

1. Was für Türme hat die Frauenkirche in München?
2. Um wieviel Uhr wäre Herr Lenz angekommen, wenn er nicht zweimal angehalten hätte?
3. Wo liegt das Hotel, zu dem Herr Lenz fährt?
4. Wo wird Herr Lenz seinen Wagen einstellen können?

5. Was hat Herr Lenz vor der Abreise getan, um mit Sicherheit Zimmer zu bekommen?
6. In welchem Stock sind die reservierten Zimmer?
7. Wann wird im Hotel das Abendessen serviert?
8. Was muß Herr Lenz tun, bevor er Plätze zum Abendessen reservieren läßt?
9. Wohin will Herbert diesen Abend gehen?
10. Unter welchen Umständen würde Herr Lenz gerne mit Herbert gehen?

Konversation

Fragen Sie Ihren Nachbar,

1. ob er schon in München gewesen ist!
2. ob er auch schon von Schwabing gehört hat!
3. was man beim Empfangschef in einem Hotel ausfüllen muß!
4. was im Zimmerpreis in deutschen Hotels inbegriffen ist!
5. warum Umleitungen nicht angenehm sind!
6. ob er bei sich zu Hause einen Fernsprecher im Zimmer hat!

II. NÜTZLICHE AUSDRÜCKE

der Betrieb
  In München findet man immer viel Betrieb.

activity
  In Munich you always find a lot going on.

Dürfte ich Sie bitten, (etwas zu tun)?

Would you please (do something)?

einen Wagen ein-stellen

to put away (park) a car

ein Formular aus-füllen

to fill out a form

nahe an (*plus dat. or acc.*)
  Wir sind hier ganz nahe an der Frauenkirche.
  Er trat ganz nahe an den Schutzmann.

near, close to
  We're very near the Church of Our Lady here.
  He walked up quite close to the policeman.

pro Tag, pro Woche, *etc.*
  Der Preis ist 32 Mark pro Tag.

per day, per week, *etc.*
  The price is 32 Marks a day.

der Stock

  Die Zimmer sind im dritten Stock.

floor, story (*counting the floor above the ground floor as the first*)
  The rooms are on the fourth floor.

um die Ecke
  Der Hoteleingang ist um die Ecke.

around the corner
  The hotel entrance is around the corner.

warten auf (*plus acc.*)   to wait for
   Ich warte auf meinen Vater.   I'm waiting for my father.

Anwendung

Gebrauchen Sie vier der Nützlichen Ausdrücke in ganzen Sätzen!

III. GRAMMATIK UND ÜBUNGEN

The Subjunctive

The terms *indicative* and *subjunctive* describe two basic aspects of verbs in German. In previous lessons we have reviewed indicative forms, which express facts and certainty. The *subjunctive* expresses uncertainty, doubt, supposition, conjecture, wishful thinking, politeness, and conditions contrary to fact or reality.

72. Forms of the Subjunctive

The two tenses of the subjunctive most commonly used are the present and the past. Each has two forms, called Subjunctive I and Subjunctive II. Subjunctive endings are the same for all tenses of all verbs, except **sein** (*to be*).

(a) Subjunctive I

    1. Present Subjunctive I

kaufen *to buy*	**fahren** *to drive, go*
ich kaufe[1]	fahre
du kaufest	fahrest
er kaufe	fahre
wir kaufen	fahren
ihr kaufet	fahret
sie kaufen	fahren

haben *to have*	**sein** *to be*	**werden** *to become*
ich habe	sei[1]	werde
du habest	sei(e)st	werdest
er habe	sei	werde
wir haben	seien	werden
ihr habet	seiet	werdet
sie haben	seien	werden

---

[1] The meanings of subjunctive forms vary widely with the context. Study these meanings carefully in the examples given in this and the following lessons.

The present subjunctive I consists of the infinitive stem plus the subjunctive endings.

2. Past Subjunctive I

kaufen *to buy*	**fahren** *to drive, go*
ich **habe gekauft**	**sei gefahren**
du **habest gekauft**	**sei(e)st gefahren**
er **habe gekauft**	**sei gefahren**
wir **haben gekauft**	**seien gefahren**
ihr **habet gekauft**	**seiet gefahren**
sie **haben gekauft**	**seien gefahren**

The past subjunctive I of all verbs consists of the present subjunctive I of **haben** or **sein** plus the past participle of the main verb.

(b) Subjunctive II

1. Present Subjunctive II

kaufen *to buy*	**fahren** *to drive, go*
ich kaufte[2]	führe
du kauftest	führest
er kaufte	führe
wir kauften	führen
ihr kauftet	führet
sie kauften	führen

haben *to have*	**sein** *to be*	**werden** *to become*
ich **hätte**	**wäre**	**würde**
du **hättest**	**wär(e)st**	**würdest**
er **hätte**	**wäre**	**würde**
wir **hätten**	**wären**	**würden**
ihr **hättet**	**wär(e)t**	**würdet**
sie **hätten**	**wären**	**würden**

The present subjunctive II consists of the simple past stem plus subjunctive endings. In irregular verbs, the stem vowel is umlauted wherever possible.

Note: Some mixed verbs and modals umlaut the past-stem vowel in the present subjunctive II:

---

[1] **Sein** is the only verb with irregular forms in the present subjunctive I.
[2] Note that present subjunctive II forms of regular verbs are identical with past-indicative forms.

INFINITIVE		PAST INDICATIVE	PRESENT SUBJUNCTIVE II
bringen	*to bring*	brachte	**brächte**
denken	*to think*	dachte	**dächte**
dürfen	*to be allowed*	durfte	**dürfte**
können	*to be able*	konnte	**könnte**
mögen	*to like*	mochte	**möchte**
müssen	*to have to*	mußte	**müßte**
wissen	*to know*	wußte	**wüßte**

Four mixed verbs with stem vowel **a** in the past indicative have **e** in the present subjunctive II:

INFINITIVE		PAST INDICATIVE	PRESENT SUBJUNCTIVE II
kennen	*to know*	kannte	**kennte**
nennen	*to name*	nannte	**nennte**
rennen	*to run*	rannte	**rennte**
brennen	*to burn*	brannte	**brennte**

2. Past Subjunctive II

kaufen *to buy*	**fahren** *to drive, go*
ich **hätte gekauft**	**wäre gefahren**
du **hättest gekauft**	**wär(e)st gefahren**
er **hätte gekauft**	**wäre gefahren**
wir **hätten gekauft**	**wären gefahren**
ihr **hättet gekauft**	**wär(e)t gefahren**
sie **hätten gekauft**	**wären gefahren**

The past subjunctive II of all verbs consists of the present subjunctive II of **haben** or **sein** plus the past participle of the main verb.

73. Contrary-to-Fact Conditions

There are two major uses of the subjunctive in German: in *contrary-to-fact conditions* and in *indirect discourse*. In contrary-to-fact conditions, subjunctive II forms are used. In indirect discourse, which will be reviewed in Lektion 15, both subjunctive I and II forms are used.

(a) Contrary-to-Fact Conditions in Present Time

Wenn ich Zeit **hätte, ginge** ich ins Kino.
Wenn ich Zeit **hätte, würde** ich ins Kino **gehen.**
If I had time, I'd go to the movies.

Wenn er hier **wäre, wüßten** wir es.
Wenn er hier **wäre, würden** wir es **wissen.**[1]
If he were here, we would know it.

The present subjunctive II is used to express contrary-to-fact conditions in present time. In the result clause, either the present subjunctive II or **würde** (*would*) plus infinitive is used.[2]

Note:

(1) In informal usage, **würde**-forms are usually preferred to the present subjunctive II in the result clause.[3] For auxiliaries and modals, however, the present subjunctive II is generally preferred:

Wenn wir Hilfe bekämen, **müßten** wir nicht so lange arbeiten.
If we were to get help, we wouldn't have to work so long.
Wenn ich einen Wagen hätte, **könnte** ich hinfahren.
If I had a car, I could drive there.

(2) In contrary-to-fact conditions, **wenn** may be omitted but the finite verb must then be first in the clause, and the result clause is commonly introduced by **so** or **dann**:

Hätte ich Zeit, **so würde ich** ins Kino **gehen.**
If I had time, I'd go to the movies.
Wäre er hier, **dann würden wir** es **wissen.**
If he were here, we would know it.

(b) Contrary-to-Fact Conditions in Past Time

Wenn ich Zeit **gehabt hätte, wäre** ich ins Kino **gegangen.**
Hätte ich Zeit **gehabt,** so **wäre** ich ins Kino **gegangen.**
If I had had time, I'd have gone to the movies.

Wenn er hier **gewesen wäre, hätten** wir es **gewußt.**
Wäre er hier **gewesen,** dann **hätten** wir es **gewußt.**
If he had been here, we'd have known it.

The past subjunctive II is used to express a contrary-to-fact condition in past time. In the result clause, the past subjunctive II is

---

[1] As in English, the result clause may precede the conditional clause:

Ich **würde** ins Kino **gehen,** wenn ich Zeit **hätte.**
I'd go to the movies, if I had time.
Wir **würden** es **wissen,** wenn er hier **wäre.**
We would know it, if he were here.

[2] The form **würde** plus infinitive is also called "present conditional."
[3] There are also regional differences: In southern Germany **würde**-forms are more common. In northern Germany, present subjunctive II is favored.

generally preferred to the more cumbersome **würde** plus perfect infinitive.[1]

ÜBUNG A   (*Tape 14, Erstes Beispiel*)

Verbinden Sie die Satzpaare den Beispielen entsprechend!

BEISPIELE: Es ist möglich. Ich tue es.
Wenn es möglich wäre, würde ich es tun.
Wenn es möglich wäre, täte ich es.

1. Er ist hier. Ich gebe es ihm.
2. Sie hat Fieber. Wir rufen den Arzt.
3. Er reist hier früher ab. Er kommt dort früher an.
4. Er hat einen Wagen. Er fährt nach Oberammergau.
5. Wir haben ein freies Zimmer. Wir geben es ihm.
6. Ich weiß es. Ich sage es Ihnen.
7. Das Zimmer hat kein Bad. Ich nehme es nicht.
8. Ich darf reden. Ich schweige trotzdem.

ÜBUNG B   (*Tape 14, Zweites Beispiel*)

Wiederholen Sie Übung A den Beispielen entsprechend!

BEISPIELE: Es ist möglich. Ich tue es.
Wäre es möglich, so würde ich es tun.
Wäre es möglich, so täte ich es.

ÜBUNG C   (*Tape 14*)

Verbinden Sie die Satzpaare dem Beispiel entsprechend!

BEISPIEL: Das Wetter ist schöner. Wir machen einen Ausflug.
Wenn das Wetter schöner gewesen wäre, hätten wir einen Ausflug gemacht.

1. Er kommt zeitig. Wir fahren nicht ohne ihn ab.
2. Wir nehmen den längeren Weg. Wir vermeiden den großen Verkehr.
3. Sie nimmt den späteren Zug. Sie kommt erst um Mitternacht an.
4. Er bestellt sein Zimmer voraus. Er hat keine Schwierigkeiten.
5. Sie rufen vorher an. Sie erledigen alles schneller.
6. Wir fahren nicht so schnell. Wir haben keinen Unfall.

---

[1] The form **würde** plus perfect infinitive (**ich würde gegangen sein**) is also called "perfect conditional."

7. Sie weiß das. Sie fragt uns nicht.

8. Der Film dauert nicht so lange. Wir kommen früher nach Hause.

ÜBUNG D

Verbinden Sie die Satzpaare in Übung C dem Beispiel entsprechend!

BEISPIEL: Das Wetter ist schöner. Wir machen einen Ausflug.

Wäre das Wetter schöner gewesen, so hätten wir einen Ausflug gemacht.

ÜBUNG E   *(Tape 14)*

Verbinden Sie die Satzpaare den Beispielen entsprechend!

BEISPIELE: Ich kaufe das Gemälde. Ich habe Geld.

Ich würde das Gemälde kaufen, wenn ich Geld hätte.

Er kann uns alles erklären. Er ist hier.

Er könnte uns alles erklären, wenn er hier wäre.

1. Er besucht uns öfter. Er hat mehr Zeit.
2. Er lacht. Er hört diese Geschichte.
3. Wir nehmen sie alle mit. Unser Volkswagen ist nicht so klein.
4. Ich fahre schneller. Es ist nicht verboten.
5. Er tut es nicht. Es ist nicht nötig.
6. Ich kann ihn besser verstehen. Er spricht nicht so leise.
7. Er sagt es uns bestimmt. Er weiß es.
8. Er ist nicht immer so müde. Er geht früher zu Bett.

ÜBUNG F   *(Tape 14)*

Verbinden Sie die Satzpaare dem Beispiel entsprechend!

BEISPIEL: Ich schreibe dir. Ich kenne deine Adresse.

Ich hätte dir geschrieben, wenn ich deine Adresse gekannt hätte.

1. Ich glaube es nicht. Ich sehe es nicht selbst.
2. Wir kommen am Mittag an. Wir haben nicht so viele Umleitungen.
3. Wir haben Zimmer. Er bestellt sie voraus.
4. Sie schreibt uns. Sie vergißt die Adresse nicht.
5. Er nimmt den kürzeren Weg. Er kennt ihn.
6. Die Fahrt dauert weniger lange. Wir nehmen die Autobahn.
7. Er spricht nicht solchen Unsinn. Er versteht die Sache.
8. Sie kommt mit. Ich lade sie ein.

74. Other Uses of Subjunctive II

(a) Unfulfilled Wishes

> **Wenn ich nur reich wäre!**
> **Wäre ich nur reich!**
> *If only I were rich!*

> **Wenn ich es (nur) gewußt hätte!**
> **Hätte ich es (nur) gewußt!**
> *If (only) I had known it!*

An unfulfilled wish is expressed by a **wenn**-clause with subjunctive II. Present time is expressed by the present subjunctive II; past time, by the past subjunctive II.

Likewise, subjunctive II is used in a separate result clause (with a **wenn**-clause merely implied) to express a contrary-to-fact situation or unrealized wish:

> Ich **hätte** gerne ein Bad.
> *I would like a bathroom (if I could get one).*
> Ich **hätte** gerne ein Bad **gehabt.**
> *I would have liked a bathroom (if I could have got one).*

(b) **Als ob**

> Sie tat, **als ob sie krank wäre.**
> *She acted as though (if) she were ill.*
> Es war uns, **als ob er uns gesehen hätte.**
> *It seemed to us as though (if) he had seen us.*

Clauses introduced by **als ob** (*as though, as if*) require subjunctive II. Present time is expressed by the present subjunctive II; past time, by the past subjunctive II. Note that **ob** may be omitted, with the finite verb directly following **als:**

> Sie tat, **als wäre sie krank.**
> Es war uns, **als hätte er uns gesehen.**

(c) Could have, should have

> Er **hätte** es allein **machen können!**
> *He could have done it alone.*
> Sie **hätten** früher **aufhören sollen!**
> *You should have stopped earlier.*

Could have and *should have* are expressed by the past subjunctive II of **können** and **sollen.** Note the double infinitive.

ÜBUNG G   (*Tape 14, Erstes Beispiel*)

Ändern Sie die Sätze den Beispielen entsprechend!

BEISPIELE: Er ist hier.
             Wenn er nur hier wäre!
             Wäre er nur hier!

1. Ich bin reich.
2. Sie ist gesund.
3. Sie sind hier.
4. Sie hat viel Geld.
5. Ich habe einen Wagen.
6. Ich kann schwimmen.
7. Ich darf gehen.
8. Wir haben mehr Zeit.

ÜBUNG H   (*Tape 14, Zweites Beispiel*)

Ändern Sie die Sätze den Beispielen entsprechend!

BEISPIELE: Er ist hier gewesen.
             Wenn er nur hier gewesen wäre!
             Wäre er nur hier gewesen!

1. Ich habe daran gedacht.
2. Sie hat es mir gesagt.
3. Sie sind etwas länger geblieben.
4. Ich habe einen Wagen gekauft.
5. Er ist früher gekommen.
6. Es hat nicht geregnet.
7. Er hat Geduld gehabt.
8. Ich habe das gewußt.

ÜBUNG I   (*Tape 14*)

Verbinden Sie die folgenden Sätze mit **als ob**!

BEISPIEL: Er tut. Er weiß es nicht.
            Er tut, als ob er es nicht wüßte.

1. Wir taten. Er war nicht hier.
2. Es kommt ihm vor. Er hat es schon einmal gesehen.
3. Sie kleidet sich. Sie ist eine Königin.
4. Er sah uns an. Er hatte uns nicht verstanden.

5. Sie tat. Sie hatte es nicht gehört.
6. Er ging an uns vorbei. Er hatte uns nicht gesehen.
7. Trotz der Nachricht lächelte sie. Nichts war geschehen.
8. Sie war vor ihrer Abreise so aufgeregt. Sie hatte noch nie eine Reise gemacht.

ÜBUNG J

Verbinden Sie die Sätze in Übung I mit **als**!

BEISPIEL: Er tut. Er weiß es nicht.
Er tut, als wüßte er es nicht.

IV. LEKTÜRE

HERMANN HESSE: Demian, die Geschichte von Emil Sinclairs Jugend

The opening lines to Demian *reveal the preoccupation of Hesse (1877–1962), a Nobel Prize winner, with the beauty and the mystery of the spiritual and physical natures of man. A later work,* Siddhartha, *along with others, has become almost a handbook for the younger generation in the United States.*

Ich wollte ja nichts als das zu leben versuchen, was von selber aus mir heraus wollte. Warum war das so sehr schwer?

* * * * *

Um meine Geschichte zu erzählen, muß ich weit vorn anfangen. Ich müßte, wäre es mir möglich, noch viel weiter zurückgehen, bis in die allerersten Jahre meiner Kindheit und noch über sie hinaus in die Ferne meiner Herkunft zurück.   5

Die Dichter, wenn sie Romane schreiben, pflegen so zu tun, als seien sie Gott und könnten irgendeine Menschengeschichte ganz und gar überblicken und begreifen und sie so darstellen, wie wenn[1] Gott sie sich selber erzählte, ohne alle Schleier, überall wesentlich.[2] Das   10
kann ich nicht, so wenig wie die Dichter es können. Meine Geschichte aber ist mir wichtiger als irgendeinem Dichter die seinige; denn sie ist meine eigene, und sie ist die Geschichte eines Menschen — nicht eines erfundenen, eines möglichen, eines idealen oder sonstwie

---

[1] wie wenn = als ob   [2] wesentlich *substantial, vital*

15 nicht vorhandenen, sondern eines wirklichen, einmaligen, lebenden
Menschen. Was das ist, ein wirklich lebender Mensch, das weiß man
heute allerdings weniger als jemals, und man schießt denn auch die
Menschen, deren jeder ein kostbarer, einmaliger Versuch der Natur
ist, zu Mengen tot. Wären wir nicht noch mehr als einmalige Men-
20 schen, könnte man jeden von uns wirklich mit einer Flintenkugel[3]
ganz und gar aus der Welt schaffen, so hätte es keinen Sinn mehr, Geschichten zu erzählen. Jeder Mensch aber ist nicht nur er selber, er
ist auch der einmalige, ganz besondere, in jedem Fall wichtige und
merkwürdige Punkt, wo die Erscheinungen der Welt sich kreuzen, nur
25 einmal so und nie wieder. Darum ist jedes Menschen Geschichte[4]
wichtig, ewig, göttlich, darum ist jeder Mensch, solange er irgend lebt
und den Willen der Natur erfüllt, wunderbar und jeder Aufmerksamkeit würdig. In jedem ist der Geist Gestalt geworden, in jedem leidet
die Kreatur, in jedem wird ein Erlöser gekreuzigt.

30 Wenige wissen heute, was der Mensch ist. Viele fühlen es und
sterben darum leichter, wie ich leichter sterben werde, wenn ich diese
Geschichte fertiggeschrieben habe.

Einen Wissenden darf man mich nicht nennen. Ich war ein Suchender und bin es noch, aber ich suche nicht mehr auf den Sternen und in
35 den Büchern, ich beginne die Lehren zu hören, die mein Blut in mir
rauscht. Meine Geschichte ist nicht angenehm, sie ist nicht süß und
harmonisch wie die erfundenen Geschichten, sie schmeckt nach
Unsinn und Verwirrung, nach Wahnsinn und Traum wie das Leben
aller Menschen, die sich nicht mehr belügen wollen.

40 Das Leben jedes Menschen ist ein Weg zu sich selber hin, der
Versuch eines Weges, die Andeutung eines Pfades. Kein Mensch ist
jemals ganz und gar er selbst gewesen; jeder strebt dennoch, es zu
werden, einer dumpf, einer lichter,[5] jeder wie er kann. Jeder trägt
Reste von seiner Geburt, Schleim und Eischalen einer Urwelt, bis
45 zum Ende mit sich hin. Mancher wird niemals Mensch, bleibt Frosch,
bleibt Eidechse, bleibt Ameise. Mancher ist oben Mensch und unten
Fisch. Aber jeder ist ein Wurf der Natur nach dem Menschen hin.[6]
Und allen sind die Herkünfte gemeinsam, die Mütter, wir alle
kommen aus demselben Schlunde; aber jeder strebt, ein Versuch und
50 Wurf aus den Tiefen, seinem eigenen Ziele zu. Wir können einander
verstehen; aber deuten kann jeder nur sich selbst.

---

[3] die Flintenkugel *rifle bullet*
[4] jedes Menschen Geschichte = die Geschichte jedes Menschen

[5] lichter *more lucidly*
[6] nach dem Menschen hin *in the direction
of a human being*

From *Demian, die Geschichte von Emil Sinclairs Jugend* (1919), by Hermann Hesse. Reprinted by permission of Suhrkamp Verlag KG. Copyright © 1957 Suhrkamp Verlag, Frankfurt/Main.

Komposition

1. What would you do if you were a poet like Hesse?
2. Would you want to write your autobiography?
3. Hesse tells the story as if he were Emil Sinclair, who is the hero of the story.
4. He writes as if he were not a poet and as if he had experienced everything that happened in the life of his hero.
5. But we know that he could not be Emil Sinclair.
6. If he had been Emil, he would not have been a writer.
7. But it would not make any difference if Demian were really an autobiography.
8. Although Hesse was over thirty when he wrote Demian, we feel as though he understood humanity and young people.
9. That is probably the reason why many young people today are reading Hesse with great pleasure.
10. They feel that Hesse says something about them that is important.

V. AUFSATZ

Sie befinden sich mit einem Freund auf einer Ferienreise und kommen am Abend in eine Stadt, wo Sie bis zum nächsten Morgen bleiben möchten. Beschreiben Sie in Form eines Aufsatzes, was Sie hier unternehmen würden, wenn

(a) Sie den Namen des Hotels, das Sie suchen, vergessen hätten;
(b) Sie schon fünf Uhr nachmittags ankämen;
(c) Sie erst gegen elf Uhr ankämen;
(d) im Hotel schon alle Zimmer besetzt wären! usw.

VI. NEUER WORTSCHATZ

das **Abendessen, -**	dinner, evening meal	**dauern**	to last; to take (time)
an-halten (hält an), hielt an, angehalten	to stop	der **Fahrstuhl, ⸚e**	elevator
		der **Fernsprecher, -**	telephone
die **Ankunft, ⸚e**	arrival	das **Frühstück, -e**	breakfast
das **Bad, ⸚er**	bath, bathroom	**inbegriffen**	included
die **Bedienung**	service	**kostenlos**	free
die **Bescheinigung, -en**	confirmation; receipt	die **Nähe**	closeness, vicinity
		der **Parkplatz, ⸚e**	parking lot
		der **Schlüssel, -**	key
		die **Umleitung, -en**	detour

LEKTION 15

SUBJUNCTIVE IN INDIRECT DISCOURSE

I. GESPRÄCH: Im Restaurant (*Tape 15*)

HERBERT: Ich bin sehr hungrig. Sehen wir uns die Speisekarte an!

PAUL: Ja, bestelle etwas!

HERBERT: Mir wäre es lieber, wenn du bestellen würdest. Du lebst schon über ein Jahr in München. Ich denke, du kennst die deutsche Küche besser als ich.

PAUL: Das möchte ich nicht sagen. Du wirst doch nicht glauben, ich hätte Geld, jeden Tag im Restaurant zu essen.

HERBERT: Na, wie du willst. — Pizza. Ravioli. — Ich dachte, dies seien italienische Spezialitäten.

PAUL: Die gibt's doch überall. Du mußt die Speisekarte eben nicht von unten nach oben lesen. Fang doch oben bei den deutschen Gerichten an!

HERBERT: Hier kommt der Ober. — Herr Ober, was würden Sie heute besonders empfehlen?

OBER: Guten Abend, die Herren. Der Nierenbraten ist besonders gut.

186

HERBERT: Nierenbraten! Nein, das esse ich auf keinen Fall. Ich möchte überhaupt nichts Gebratenes.

OBER: Dann empfehle ich den Herren die Forellen blau. Da müssen Sie allerdings zwanzig bis fünfundzwanzig Minuten Geduld haben, bis die Fische gekocht sind.

PAUL: Herbert, du ißt doch gerne Fisch. Mir scheint, eine halbe Stunde könnten wir gewiß warten.

HERBERT: Gut. Nehmen wir die Forellen blau!

OBER: Sie bekommen auch eine Vorspeise und eine Suppe. Französische Zwiebelsuppe . . .

HERBERT: Keine Suppe für mich, bitte. Aber bringen Sie uns etwas zu trinken!

OBER: Ein Bier? Ein Glas Wein? Hier ist die Weinkarte. Zum Fisch paßt am besten ein Weißwein. Johannisberger, zum Beispiel.

PAUL: Ja, bringen Sie uns eine Flasche! — Wir müssen doch unser Wiedersehen feiern.

(*Der Ober bringt die Flasche und schenkt ein.*)

HERBERT: Ein guter Tropfen! Sehr spritzig. — Sag mal Paul, du hast mir geschrieben, die Hochschule der bildenden Künste sei im Sommer geschlossen. Was tust du denn jetzt während der Ferien?

PAUL: Ich mache bei einem Kabarett mit.

HERBERT: Als Schauspieler? Ich glaubte, du hättest nur zum Malen Talent.

PAUL: Ich male die Bühnenbilder. Die sind sehr wichtig, weißt du. Übrigens sind gar keine Schauspieler bei unserem Kabarett. Alle Mitwirkenden sind Studenten wie ich.

HERBERT: Das interessiert mich. Wo tritt eure Truppe auf?

PAUL: Ja, wenn ich das nur wüßte! Wir haben noch kein Lokal gefunden.

HERBERT: Und wie heißt euer Kabarett?

PAUL: „Saure Gurken." Das erinnert mich ans Essen. — Herr Ober! Könnten Sie uns die Vorspeise servieren?

Fragen (*Tape 15*)

Antworten Sie auf deutsch!

1. Was sehen sich Herbert und Paul am Anfang dieser Szene an?

2. Wie lange lebt Paul schon in München?

3. Welche italienischen Spezialitäten findet Herbert auf der Speisekarte?

4. Wo sollte Herbert die Speisekarte zu lesen beginnen, wenn er die deutschen Gerichte finden will?

5. Warum mag Herbert keinen Nierenbraten essen?

6. Wie lange müssen die beiden Freunde warten, bis die Forellen gekocht sind?

7. Was für ein Getränk bestellen sie?

8. Wo ist Paul Student?

9. Was tut Paul während der Sommerferien?

10. Warum kann Paul nicht sagen, wo seine Truppe auftritt?

Konversation

Fragen Sie Ihren Nachbar,

1. ob er auch schon in einem deutschen Restaurant gegessen hat!

2. ob er die ganze Speisekarte liest, bevor er etwas bestellt!

3. warum manche Leute bei einer großen Mahlzeit keine Suppe essen!

4. was für Wein man gewöhnlich bestellt, wenn man Fisch ißt!

5. ob er auch schon bei einer Theateraufführung mitgemacht hat!

6. ob man für ein Kabarett eine große oder eine kleine Bühne braucht!

II. NÜTZLICHE AUSDRÜCKE

der Fall	case
auf keinen Fall	in no case, under no circumstances
die Ferien (*plural*)	vacation, recess
Wir haben jetzt Ferien.	We're on vacation now.
die Geduld	patience
Geduld haben	to be patient
Sie müssen Geduld haben.	You must be patient.
die Küche	kitchen
die deutsche Küche	German cooking, German cuisine
mit-machen	to take part in, participate in, join in
Er machte bei der Vorstellung mit.	He was taking part in the performance.
Er hat mitgemacht.	He joined in.
ich möchte sagen	I'd like to say, I would say
Das möchte ich nicht sagen.	I wouldn't say that.

das Talent	talent, gift
Talent zu etwas haben	to have a talent for something
Er hat großes Talent zum Klavier- spielen.	He has a great talent for piano.
von oben nach unten	from top to bottom
von unten nach oben	from bottom to top

Anwendung

Gebrauchen Sie vier der Nützlichen Ausdrücke in ganzen Sätzen!

III. GRAMMATIK UND ÜBUNGEN

75. Indirect Discourse

Direct discourse *quotes* the words of a speaker directly. Indirect discourse merely *reports* the same words, with appropriate changes of subject, verb, and pronoun objects.

DIRECT: He said, "We are not ready for you."
INDIRECT: He said (that) they were not ready for us.

German uses the *subjunctive* in indirect discourse to indicate that what is reported or expressed is not necessarily true. Indirect discourse occurs in dependent clauses, usually after verbs like **sagen** (*to say, tell*), **fragen** (*to ask*), **behaupten** (*to claim*), **meinen** (*to have or to express an opinion*), **denken** (*to think, believe*), **glauben** (*to believe*), **hoffen** (*to hope*), **zweifeln** (*to doubt*).

(a) DIRECT: Sie hat gesagt: „Ich gehe gerne ins Theater."
              She said, "I like to go to the theater."
    INDIRECT: Sie hat gesagt, sie **gehe** (**ginge**) gerne ins Theater.
              She said she liked to go to the theater.

    DIRECT: Er behauptet: „Ich weiß nichts von der Sache."
              He claims, "I don't know anything about the matter."
    INDIRECT: Er behauptet, er **wisse** (**wüßte**) nichts von der Sache.
              He claims he doesn't know anything about the matter.

The present subjunctive is used in indirect discourse if the direct statement was or would have been in the present tense. Either present subjunctive I or II may be used in indirect discourse. When subjunctive II is identical with the past indicative, subjunctive I is usually favored, unless the form is the same as the present indicative.[1]

Note that, unlike in English, the tense of the introductory verb has no bearing on the tense of the verb in the dependent clause:

Er sagt, er **wisse (wüßte)** nichts von der Sache.
He says he knows nothing about the matter.
Er hat gesagt, er **wisse (wüßte)** nichts von der Sache.
He said he knew nothing about the matter.
Er wird gewiß sagen, er **wisse (wüßte)** nichts von der Sache.
He will surely say he knows nothing about the matter.

(b) DIRECT: Er sagte: „Ich habe ihn öfter gesehen."
          He said, "I have often seen him."
INDIRECT: Er sagte, er **habe (hätte)** ihn öfter **gesehen.**
          He said he had often seen him.

DIRECT: Sie sagten: „Wir fuhren ziemlich langsam."
          They said, "We were driving quite slowly."
INDIRECT: Sie sagten, sie **seien (wären)** ziemlich langsam **gefahren.**
          They said they had been driving quite slowly.

The past subjunctive is used in indirect discourse if the direct statement was or would have been in a past tense.

(c) DIRECT: Sie sagt: „Ich werde morgen kommen."
          She says, "I'll come tomorrow."
INDIRECT: Sie sagt, sie **werde (würde)** morgen **kommen.**
          She says she'll come tomorrow.

DIRECT: Er hat gesagt: „Wir werden gerne mit Ihnen gehen."
          He said, "We'll be glad to go with you."
INDIRECT: Er hat gesagt, sie **würden** gerne mit uns **gehen.**
          He said they'd be glad to go with us.

To express indirect discourse in the future, use a subjunctive form of **werden.**[2]

---

[1] Indirect discourse may also be expressed as a **daß**-clause:

    Sie sagte, daß sie gerne ins Theater **(gehe) ginge.**
    Er behauptet, daß er nichts von der Sache **(wisse) wüßte.**

[2] To express a command in indirect discourse, use **solle** or **sollte** plus infinitive:

    Sie schrieb uns, wir **sollen (sollten)** ihr sofort **antworten.**
    She wrote us to answer her right away.
    Er sagte mir, ich **solle (sollte)** ihm eine Schachtel **geben.**
    He told me to give him a box.

Note that, contrary to English, German uses a full clause to express an indirect command.

Note: Some speakers prefer a present subjunctive to express future time in indirect discourse:

Sie sagt, sie **komme (käme)** morgen.
She says she'll come tomorrow.
Er hat gesagt, sie **gingen** gerne mit uns.
He said they'd be glad to go with us.

ÜBUNG A   (*Tape 15, Erstes Beispiel*)

Ersetzen Sie die direkte Rede durch die indirekte Rede!

BEISPIELE: Er sagte: „Ich habe kein Geld."
Er sagte, er habe kein Geld.
Er sagte, er hätte kein Geld.

1. Er sagte: „Ich wünsche nichts Gebratenes."
2. Er hat gesagt: „Ich esse Fisch gerne."
3. Sie meinte: „Es gibt zwei Möglichkeiten."
4. Er dachte: „Mein Freund hat Talent zum Malen."
5. Sie erklärten: „Wir wollen nicht mitmachen."
6. Sie hat geschrieben: „Die Schule ist jetzt geschlossen."
7. Er hat gesagt: „Ich bleibe nur zwei Tage."
8. Sie behauptete: „Mein Vater erlaubt es nicht."

ÜBUNG B   (*Tape 15, Zweites Beispiel*)

Wiederholen Sie Übung A, wobei Sie die Nebensätze mit **daß** *beginnen!*

BEISPIELE: Er sagte: „Ich habe kein Geld."
Er sagte, daß er kein Geld habe.
Er sagte, daß er kein Geld hätte.

ÜBUNG C   (*Tape 15, Zweites Beispiel*)

Ersetzen Sie die direkte Rede durch die indirekte Rede!

BEISPIELE: Sie sagte: „Ich bin ganz langsam gefahren."
Sie sagte, sie sei ganz langsam gefahren.
Sie sagte, sie wäre ganz langsam gefahren.

1. Er sagte: „Ich habe jeden Tag im Restaurant gegessen."
2. Er behauptete: „Ich habe nichts von der Sache gewußt."
3. Er sagte: „Ich hatte noch nie Nierenbraten gegessen."
4. Sie sagten: „Wir sind leider ohne Geld gekommen."
5. Er antwortete: „Ich habe ihn auf der Hochschule kennengelernt."

6. Sie sagte: „Erika war vorige Woche krank."
7. Sie sagte: „Mein Vater hat mir den Ring gegeben."
8. Er erklärte: „Ich habe nur wenig Geld ausgegeben."

ÜBUNG D   (*Tape 15, Erstes Beispiel*)

Wiederholen Sie Übung C, wobei Sie die Nebensätze mit **daß** *beginnen!*

BEISPIELE: Sie sagte: „Ich bin ganz langsam gefahren."
Sie sagte, daß sie ganz langsam gefahren sei.
Sie sagte, daß sie ganz langsam gefahren wäre.

ÜBUNG E   (*Tape 15*)

Ersetzen Sie die direkte Rede durch die indirekte Rede!

BEISPIEL: Er sagte: „Ich werde es morgen tun."
Er sagte, er würde es morgen tun.

1. Er sagte: „Ich werde die Vorspeise sofort bringen."
2. Sie meinten: „Er wird viel Freude daran haben."
3. Sie sagten: „Wir werden einen Weißwein mit dem Fisch trinken."
4. Sie sagte: „Ich werde gerne mitmachen."
5. Er behauptete: „Niemand wird uns hören."
6. Sie hat geschrieben: „Ich werde Deutsch lernen."
7. Er sagte: „Ich werde gern die Forellen blau versuchen."
8. Sie schrieb: „Mein Brief wird alles erklären."

ÜBUNG F

Wiederholen Sie Übung E, wobei Sie die Nebensätze mit **daß** *beginnen!*

BEISPIEL: Er sagte: „Ich werde es morgen tun."
Er sagte, daß er es morgen tun würde.

ÜBUNG G   (*Tape 15*)

Ersetzen Sie die direkten Befehle durch indirekte!

BEISPIEL: Er sagte ihm: „Gehen Sie nicht in dieses Restaurant!"
Er sagte ihm, er sollte nicht in dieses Restaurant gehen.

1. Er antwortete ihnen: „Seien Sie nicht so unhöflich!"
2. Er sagte zum Ober: „Bringen Sie uns etwas zu trinken!"
3. Sie bat mich: „Machen Sie doch mit!"
4. Wir haben ihm geschrieben: „Senden Sie uns keine Zigaretten!"
5. Ich sagte ihr: „Hören Sie sofort auf!"

6. Er sagte ihm: „Bestelle etwas!"
7. Er sagte ihnen: „Haben Sie ein bißchen Geduld!"
8. Er sagte uns: „Helfen Sie mir!"

76. Indirect Discourse in the Indicative

The indicative is normally used in indirect discourse

(a) when the main clause is in the first person:

> Ich habe ihm gesagt, daß ich ihm gerne helfen **will.**
> *I told him that I'll be glad to help him.*
> Wir haben ihr geschrieben, daß du krank **bist.**
> *We wrote to her that you are sick.*

(b) when reporting facts:

> Er sagt, daß der Bierkrug zwölf Mark **gekostet hat.**
> *He says the beer mug cost twelve marks.*
> Sie hat mir gesagt, daß ihre Mutter **gestorben ist.**
> *She told me that her mother died.*

In indirect discourse expressed in the indicative, **daß**-clauses are generally preferred.

Note: The indicative is often favored when the speaker reports a question in indirect discourse:

> Sie wollte wissen, was er hier **tut.**
> *She wanted to know what he's doing here.*
> Er hat mich gefragt, warum ich nicht kommen **kann.**
> *He asked me why I can't come.*

ÜBUNG H *(Tape 15)*

Verbinden Sie die Satzpaare und gebrauchen Sie je nach dem Fall den Indikativ oder den Konjunktiv!

BEISPIELE: Ich wollte wissen. Wie heißt seine Schwester?
              Ich wollte wissen, wie seine Schwester heißt.

              Sie hatte gehofft. Man wird ihr Bescheid geben.
              Sie hatte gehofft, man würde ihr Bescheid geben.

1. Er wünschte. Wir werden mit ihm gehen.
2. Wir haben ihm gesagt. Sie bleibt zu Hause.
3. Sie dachte. Wir haben es schon getan.
4. Er hoffte. Sie wird den Brief rechtzeitig erhalten.

5. Ich habe sie gefragt. Wann ist sie angekommen?
6. Er hat sich vorgestellt. Die Arbeit wird leichter sein.
7. Sie befürchtete. Es wird den ganzen Tag regnen.
8. Wir haben ihnen geschrieben. Wir schicken die Geschenke mit der Post.
9. Man könnte glauben. Er ist Deutscher.
10. Sie hatte gedacht. Du weißt es schon.

77. Other Uses of the Subjunctive

(a) In Expressions of Possibility (Subjunctive II)

Der andere Weg **wäre** besser **gewesen.**
The other road would have been better.
Das **würde** ich nicht **tun.**
I wouldn't do that.
Das **könnte** möglich **sein.**
That might be possible.

Subjunctive II forms are used to express possibility. Note that these statements imply an introductory phrase like **Ich glaube, Es scheint mir,** or a conclusory clause beginning with **wenn.**

(b) In Expressions of Politeness (Subjunctive II)

Er möchte Sie kennenlernen.
He'd like to meet you.
Dürfte ich um ein Stück Kuchen **bitten?**
Might I ask for a piece of cake?
Sie sollten doch nicht so viel arbeiten!
You really shouldn't work so much!
Würden Sie so gut sein, noch ein bißchen zu warten?
Would you be good enough to wait a little more?
Hätten Sie Lust mitzugehen?
Would you like to go along with us?

Subjunctive II forms, especially of modals and auxiliaries, are frequently used in set expressions of politeness.

(c) In Wishes (Subjunctive I)

Es **lebe** der König!
Long live the king!
Gott **sei** Dank!
Thank goodness!

(d) In Third-Person Singular and First-Person Plural Commands (Subjunctive I)

Man **beachte** die Regeln!
Observe the rules!
Gehen wir!
Let's go!
Seien wir ehrlich!
Let's be honest!

Note that only the verb **sein** has a plural command form that is distinctively subjunctive.

ÜBUNG I

Ergänzen Sie mit der passenden Konjunktivform der angegebenen Verben!

BEISPIEL: Ich _____ gern ein Stück von dem weißen Kuchen. (haben)
Ich hätte gern ein Stück von dem weißen Kuchen.
1. _____ Sie eine Tasse Tee? (mögen)
2. _____ ich um das Salz bitten? (dürfen)
3. Sie _____ nicht so viel Wein trinken! (sollen)
4. _____ Sie vielleicht zehn Mark bei sich? (haben)
5. _____ du mir einen Gefallen tun? (können)
6. Ich _____ Lust, ins Kino zu gehen. (haben)
7. _____ Sie so gut, mir den Mantel zu halten? (sein)
8. _____ Sie dieses Geschäft nicht auf morgen verschieben? (können)
9. Ich _____ Ihnen sehr dankbar. (sein)

IV. LEKTÜRE

HANS ERICH NOSSACK: Unmögliche Beweisaufnahme

An unnamed defendant attempts vainly to explain his wife's mysterious disappearance to a court which construes in a physical sense all of the defendant's metaphysical statements about the impossibility of human communication, the meaninglessness of words, the uncertainty of life (das ,,Nicht-Versicherbare") that envelopes us all, and his personal—metaphysical—guilt. The court record breaks off in mid-sentence.

In this selection the defendant's attorney explains the paradox of the court's attempts to make concrete judgments about metaphysical matters. (Nossack, born 1901).

Der Verteidiger tadelte[1] das Gericht in einem längeren Exkurs,[2] daß es eine Situation, die außerhalb der Logik liege, mit aller Gewalt logisch zu rekonstruieren versuche. Das Gericht müsse doch längst eingesehen haben, daß die übliche kriminalistische Routine seinem Mandanten[3] gegenüber zu ganz falschen Ergebnissen führe. Auch er, der Verteidiger, dem der Mandant es weiß Gott nicht leicht mache, etwas zu seinen Gunsten zu unternehmen, habe nach alter Juristen-Gewohnheit zunächst den Verdacht gehegt, daß es da etwas gebe, was verheimlicht werde, und dadurch sei er völlig in die Irre gegangen und ähnlich im Kreis gelaufen, wie das hier bei der Verhandlung[4] geschehe. Bis er sich eines Tages entschlossen hätte, das Problem von dem genau entgegengesetzten Standpunkt zu betrachten, nämlich von der Voraussetzung aus, daß nicht nur nicht der Versuch gemacht werde, etwas zu verheimlichen, sondern im Gegenteil, daß sein Mandant sich bemühe, mehr auszusagen, als man es für gewöhnlich, sei es vor Gericht, sei[5] es im Alltag für nötig halte. Mehr sogar als die Sprache hergebe. Alle Mißverständnisse, die hier aufgetaucht wären, kämen davon, daß sein Mandant Metaphysisches mit physischen Vokabeln[6] zu erklären trachte.[7] Daß nun das Metaphysische, was auch[8] immer man darunter verstehen wolle, nicht etwa nur ein abstrakter Begriff sei, sondern höchst real existiere und unser physisches Dasein entscheidend beeinflusse, daran zweifle hier wohl kaum jemand. Sein Mandant habe ja oft genug betont, daß er das Gericht und die Gesetze durchaus bejahe, weil sie einen unzeitigen Einbruch des Metaphysischen in unsere Ordnung verhinderten. Daß andrerseits das Metaphysische niemals Gegenstand einer juristischen Diskussion werden könne, sei wohl ebenso klar. Und doch spiele es in den Beziehungen der Geschlechter zum mindesten als Spannungsmoment[9] eine kaum zu überschätzende Rolle. Er, der Verteidiger, wähle mit Absicht dies Beispiel, da es sich, wenn auch in einer schwer definierbaren Weise, besonders für den vorliegenden Fall zu eignen scheine. Wer vermöge denn etwas Gültiges über den Augenblick der innigsten Vereinigung der Geschlechter auszusagen? Gut, man wisse alles über die körperliche Funktion und man glaube alles über den psychologischen Ablauf zu wissen, der im Grunde auch nur zur körperlichen

---

[1] tadeln *to blame, censure (Note that all the following lines are in indirect discourse, dependent on this verb.)*
[2] der Exkurs *digression*
[3] der Mandant *client*
[4] die Verhandlung *proceedings, trial, hearing*

[5] sei es . . . sei es *whether . . . or (a set subjunctive expression)*
[6] die Vokabel *word*
[7] trachten *to endeavor, attempt*
[8] was auch . . . *no matter what . . .*
[9] die Spannung *tension, excitement;* das Moment *cause, impulse*

Funktion gehöre. Aber damit wäre nicht das geringste über den Augenblick selbst gesagt, sondern immer nur etwas über die Vorbedingungen und über die Folgen. Der Augenblick selbst entziehe sich offenbar dem Bewußtsein; in der Erinnerung bleibe ein vager Eindruck von Glück oder Qual zurück, oder besser gesagt, der Eindruck einer Lücke, ja, einer Aufhebung der gewohnten logischen und physikalischen Gesetze. Diese momentane Aufhebung sei im Laufe der Verhandlung wiederholt als eine Verächtlichmachung der Gesetze aufgefaßt worden, etwa von dem absolutistischen Gesichtspunkt aus: Was ist ein Gesetz wert, das zuweilen aufgehoben wird und aufgehoben werden muß. Ja, muß. Ein Gericht, das so denke, müsse folgerichtig dazu gelangen, jeden, der gestände, einen Augenblick lang gar nichts gedacht zu haben, als Verbrecher zu verurteilen, eben weil er die Gesetze dadurch beleidigt hat, daß er sie vergaß. Vermutlich würde diese Stellungnahme zu einer völligen Sterilisierung des Daseins führen.

40

45

50

Komposition

1. In this selection the defense attorney was speaking to the court about the logic, or illogic, of the court.
2. He said that he had at first thought his client was guilty.
3. The story his client had told him had not seemed logical at first.[1]
4. And therefore he had harbored the suspicion that the accused was trying to hide something.
5. The man had told him he was guilty, and the defense attorney had assumed that he meant he had killed his wife.
6. Later he had understood that his client was speaking of a metaphysical guilt, the guilt that we all bear.
7. The judge and the prosecuting attorney had done his client an injustice, because they did not believe that the metaphysical existed.
8. The defense attorney could prove that the court's concept was not correct.
9. In the union of the sexes, for example, there was something metaphysical which we could not explain through logic.
10. Nevertheless everybody knew that it exists.

---

[1] Note that sentences 3 through 10 can be treated as indirect discourse depending upon "he said that" in sentence 2.

V. AUFSATZ

Sie schreiben einen Brief an einen Freund und berichten darin, daß Sie
kürzlich einen alten Bekannten getroffen haben, den Ihr Freund auch kennt.
Schreiben Sie in diesem Brief, indem Sie die indirekte Rede gebrauchen, was
der Bekannte Ihnen von seinen gegenwärtigen Beschäftigungen und Sorgen
erzählt hat! Erfinden Sie eine Geschichte oder gebrauchen und erweitern
Sie den Bericht über

(1) sein gegenwärtiges Studium;
(2) seine finanziellen Schwierigkeiten;
(3) seine Mitarbeit bei einem Kabarett;
(4) die Schauspieler, Sänger, Musiker, die auf der Bühne auftreten;
(5) die Art der Darbietungen! usw.

VI. NEUER WORTSCHATZ

auf-treten (tritt auf), trat auf, ist auf- getreten	to appear, come forward	die **Forelle, -n**	trout
das **Bühnenbild, -er**	stage set	das **Gericht, -e**	dish, course
		die **Mitwirkenden** (*pl.*)	members of the cast
einschenken	to pour	der **Ober, -**	waiter
empfehlen (empfiehlt), empfahl, empfohlen	to recommend	die **Speisekarte, -n**	menu
		die **Suppe, -n**	soup
		der **Tropfen, -**	drop; drink
		übrigens	incidentally
erinnern	to remind	die **Vorspeise, -n**	appetizer
feiern	to celebrate	die **Zwiebel- suppe, -n**	onion soup

Lektion 16

Reflexive verbs; impersonal constructions

I. GESPRÄCH: Rheinfahrt (*Tape 16*)

HERR LENZ: Morgen machen wir eine Rheinfahrt, Herbert. Darauf haben Sie sich doch schon lange gefreut.

HERBERT: Sehr. Ilse Hartung fährt auch mit, nicht wahr?

HERR LENZ: Ja, die ganze Familie Hartung. Wir treffen uns in Mainz am Schiff.

HERBERT: Könnten wir nicht zusammen nach Mainz fahren?

HERR LENZ: Ich glaube, Herr Hartung fährt lieber mit seinem eigenen Wagen.

HERBERT: Wann fährt das Schiff?

HERR LENZ: Um elf Uhr dreißig. Wir werden uns gleich zum Mittagessen in den Speisesaal setzen. Später ist dort kaum mehr Platz zu finden.

HERBERT: Wo steigen wir aus?

HERR LENZ: In Bonn. Von dort kommen wir mit der Bahn zurück.

(Auf dem Rheindampfer.)

HERBERT:	Herrlich, diese Weinberge zu beiden Seiten des Rheins. Und alle paar Minuten zeigt sich auf der Höhe eine Burg oder eine Ruine.
ILSE:	Ja, aber bitte fragen Sie mich nicht nach den Namen! Es sind so viele, daß selbst unser Schiffskapitän nicht alle nennen könnte.
HERBERT:	Ihre Mutter hat mir gesagt, sie kenne die Gegend ziemlich gut.
ILSE:	Meine Mutter interessiert sich für Burgen und Schlösser. Glücklicherweise ist sie noch im Speisesaal beim Kaffee, sonst müßten Sie sich die längsten Vorträge über alte Sagen anhören.
HERBERT:	Sagen Sie, sind wir schon an der Loreley vorbei?
ILSE:	Nein. Der Loreleyfelsen kommt erst in fünfzehn oder zwanzig Minuten. Bewahren Sie sich bis dahin noch etwas Film auf! Sie machen ja in einem fort Aufnahmen.
HERBERT:	Ich hatte mir nie vorgestellt, daß auf einem Fluß so viel Verkehr sein könnte. Man sieht Schiffe mit französischen, holländischen und sogar schweizerischen Flaggen. — Übrigens habe ich noch bei weitem genug Film.
ILSE:	Lassen Sie mich einmal eine Aufnahme von Ihnen machen, damit Sie später beweisen können, daß Sie auf dem Rhein gefahren sind!
HERBERT:	Gerne. Hier ist die Kamera. — Vielen Dank! — Es weht ein kalter Wind hier auf dem oberen Deck. Ich hätte Lust nach einem heißen Getränk.
ILSE:	Bedienung gibt es hier oben keine. Wenn Sie eine Tasse Kaffee wollen, müssen Sie sich selbst eine besorgen.
HERBERT:	Gehen wir doch hinunter aufs untere Deck!
ILSE:	Ja, mich friert jetzt auch ein wenig. — Dort kommt Herr Lenz.
HERR LENZ:	Kinder, ich glaube, es wird heute noch regnen. Paßt auf, daß ihr euch nicht erkältet!

Fragen   *(Tape 16)*

Antworten Sie auf deutsch!

1. Worauf hat Herbert sich schon lange gefreut?

2. Mit wem machen Herbert und Herr Lenz die Rheinfahrt?
3. Wo treffen sie sich alle?
4. Wie kommt die Gesellschaft von der Rheinfahrt nach Frankfurt zurück?
5. Was sieht man zu beiden Seiten des Rheins?
6. Warum kann selbst der Schiffskapitän nicht alle Burgen und Ruinen am Rhein nennen?
7. Warum sagt Herbert, der Rhein sei international?
8. Was sollte Herbert sich für den Loreleyfelsen aufbewahren?
9. Warum muß Herbert sich selbst Kaffee besorgen?
10. Warum gehen Herbert und Ilse aufs untere Deck hinunter?

Konversation

Fragen Sie Ihren Nachbar,

1. wie lange eine Rheinfahrt von Mainz bis Bonn vermutlich dauert!
2. warum Bonn eine bekannte Stadt ist!
3. was er schon vom Loreleyfelsen gehört hat!
4. ob er auch schon eine Ruine besichtigt hat — und welche!
5. ob er auch eine Kamera besitzt — und was für eine!
6. wie viele Studenten heute in seiner Deutschklasse sind!

II. NÜTZLICHE AUSDRÜCKE

alle	all
alle paar Minuten	every few minutes
alle zwei Wochen	every two weeks
eine Aufnahme machen	to take a picture
mit der Bahn	by train
beim Kaffee, Essen usw.:	
Sie sagte mir das beim Kaffee.	She told me that while having coffee.
bei weitem	by far
bei weitem genug	plenty of
bei weitem nicht so gut	not nearly so good
zu beiden Seiten	on both sides
bis dahin	until then
eine Fahrt machen	to take a trip
in einem fort	continuously, without stopping
Er schrieb in einem fort.	He kept on writing.

fragen nach	to inquire about, ask about
Sie hat nach Ihrer Gesundheit gefragt.	She asked about your health.
sich freuen auf (*plus acc.*)	to look forward to, anticipate
Sie freut sich auf unser Zusammenkommen.	She's looking forward to our get-together.
Lust haben nach etwas	to want (to have) something; to feel like having something

Anwendung

Gebrauchen Sie vier der Nützlichen Ausdrücke in ganzen Sätzen!

III. GRAMMATIK UND ÜBUNGEN

78. Reflexive Verbs

A reflexive verb consists of a basic verb and a pronoun object (reflexive pronoun), which refers back to the subject of the verb. Some verbs, like **sich fürchten** (*to be afraid*), have an accusative reflexive pronoun; others, like **sich denken** (*to imagine*), have a dative reflexive pronoun.

Some reflexive verbs are logical extensions of simple verbs: **waschen** (*to wash*), **sich waschen** (*to wash oneself*); **bedienen** (*to serve*), **sich bedienen** (*to serve oneself*). Others are never used *without* reflexive pronoun: **sich schämen** (*to be ashamed*), **sich befinden** (*to be, feel*). Many German reflexive verbs have nonreflexive English equivalents.

(a) Reflexive Pronouns

ACCUSATIVE		DATIVE	
ich fürchte mich	*I am afraid*	ich denke mir	*I imagine*
du fürchtest dich		du denkst dir	
er fürchtet <u>sich</u>		er denkt <u>sich</u>	
sie fürchtet <u>sich</u>		sie denkt <u>sich</u>	
es fürchtet <u>sich</u>		es denkt <u>sich</u>	
wir fürchten uns		wir denken uns	
ihr fürchtet euch		ihr denkt euch	
sie fürchten <u>sich</u>		sie denken <u>sich</u>	
Sie fürchten <u>sich</u>		Sie denken <u>sich</u>	

Reflexive pronouns are identical with accusative and dative personal pronouns, except for the form **sich** used with the third person singular and plural and the **Sie**-form.

(b) Reflexive Verbs with Accusative Pronoun

Ich habe mich gestern **erkältet.**[1]
I caught cold yesterday.
Er freut sich auf die Rheinfahrt.
He's looking forward to the Rhine trip.

Common reflexive verbs with an accusative (direct) pronoun object are:

sich amüsieren	*to have a good time*
sich an-ziehen	*to get dressed*
sich ärgern über (*plus acc.*)	*to be angry about*
sich aus-ruhen	*to rest*
sich aus-ziehen	*to get undressed*
sich bedienen	*to serve oneself*
sich beeilen	*to hurry*
sich befinden	*to be, feel*
sich benehmen	*to act, behave*
sich bewegen	*to move*
sich entschuldigen	*to excuse oneself, beg pardon*
sich erinnern an (*plus acc.*)	*to remember*
sich erkälten	*to catch cold*
sich erkundigen nach	*to inquire about*
sich fragen	*to wonder*
sich freuen über (*plus acc.*)	*to be happy about*
sich freuen auf (*plus acc.*)	*to look forward to*
sich fürchten vor (*plus dat.*)	*to be afraid of*
sich interessieren für	*to be interested in*
sich irren	*to make a mistake*
sich legen	*to lie down*
sich nähern	*to approach*
sich setzen	*to sit down*
sich verabschieden	*to take leave*
sich verlassen auf (*plus acc.*)	*to rely on*
sich vor-stellen	*to present oneself*
sich waschen	*to wash oneself, get washed*
sich wundern über (*plus acc.*)	*to be amazed at*

(c) Reflexive Verbs with Dative Pronoun

Ich muß mir etwas Zucker **besorgen.**
I have to get myself some sugar.
Hast du dir weh getan?
Did you hurt yourself?

---

[1] All reflexive verbs have the auxiliary **haben** in the present perfect and past perfect:

Ich habe mich beeilt. *I hurried.*
Sie hatten sich genähert. *They had approached.*

Common reflexive verbs with dative (indirect) pronoun object are:

sich an-sehen	*to look at*
sich auf-bewahren	*to save for oneself*
sich besorgen	*to get for oneself*
sich bestellen	*to order*
sich denken	*to imagine*
sich ein-bilden	*to imagine*
sich helfen	*to help oneself*
sich leisten	*to afford*
sich Sorgen machen um	*to worry about*
sich vor-stellen	*to imagine*
sich weh tun	*to hurt oneself*

(d) Emphatic Reflexive Pronouns

1. **Selbst**

Ich habe **mir selbst** weh getan, nicht ihm.
I hurt myself, not him.
Endlich hat die Gastgeberin **sich selbst** bedient.
Finally the hostess served herself.

Selbst (invariable) may follow a reflexive pronoun to intensify its meaning. (English depends upon special stress on the reflexive.)

2. **Einander**

The invariable pronoun **einander** (*one another*) may be substituted for **sich** in the sense of *each other, one another* to avoid ambiguity:

Sie kaufen **sich** Geschenke. (or:) Sie kaufen **einander** Geschenke.
They're buying presents for one another.
Die Kinder waschen **sich**. (but:) Die Kinder waschen **einander**.[1]
The children wash themselves.   The children wash one another.

ÜBUNG A   *(Tape 16)*

Ändern Sie die Sätze, indem Sie das angegebene Pronomen als Subjekt gebrauchen!

BEISPIELE: Er ärgert sich. (du)
Du ärgerst dich auch.

---

[1] Note also these other emphatic reflexive expressions with reciprocal meaning:
Sie haben **sich gegenseitig** gelobt.
They praised one another.
Sie haben **einer dem andern** gratuliert.
They congratulated one another.

Er hat sich geirrt. (wir)
Wir haben uns auch geirrt.

1. Er freut sich. (ich)
2. Er hat sich gefürchtet. (wir)
3. Er hat sich erkältet. (du)
4. Er wird sich amüsieren. (Sie)
5. Er muß sich beeilen. (ihr)
6. Er hat sich vorgestellt. (wir)
7. Er sollte sich ausruhen. (du)
8. Er hat sich erkundigt. (ich)
9. Er erinnert sich nicht. (ihr)
10. Er möchte sich verabschieden. (sie)

ÜBUNG B (*Tape 16*)

Antworten Sie mit **ja!**

BEISPIEL: Haben Sie sich das Haus angesehen?
            Ja, ich habe mir das Haus angesehen.

1. Machen Sie sich Sorgen um ihn?
2. Haben Sie sich das Bild angesehen?
3. Haben Sie sich die Sache anders vorgestellt?
4. Können wir uns einen neuen Wagen leisten?
5. Hat sie sich die Fahrkarte besorgt?
6. Haben Sie sich die ganze Rede angehört?
7. Hat er sich weh getan?
8. Müssen wir uns die Getränke selbst besorgen?

ÜBUNG C (*Tape 16*)

Ändern Sie die Sätze, indem Sie die angegebenen reflexiven Verben gebrauchen!

BEISPIELE: Du hast einen Fehler gemacht. (sich irren)
             Du hast dich geirrt.

             Ich habe die Fahrkarte schon geholt. (sich besorgen)
             Ich habe mir die Fahrkarte schon besorgt.

1. Ich habe Abschied genommen. (sich verabschieden)
2. Das Kind hat Angst vor der Nacht. (sich fürchten vor)
3. Du bist immer um ihn besorgt. (sich Sorgen machen um)
4. Wir haben Freude an ihrem Besuch gehabt. (sich freuen über)

5. Ich habe das Gemälde betrachtet. (sich ansehen)
6. Wir haben großes Interesse für Burgen und Schlösser. (sich interessieren für)
7. Sie haben keine Bewegung gemacht. (sich bewegen)
8. Ich bat um Entschuldigung. (sich entschuldigen)

79. Impersonal Verbs

Impersonal Verbs have **es** as the grammatical subject and are used only in the third person singular.

(a) **Es blitzt.**   *It's lightening.*
  Es dämmert.   *It's dawning. It's getting dark.*
  Es donnert.   *It's thundering.*
  Es friert.   *It's freezing.*
  Es hagelt.   *It's hailing.*
  Es regnet.   *It's raining.*
  Es schneit.   *It's snowing.*
  Es ist kalt, heiß usw. *It's cold, hot, etc.*

Many phenomena of nature are expressed by impersonal verbs.

(b) **Es friert mich.**[1] **(Mich friert.)** *I'm cold.*
  Es ist mir heiß. **(Mir ist heiß.)** *I'm hot.*
  Es ist mir kalt. **(Mir ist kalt.)** *I'm cold.*
  Es ist mir übel. **(Mir ist übel.)** *I'm sick.*
  Es ist mir warm. **(Mir ist warm.)** *I'm warm.*
  Es ist mir wohl. **(Mir ist wohl.)** *I'm well.*
  Es hungert mich.[2] **(Mich hungert.)** *I'm hungry.*

Several impersonal verbs express emotions or physical conditions. Note that in many of these expressions **es** may be omitted (especially with first-person pronouns), but the pronoun is then placed before the verb.

(c) **Es gefällt mir nicht,** daß Sie immer Aufnahmen machen.
 I don't like your taking pictures continually.
  Es tat ihnen leid, daß sie ihm nicht helfen konnten.
 They were sorry they couldn't help him.
  Es ist mir recht, wenn Sie hier bleiben.
 It's all right with me if you stay here.

---

[1] In everyday German, the verb **frieren** is more commonly used as a personal verb: **Ich friere.** *I'm cold.*
[2] In everday German, the following personal expressions are more common: **Ich habe Hunger. Ich bin hungrig.**

In a number of phrases the grammatical subject **es** is used to antici-pate a dependent clause.[1] The most common of these phrases are:

Es gefällt mir.	*I like.*
Es gelingt mir.	*I succeed.*
Es paßt mir.	*It suits me.*
Es stimmt.	*It's correct.*
Es tut mir leid.	*I'm sorry.*
Es tut mir weh.	*It hurts me.*
Es ist mir recht.	*It suits me.*
Es ist mir lieber (am liebsten.)	*I prefer.*

Note that these verbs are also used in personal constructions:

Diese Aufnahmen gefallen mir nicht.
I don't like these pictures.
Die Frau tat ihnen leid.
They felt sorry for the woman.
Das stimmt nicht.
That isn't right.

(d)

es amüsiert mich	**ich amüsiere mich**	*I'm amused*
es ärgert mich	**ich ärgere mich**	*I'm angry, annoyed*
es freut mich	**ich freue mich**	*I'm glad*
es interessiert mich	**ich interessiere mich**	*I'm interested*
es wundert mich	**ich wundere mich**	*I'm amazed*

A number of impersonal verbs have equivalent reflexive construc-tions:

Es freut ihn, daß Sie gekommen sind.
Er freut sich, daß Sie gekommen sind.
He's happy that you have come.

Es wundert mich, daß er das getan hat.
Ich wundere mich, daß er das getan hat.
I'm amazed that he did that.

Note:

(1) The grammatical subject **es** may be omitted in some expressions (especially with first-person pronouns), but the pronoun then precedes the verb:

---

[1] Most of such phrases with anticipatory **es** are often followed by an infinitive con-struction with **zu** if there is no change of subject:

> **Es gefällt mir nicht, immer Aufnahmen zu machen.**
> *I don't like to take pictures all the time.*
> **Es tat ihnen leid, nicht helfen zu können.**
> *They were sorry they couldn't help.*

Mich ärgert, daß er nicht gekommen ist.
I'm angry that he didn't come.
Mich wundert, daß er das getan hat.
I'm amazed that he did that.

(2) The verbs **klopfen** (*to knock*), **klingeln** (*to ring*), and **läuten** (*to ring*) are used impersonally when no specific subject is expressed:

Es klopft.
Somebody is knocking (at the door).
Es klingelt.
The bell (doorbell) is ringing.
Es hat geläutet.
The bell rang.

(3) The verbs **sich verstehen** (*to be understood*) and **sich handeln um** (*to be a question of*) occur as impersonal reflexives:

Es versteht sich von selbst.
That's understood. (That goes without saying.)
Es handelt sich um seine Zukunft.
It's a question of his future.

ÜBUNG D   (*Tape 16*)

Setzen Sie die Verben ins Perfekt!

BEISPIEL: Es war mir recht.
            Es ist mir recht gewesen.

1. Es war schade.
2. Gefiel es Ihnen?
3. Es tat ihr weh.
4. Ging es ihr gut?
5. Es war mir nicht wohl.
6. Tat es ihm leid?
7. Es interessiert ihn nicht.
8. Es gelang ihnen.
9. Paßte es ihm?
10. Es stimmte nicht.

ÜBUNG E

Ergänzen Sie mit den passenden unpersönlichen oder reflexiven Ausdrücken!

1. (I liked)   _____, daß er immer pünktlich war.
2. (She was amazed)   _____, daß wir es noch nicht wußten.

3. (I was glad)   —————, Sie kennenzulernen.
4. (They were sorry)   —————, nicht länger bleiben zu können.
5. (I was cold)   —————, als ich abends auf ihn warten mußte.
6. (They were annoyed)   —————, auf uns warten zu müssen.
7. (He succeeded)   —————, alle zu überreden.
8. (It rains and snows)   ————— hier oft im Dezember.

80. Anticipatory es

Es weht ein kalter Wind hier oben.
There's a cold wind blowing up here.
Es sind heute abend Gäste gekommen.
Guests came this evening.

To make a statement emphatic, **es** is sometimes used to anticipate the real subject, which then follows the verb. The verb is singular or plural according to the real subject.

ÜBUNG F *(Tape 16)*

Beginnen Sie die Sätze mit **es**!

BEISPIEL: Ein kalter Wind hat geweht.
            Es hat ein kalter Wind geweht.

1. Viele Gäste sind gekommen.
2. Ein großer Lärm entstand.
3. Viel Schnee war gefallen.
4. Ein Unglück ist geschehen.
5. Nur neue Bilder waren ausgestellt.
6. Nichts ist mir eingefallen.
7. Etwas ist mir in den Sinn gekommen.
8. Jemand hat ihm geholfen.

81. There is, there are

(a) Es gibt

Es gibt zwei Möglichkeiten.
There are two possibilities.
Es gibt keinen solchen Mann.
There isn't any such man.

Es gibt (*there is*, *there are*), which may be followed by a singular or plural accusative object, expresses mere existence.[1]

(b) Es ist, es sind

Es ist nur ein Junge hier.
There's only one boy here.
Es sind zwanzig Schüler in der deutschen Klasse.
There are twenty students in the German class.

Es ist (*there is*) is followed by a singular subject; **es sind** (*there are*), by a plural subject. Both phrases express specific facts or situations.[2]

(c) Da ist, da sind (dort ist, dort sind)

Da ist unser Hotel!
There's our hotel!
Da sind unsere Freunde.
There are our friends.

Da ist (*there is*), followed by a singular subject, and **da sind** (*there are*), followed by a plural subject, are used to point to something.

ÜBUNG G

Ergänzen Sie mit den entsprechenden deutschen Formen von „there is, there are"!

1. _____ mehr Mädchen als Jungen in dieser Klasse.
2. Heute _____ kein Fleisch zum Mittagessen.
3. _____ der Mann, den Sie suchen.
4. Die ganze Familie ist ausgegangen. _____ niemand zu Hause.
5. _____nur eine einzige Lösung zu diesem Problem.
6. Ich glaube, _____ heute noch Regen.
7. In München _____ viel zu sehen.

---

[1] Note the special use of **es gibt** in phrases like the following:

> **Es gibt** heute Schnee.
> *It will snow today. We'll have snow today.*
> **Es gibt** heute Bohnensuppe.
> *There's bean soup today. We're having bean soup today.*

[2] **Es ist (sind)** phrases may also be expressed by a personal construction:

> **Nur ein Junge ist** hier.
> **Zwanzig Schüler sind** in der deutschen Klasse.

IV. LEKTÜRE

FRIEDRICH NIETZSCHE: Jenseits von Gut und Böse

Nietzsche (1844–1900) expounded the philosophy of the Übermensch, *a superman who would reject false religions that preach humility, political systems that proclaim all men equal, Victorian morality that kills vitality. His superman would strive rigorously through strict and everlasting education of the ego toward an ultimate perfection of mind and body which would lift him above the masses and petty morality—"jenseits von Gut und Böse."*

The following aphorisms are selected from the section entitled "Sprüche und Zwischenspiele" in Jenseits von Gut und Böse.

„Das habe ich getan", sagt mein Gedächtnis. „Das kann ich nicht getan haben" — sagt mein Stolz und bleibt unerbittlich. Endlich — gibt das Gedächtnis nach.

Wer sich selbst verachtet, achtet sich doch immer noch dabei als Verächter.   5

Wer hat nicht für seinen guten Ruf schon einmal — sich selbst geopfert?

Vor uns selbst stellen wir uns einfältiger, als wir sind: wir ruhen uns so von unsern Mitmenschen aus.

Es gibt keine moralischen Phänomene, sondern nur eine moralische   10
Ausdeutung von Phänomenen — —

„Du willst ihn für dich einnehmen? So stelle dich vor ihm verlegen — —"

Wo nicht Liebe oder Haß mitspielt, spielt das Weib mittelmäßig.

Wer auf dem Scheiterhaufen noch frohlockt, triumphiert nicht   15
über den Schmerz, sondern darüber, keinen Schmerz zu fühlen, wo er
ihn erwartete. Ein Gleichnis.

Je abstrakter die Weisheit ist, die du lehren willst, um so mehr
mußt du noch die Sinne zu ihr verführen.

20   Was jemand *ist*, fängt an, sich zu verraten, wenn sein Talent
nachläßt, — wenn er aufhört zu zeigen, was er *kann*. Das Talent ist
ein Putz; ein Putz auch ein Versteck.

Man wird am besten für seine Tugenden bestraft.

Der eine sucht einen Geburtshelfer für seine Gedanken, der andre
25   einen, dem er helfen kann: so entsteht ein gutes Gespräch.

Wir machen es auch im Wachen wie im Traume: wir erfinden und
erdichten erst den Menschen, mit dem wir verkehren, und vergessen
es sofort.

Mann und Weib im ganzen verglichen, darf man sagen: das Weib
30   hätte nicht das Genie des Putzes, wenn es nicht den Instinkt der
zweiten Rolle hätte.

Wer mit Ungeheuern kämpft, mag zusehen, daß er nicht dabei
zum Ungeheuer wird. Und wenn du lange in einen Abgrund blickst,
blickt der Abgrund auch in dich hinein.

35   Den Nächsten zu einer guten Meinung verführen und hinterdrein
an diese Meinung des Nächsten gläubig glauben: wer tut es in diesem
Kunststück den Weibern gleich? —

Was eine Zeit als Böse empfindet, ist gewöhnlich ein unzeitgemäßer
Nachschlag dessen, was ehemals als gut empfunden wurde, — der
40   Atavismus eines älteren Ideals.

Was aus Liebe getan wird, geschieht immer jenseits von Gut und
Böse.

Der Irrsinn ist bei einzelnen etwas Seltenes, — aber bei Gruppen,
Parteien, Völkern, Zeiten die Regel.

45   Der Gedanke an den Selbstmord ist ein starkes Trostmittel: mit
ihm kommt man gut über manche böse Nacht hinweg.[1]

---

[1] kommt über . . . hinweg *pulls through*

Unserm stärksten Triebe, dem Tyrannen in uns, unterwirft sich
nicht nur unsre Vernunft, sondern auch unser Gewissen.

„Unser Nächster ist nicht unser Nachbar, sondern dessen Nachbar" — so denkt jedes Volk.   50

Man lügt wohl mit dem Munde, aber mit dem Maule,[2] das man
dabei macht, sagt man doch die Wahrheit.

Viel von sich reden kann auch ein Mittel sein, sich zu verbergen.

Man haßt nicht, solange man gering schätzt, sondern erst, wenn
man gleich oder höher schätzt.   55

Die Eitelkeit andrer geht uns nur dann wider den Geschmack,
wenn sie wider unsre Eitelkeit geht.

„Er mißfällt mir." — Warum? — „Ich bin ihm nicht gewachsen."[3]
— Hat je ein Mensch so geantwortet?

Komposition

1. Whoever looks at himself closely often sees a man who has many faults.
2. But this man can and must improve himself, Nietzsche says.
3. Man must make an effort to become something better than himself—
   a superman.
4. Nietzsche's concept of the superman is related to the theory of evolution:
   man has developed from the ape, and the superman will develop from
   man.
5. Nietzsche imagines that the superman will be strong and courageous,
   but contemporary man is weak and cowardly.
6. Therefore Nietzsche is angry about men who want to be only average.
7. He is not interested in an ordinary morality, but subjects himself to a
   higher morality.
8. In his aphorisms, he criticizes many human weaknesses with deep
   psychological insight and often with bitter irony.

[2] das Maul *mouth (of an animal), grimace*   [3] Ich bin ihm nicht gewachsen. *I'm not a match for him.*

9. Nietzsche rejects Christianity because Christian humility is, in his opinion, weakness and hypocrisy.

10. We make a mistake, Nietzsche says, if we believe that all men are equal.

V. AUFSATZ

Sie treffen einen Bekannten, der noch nie mit einem Schiff gefahren ist, und erzählen ihm von einer Rheinfahrt, die Sie kürzlich mit einigen Freunden gemacht haben. — Schreiben Sie in der Form eines Gespräches, wie Sie Ihrem Bekannten Ihre Erlebnisse und Eindrücke vom Rhein schildern! Sie sprechen zum Beispiel über:

(1) die Personen, mit denen Sie die Fahrt gemacht haben;

(2) die Dauer der Fahrt, und wo Sie ein- und ausgestiegen sind;

(3) den Verkehr auf dem Fluß und die Dinge, die Sie zu beiden Seiten des Rheins gesehen haben;

(4) die Erfrischungen, die Sie auf dem Schiff eingenommen haben;

(5) das Wetter;

(6) und ob Ihnen die Fahrt gefallen hat.

VI. NEUER WORTSCHATZ

sich	anhören	to listen to	die	Höhe, -n	height
(sich)	aufbewahren	to keep, save	die	Sage, -n	legend, saga
die	Burg, -en	fortress, castle	das	Schloß, ¨sser	castle
der	Felsen, -	rock		schweizerisch	Swiss
der	Fluß, ¨sse	river		wehen	to blow
die	Gegend, -en	area, region	der	Weinberg, -e	vineyard
	glücklicher- weise	fortunately			
	herrlich	wonderful, glori- ous			

LEKTION 17

THE PASSIVE

I. GESPRÄCH: **Sommerbeschäftigungen** *(Tape 17)*

ILSE: Guten Tag, Herbert, endlich mal wieder. Warum lassen Sie
        sich nicht mehr sehen?

HERBERT: Ich war in Berlin. Von dort habe ich Ihnen doch eine Post-
           karte geschickt.

ILSE: Ja, das stimmt. Vielen Dank. Das war allerdings vor zweiein-
        halb Wochen.

HERBERT: Nachher war ich in der Schweiz. Haben Sie meinen Brief
           aus Zürich nicht erhalten?

ILSE: Nein. Na, vielleicht kommt er noch. Die Post ist sehr langsam
        heutzutage. — Ich hoffe, Sie haben sich gut amüsiert.

HERBERT: Prima. Aber wie geht es Ihnen? Sie haben seit dem Semester-
           ende auch Ferien, nicht wahr?

ILSE: Gewiß, ich arbeite jetzt als Aushilfe im Wirtschaftsamt. Dort
        scheinen alle Angestellten zur selben Zeit auf Urlaub zu gehen.

HERBERT: Das versteht sich im Hochsommer. Sind Sie gut bezahlt?

ILSE: Nicht besonders. Ich will zwar nicht klagen. Für solche Bürostellen werden ja keine besonderen Kenntnisse verlangt.

HERBERT: Otto arbeitet seit dem Abitur bei Ingenieur Schmidt.

ILSE: Das ist ein guter Job. Firma Lenz, natürlich!

HERBERT: Wie Sie wissen, hat Otto bei seinen Prüfungen sehr gut abgeschnitten. Er ist sogar in den Zeitungen erwähnt worden.

ILSE: Ein tüchtiger Junge! Er verdient in Schmidts Labor doppelt so viel wie eine Bürogehilfin. Dabei ist er zwei Jahre jünger als ich. Finden Sie das gerecht?

HERBERT: Das ist eine komplizierte Frage. — Ich selbst verdiene gegenwärtig überhaupt nichts.

ILSE: Das ist etwas anderes. Sie arbeiten für Ihr Studium. *Independent Studies*, oder wie Sie es nennen, gibt es bei uns leider nicht. Es muß herrlich sein, so frei und ohne Aufsicht arbeiten zu dürfen.

HERBERT: Man läuft auch Gefahr, Zeit zu verschwenden. Ich habe bis heute nichts als Notizen und Zeichnungen von Bauwerken gemacht.

ILSE: Das muß ein Haufen sein. Heute wird ja überall gebaut. Und Sie, Herbert, kommen mir gar nicht wie ein Zeitverschwender vor. — Was haben Sie mir denn in dem Brief aus der Schweiz geschrieben?

HERBERT: Dies und das, und daß ich dort überall für einen Touristen gehalten wurde.

ILSE: Na, dort gibt es eben Touristen wie Sand am Meer. Sonst haben Sie mir nichts mitgeteilt?

HERBERT: Eigentlich nicht. Ich schrieb nur, daß ich Sie sehr vermisse.

Fragen   (*Tape 17*)

Antworten Sie auf deutsch!

1. Warum hat sich Herbert lange nicht sehen lassen?
2. Wann war Herbert in Berlin?
3. Wie versucht Ilse zu erklären, daß sie Herberts Brief aus Zürich noch nicht erhalten hat?
4. Wo arbeitet Ilse jetzt?
5. Warum braucht man Ilse im Sommer als Aushilfe im Wirtschaftsamt?
6. Was zeigt, daß Otto bei seinen Prüfungen sehr gut abgeschnitten hat?
7. Wieviel mehr als eine Bürogehilfin verdient Otto in Ingenieur Schmidts Labor?

8. Warum verdient Herbert gegenwärtig nichts?
9. Wovon hat Herbert viele Zeichnungen gemacht?
10. Wofür ist Herbert in der Schweiz überall gehalten worden?

Konversation

Fragen Sie Ihren Nachbar,

1. wohin er letzten Sommer gereist ist!
2. wieviel er während der Ferien verdient hat, falls er gearbeitet hat!
3. wie er sich erklärt, daß Ilse das Wort „Job" in einem deutschen Gespräch verwendet!
4. wie oder wo er die nächsten Sommerferien verbringen möchte!
5. ob er, wenn er eine Reise macht, seinen Freunden Postkarten oder Briefe schickt!
6. ob er kürzlich eine Postkarte erhalten hat — und von wem!

II. NÜTZLICHE AUSDRÜCKE

ab-schneiden
ein Stück Brot ab-schneiden

to cut off
to cut off a piece of bread

gut (schlecht) ab-schneiden
Er hat bei seinen Prüfungen sehr gut abgeschnitten.

to do well (badly)
He did very well in his exams.

endlich mal wieder
Ich habe endlich mal wieder eine Postkarte von ihm erhalten.

again at last
At last I've again received a postcard from him.

(die) Gefahr laufen
Wenn man unvorsichtig fährt, läuft man Gefahr, einen Unfall zu haben.

to run a (the) risk
If you drive carelessly, you run the risk of having an accident.

prima
Es war eine prima Vorstellung.
Das hat er prima gemacht.

first-class (*colloquial; invariable*)
It was a great performance.
He did a great job on that.

sich sehen lassen
Er hat sich schon lange nicht mehr sehen lassen.

to appear, show oneself, be visible
He hasn't appeared for a long time.
(We haven't seen him for a long time.)

der Urlaub
auf Urlaub gehen
Ich gehe im August auf Urlaub.

leave, vacation
to take leave, go on vacation
I'm taking my leave in August.

Anwendung

Gebrauchen Sie vier der Nützlichen Ausdrücke in ganzen Sätzen!

III. GRAMMATIK UND ÜBUNGEN

82. The Passive

In an active construction, the subject performs the action of the verb; in the passive, the subject receives the action of the verb.

gelobt werden   (*to be praised*)[1]

PRESENT

ich **werde gelobt**	*I am (being) praised*
du **wirst gelobt**	*you are (being) praised*
er **wird gelobt**	*he is (being) praised*
wir **werden gelobt**	*we are (being) praised*
ihr **werdet gelobt**	*you are (being) praised*
sie **werden gelobt**	*they are (being) praised*

PAST

ich **wurde gelobt**[2]   *I was (being) praised*

FUTURE

ich **werde gelobt werden**[2]   *I will be praised*

COMPOUND PAST

ich **bin gelobt worden**[2]   *I have been praised, I was praised*

PAST PERFECT

ich **war gelobt worden**[2]   *I had been praised*

The passive consists of a form of the auxiliary **werden** and the past participle of the main verb. Note that the normal past participle of **werden (geworden)** becomes **worden** in the passive compound tenses.[3]

---

[1] The passive infinitive consists of the infinitive of the auxiliary **werden** and the past participle of the main verb: Sie will gern **gelobt werden**. *She likes to be praised.*

[2] For complete forms, see Appendix 1.

[3] The verb **werden** has three uses:

(1) as an independent verb meaning *to become:*
   Im Winter **wird** es sehr kalt.
   In the winter it becomes very cold.

(2) as the auxiliary for the future:
   Der Arzt **wird** bald hier **sein.**
   The doctor will be here soon.

(3) as the auxiliary for the passive:
   Er **wird** von Dr. Jung **behandelt.**
   He's being treated by Dr. Jung.

Note:

(1) Die Rohstoffe werden **von einer schwedischen Firma** geliefert.
The raw materials are being supplied by a Swedish firm.
Er ist **von den Schweizern** für einen Touristen gehalten worden.
He was taken for a tourist by the Swiss.

The agent of a passive construction (by whom something is done) is expressed by **von** plus dative.

(2) Die Scheune ist **durch Feuer** zerstört worden.
The barn was destroyed by fire.
Ich bin **durch seine letzte Rede** sehr beeinflußt worden.
I was greatly influenced by his last speech.

The instrument of a passive construction (by means of which something is done) is expressed by **durch** plus accusative.

(3) To express a state or condition (also called "apparent passive"), use a form of **sein** plus past participle. Compare:

TRUE PASSIVE	APPARENT PASSIVE
Das Haus **wird verkauft.**	Das Haus **ist verkauft.**
The house is being sold.	*The house is (already) sold.*
Die Türen **wurden geschlossen.**	Die Türen **waren geschlossen.**
The doors were (being) closed.	*The doors were (already) closed.*

A true passive describes an action in the process of taking place; an apparent passive describes a condition or state that is the result of an earlier passive action.

83. Word Order in the Passive

(a) Der Wagen wird morgen **repariert werden.**
The car will be repaired tomorrow.
Gestern ist der Wagen **repariert worden.**
The car was repaired yesterday.

In main clauses the auxiliary infinitive **werden** and the auxiliary past participle **worden** stand in final position, preceded directly by the past participle of the main verb.

(b) Ich weiß nicht, ob der Wagen **repariert worden ist.**
I don't know whether the car has been repaired.
Ich weiß nicht, ob der Wagen **repariert werden kann.**
I don't know whether the car can be repaired.

In dependent clauses the finite verb stands in its usual final position.

84. Passive of Verbs with Dative Object

Ihm wurde vom Arzt **geraten,** noch zwei Tage im Bett zu bleiben.
He was advised by the doctor to stay in bed another two days.
Mir ist von niemand **geholfen worden.**
I wasn't helped by anybody.

Verbs that require dative personal objects in active constructions (such as **antworten, glauben, helfen, raten**) do so also in the passive. The impersonal grammatical subject **es** is sometimes expressed:

Es wurde ihm vom Arzt **geraten,** noch zwei Tage im Bett zu bleiben.
Es ist mir von niemand **geholfen worden.**

Note: In conversational German, such passive constructions are often replaced by active constructions:

Der Arzt hat ihm geraten, noch zwei Tage im Bett zu bleiben.
Niemand hat mir geholfen.

85. Impersonal Use of the Passive without Subject

Heute **wird** überall **gebaut.**
They're building everywhere today.
Hier **ist** von den guten alten Zeiten **gesprochen worden.**
Here there was talk about the good old times. (Here they talked about the good old times.)

A passive verb may be used without subject to indicate a general activity.[1] Equivalent active constructions with **man** are:

Man baut heute überall.
Hier **hat man** von den guten alten Zeiten **gesprochen.**

ÜBUNG A   *(Tape 17)*

Setzen Sie die folgenden Sätze ins Imperfekt!

1. Ich werde von einem Freund begleitet.
2. Er wird zum Präsidenten gewählt.
3. Das Buch wird ihm von seinem Nachbar empfohlen.
4. Ich werde gut bezahlt.
5. Wir werden sehr höflich bedient.
6. Sein Name wird oft erwähnt.
7. Im Fernsehen werden zwei Filme gezeigt.
8. Die Zeichnungen werden von Herbert gemacht.

---

[1] The impersonal grammatical subject **es** may introduce such sentences:

Es wird heute überall **gebaut.**
Es ist von den guten alten Zeiten **gesprochen worden.**

ÜBUNG B *(Tape 17)*

Setzen Sie die Sätze in Übung A ins Perfekt!

ÜBUNG C *(Tape 17)*

*Antworten Sie mit **ja** und gebrauchen Sie das Perfekt!*

BEISPIEL: Wurde er von seinen Eltern gelobt?
             Ja, er ist von seinen Eltern gelobt worden.

1. Wurde Ilse von Herbert ins Theater eingeladen?
2. Wurde sie von ihm abgeholt?
3. Wurden sie auf dem Wege von Freunden begrüßt?
4. Wurden die Eintrittskarten von Herbert besorgt?
5. Wurde das Stück zum zehnten Mal aufgeführt?
6. Wurde die Hauptrolle von Elke Sommer gespielt?
7. Wurde Herbert für einen Touristen gehalten?
8. Wurde Ilse im Wirtschaftsamt gut bezahlt?

ÜBUNG D *(Tape 17)*

*Wiederholen Sie die Sätze in Übung C, indem Sie die Antworten mit **Ich weiß
nicht, ob** beginnen!*

BEISPIEL: Wurde er von seinen Eltern gelobt?
             Ich weiß nicht, ob er von seinen Eltern gelobt worden ist.

ÜBUNG E

Setzen Sie die folgenden Sätze ins Passiv!

BEISPIEL: Mein Vater liest die Abendzeitung.
             Die Abendzeitung wird von meinem Vater gelesen.

1. Meine Freundin hat diese Aufnahmen gemacht.
2. Viele Leute besuchen die Ausstellung.
3. Seine Freunde lieben ihn.
4. Meine Schwester hat beide Briefe geschrieben.
5. Herbert wird dieses Paket mit der Post schicken.
6. Die Zeitungen haben die Nachricht verbreitet.
7. Diese Sängerin sang drei Lieder.
8. Wann werden Ihre Nachbarn das Haus verkaufen?

86. Substitute Constructions for the Passive

In general, the passive is less frequent in German than in English. It is avoided by the use of various substitute constructions.

(a) **Man** plus Active Verb

PASSIVE	ACTIVE
Hier **wird** Deutsch **gesprochen.**	Hier **spricht man** Deutsch.
German is spoken here.	*German is spoken here.*
Die Türen **werden** jetzt **geschlossen.**	**Man schließt** jetzt die Türen.
The doors are being closed now.	*The doors are being closed now.*
Es **ist** gestern **getan worden.**	**Man hat es** gestern **getan.**
It was done yesterday.	*It was done yesterday.*

The passive is often replaced by an active verb with the indefinite subject **man,** especially when no agent or instrument is expressed.

(b) **Sein . . . zu** plus Infinitive

Er **ist nicht zu erreichen.**
(instead of) Er **kann nicht erreicht werden.**
He can't be reached.

Nichts **war zu machen.**
(instead of) Nichts **konnte gemacht werden.**
Nothing could be done.

Viele Burgen **waren zu sehen.**
(instead of) Viele Burgen **konnten gesehen werden.**
Many fortresses could be seen.

A passive construction combined with a modal auxiliary (especially **können**) is usually replaced by a form of **sein** plus **zu** plus active infinitive.

(c) **Sich lassen** plus Infinitive

Das **läßt sich nicht machen.**
(instead of) Das **kann nicht gemacht werden.**
That can't be done.

Dieses Problem **läßt sich** leicht **lösen.**
(instead of) Dieses Problem **kann** leicht **gelöst werden.**
This problem can be solved easily.

The verb **sich lassen** plus active infinitive is usually substituted for a passive construction often involving the modal **können.**[1]

---

[1] Note the passive meaning of the infinitive after nonreflexive **lassen:**

Er **wird** seinen Reifen **flicken.**	Er **läßt** seinen Reifen **flicken.**
He'll repair his tire.	*He's having his tire repaired.*

(d) Reflexive Verbs

Das **versteht sich** von selbst.
(instead of) Das **wird** von selbst **verstanden.**
That's understood. (That goes without saying.)

Das **lernt sich** schnell.
(instead of) Das **kann** schnell **gelernt werden.**
That can be learned quickly.

A reflexive verb is sometimes preferred to a passive construction.

ÜBUNG F (*Tape 17*)

Ändern Sie die passiven Sätze in aktive um, indem Sie **man** *gebrauchen!*

BEISPIEL: Er ist vergessen worden.
          Man hat ihn vergessen.

1. Das wird oft gesagt.
2. Das Haus wird neu angestrichen.
3. Bei uns wird Englisch gesprochen.
4. Das kann sehr schnell gemacht werden.
5. Der Dieb ist in der Nähe der Bank beobachtet worden.
6. Alle Kinder werden nach Hause geschickt werden.
7. Ist ihr geholfen worden?
8. Sind Sie richtig beraten worden?

ÜBUNG G

Beanworten Sie die folgenden Fragen dem Beispiel entsprechend!

BEISPIEL: Kann man dieses Lied oft im Radio hören?
          Ja, dieses Lied ist oft im Radio zu hören.

1. Kann man den Arzt sprechen?
2. Soll das Lied sehr schnell gesungen werden?
3. Kann man dieses Buch in allen Buchhandlungen finden?
4. Kann man es ohne große Mühe lesen?
5. Sieht man viele Ruinen am Rhein?
6. Sieht man den See von diesem Fenster aus?

ÜBUNG H (*Tape 17*)

Ersetzen Sie das Passiv durch eine Form von **sich lassen!**

BEISPIEL: Das Fenster konnte nicht geöffnet werden.
          Das Fenster ließ sich nicht öffnen.

1. Dieses Kleid kann nur trocken gereinigt werden.
2. Der Motor konnte nicht in Gang gebracht werden.
3. Diese Suppe kann auch kalt gegessen werden.
4. Dieses Gedicht kann nicht so leicht gelesen werden.
5. So ein Fehler kann leicht gemacht werden.
6. Diese Meinung kann nur schwer vertreten werden.

ÜBUNG I

Ersetzen Sie das Passiv durch die reflexive Form des Verbs!

BEISPIEL: Die Tür wurde geöffnet.
             Die Tür öffnete sich.

1. Die Sache wird bald aufgeklärt werden.
2. Die Tür wurde hinter ihm geschlossen.
3. Die Lösung des Problems wird bald gefunden.
4. Alles ist endlich aufgeklärt worden.
5. Die Nachricht wurde in der ganzen Stadt verbreitet.
6. Die politische Lage ist durch diesen Zwischenfall verschlimmert worden.

IV. LEKTÜRE

GÜNTER GRASS: Die Blechtrommel

Günter Grass (born 1927), who is perhaps Germany's best-known writer today, satirizes in this selection from Die Blechtrommel *those Germans of the Nazi period who were more concerned about brutality to animals than man's inhumanity to man. Oskar's childish and seemingly foolish interest in his tin drum is juxtaposed to his father's more adult interest in the events of the day. The reader is left to judge which one of the two has more acceptable values.*

Es waren einmal[1] vier Kater, die wurden, weil sie an einem besonderen Tag besonders stark rochen, totgeschlagen, in einen Sack gestopft und im Müllkasten vergraben. Die Katzen aber, deren eine Bismarck hieß, waren noch nicht ganz tot, sondern zäh, wie Katzen eben sind. Sie bewegten sich in dem Sack, brachten den Müllkastendeckel in Bewegung und stellten dem Uhrmacher Laubschad, der

5

---

[1] Es war (waren) einmal *Once upon a time there was (were) (standard opening for stories, especially fairy tales)*

immer noch sinnend am Fenster saß, die Frage: rate mal, was in dem Sack ist, den der Musiker Meyn[2] in den Müllkasten gesteckt hat?

Es war einmal ein Uhrmacher, der konnte nicht ruhig ansehen, daß sich etwas im Müllkasten bewegte. So verließ er seine Wohnung 10
in der ersten Etage[3] des Mietshauses, begab sich auf den Hof des Mietshauses, öffnete den Müllkastendeckel und den Sack, nahm die vier zerschlagenen, aber immer noch lebenden Kater an sich, um sie zu pflegen. Aber sie starben ihm noch während der folgenden Nacht unter den Uhrmacherfingern, und es blieb ihm nichts anderes zu tun 15
übrig, als beim Tierschutzverein,[4] dessen Mitglied er war, eine Anzeige zu machen und auch die Ortsgruppenleitung[5] von der das Ansehen der Partei schädigenden Tierquälerei[6] zu benachrichtigen.

Es war einmal ein SA-Mann,[7] der tötete vier Kater und wurde, da die Kater noch nicht ganz tot waren, von den Katern verraten und 20
von einem Uhrmacher angezeigt. Es kam zu einem gerichtlichen Verfahren, und der SA-Mann mußte Strafe zahlen. Doch auch bei der SA wurde über den Fall gesprochen, und der SA-Mann sollte wegen unwürdigen Verhaltens aus der SA ausgestoßen werden. Selbst als sich der SA-Mann während der Nacht vom achten zum neunten 25
November achtunddreißig, die man später die Kristallnacht nannte,[8] besonders mutig hervortat, die Langfuhrer[9] Synagoge im Michaelisweg[10] mit anderen in Brand steckte, auch kräftig mittat, als am folgenden Morgen mehrere, zuvor genau bezeichnete Geschäfte geräumt werden mußten, konnte all sein Eifer seine Entfernung aus 30
der Reiter-SA[11] nicht verhindern. Wegen unmenschlicher Tierquälerei wurde er degradiert und von der Mitgliederliste gestrichen. Erst ein Jahr später gelang ihm der Eintritt in die Heimwehr,[12] die später von der Waffen-SS[13] übernommen wurde.

Es war einmal ein Kolonialwarenhändler, der schloß an einem 35
Novembertag sein Geschäft, weil in der Stadt etwas los war, nahm

[2] der Musiker Meyn *the owner of the cats*
[3] die Etage = der Stock
[4] der Tierschutzverein *Society for the Protection of Animals, SPCA*
[5] die Ortsgruppenleitung *local (Nazi) party directorate*
[6] von der das Ansehen der Partei schädigenden Tierquälerei = von der Tierquälerei, die das Ansehen der Partei schädigte
[7] SA *abbreviation for* Sturmabteilung, *Nazi storm troops*
[8] die Kristallnacht *"crystal night," a night of destruction of Jewish businesses and synagogues, organized by the Nazis*
[9] Langfuhrer *adjective form for* Langfuhr, *a place name*
[10] Michaelisweg *a street name*
[11] Reiter-SA *Motorized SA*
[12] die Heimwehr *home guard*
[13] Waffen-SS *abbreviation for* Waffen-Schutz-Staffel, *(literally, armed defense detachment), the wartime version of the elite guard*

seinen Sohn Oskar bei der Hand und fuhr mit der Straßenbahn
Linie Fünf bis zum Langasser[14] Tor, weil dort wie in Zoppot[15] und
Langfuhr die Synagoge brannte. Die Synagoge war fast abgebrannt,
40   und die Feuerwehr paßte auf, daß der Brand nicht auf die anderen
Häuser übergriff. Vor der Ruine schleppten Uniformierte und
Zivilisten Bücher, sakrale Gebrauchsgegenstände und merkwürdige
Stoffe zusammen. Der Berg wurde in Brand gesteckt, und der
Kolonialwarenhändler benutzte die Gelegenheit und wärmte seine
45   Finger und seine Gefühle über dem öffentlichen Feuer. Sein Sohn
Oskar jedoch, der den Vater so beschäftigt und entflammt sah,
verdrückte sich unbeobachtet und eilte in Richtung Zeughaus-
passage[16] davon, weil er um seine Trommeln aus weißrot gelacktem
Blech besorgt war.

From *Die Blechtrommel* (1959), by Günter Grass. By permission of
Hermann Luchterhand Verlag GmbH, Neuwied.

Komposition

1. The cats in this story smelled bad; therefore they were killed by a musician.
2. Then they were stuffed into a garbage can by this Mr. Meyn.
3. But they were found by a clockmaker before they were dead.
4. Because they died in spite of the clockmaker's care, the local party directorate was notified.
5. The musician was thrown out of the SA because of his inhumanity.
6. The musician probably didn't know why this was happening to him.
7. He had helped with great zeal in setting fire to the Langfuhr synagogue, and now he was being punished for inhuman cruelty to animals.
8. In front of the synagogue, books and other religious objects were piled up and burned by uniformed men and civilians.
9. It can be asked how such a misdeed can be understood.
10. While Oskar's father was occupied at the synagogue, Oskar was worried only about his tin drum.

V. AUFSATZ

Schreiben Sie in Form eines Aufsatzes über die Möglichkeiten, die ein Student

---

[14] Langasser *adjective form for* Langaß, *a place name*

[15] Zoppot *a place name*

[16] Zeughauspassage *a street name*

hat, im Sommer eine Beschäftigung zu finden und etwas Geld zu verdienen!
Schreiben Sie über Ihre eigenen Erlebnisse oder die Erfahrungen, die Ihre
Freunde gemacht haben! Erwähnen Sie unter anderem:

(1) die Notwendigkeit, während der Ferien etwas Geld zu verdienen;
(2) wie oder wo man sich um eine Sommerstelle bewirbt;
(3) warum es leicht und manchmal sehr schwer ist, eine Stelle zu finden;
(4) wo ein Mädchen am ehesten eine Stelle finden kann;
(5) bei was für Stellen man am meisten verdienen kann;
(6) ob man dabei auch etwas Nützliches lernen kann! usw.

VI. NEUER WORTSCHATZ

allerdings	indeed, however	**erwähnen**	to mention
der **Angestellte,**	employee (white	die **Ferien** (*pl.*)	vacation
-n, -n	collar)	die **Gehilfin, -nen**	assistant
die **Aufsicht**	supervision	die **Kenntnis, -se**	knowledge
die **Aushilfe, -n**	substitute em-	**klagen**	to complain
	ployee	**sonst**	otherwise
das **Bauwerk, -e**	construction,	**verlangen**	to require, de-
	building		mand
die **Beschäftigung,**	occupation, job	**vermissen**	to miss
-en		**verschwenden**	to waste
die **Bürostelle, -n**	office job	die **Zeichnung, -en**	sketch, drawing
eigentlich	in fact, really		
erhalten	to receive, get		
(erhält),			
erhielt,			
erhalten			

LEKTION 18

PARTICIPIAL CONSTRUCTIONS;

INFINITIVE PHRASES

I. GESPRÄCH: Vorbereitungen zum Abflug *(Tape 18)*

HERBERT: Leider ist der Sommer vorbei. Ich muß nächste Woche abreisen.

FRAU LENZ: Schade. Wir hätten Sie gern länger bei uns gehabt. Aber Sie müssen wohl auf die Universität zurück?

HERBERT: Ja. Ich war heute Vormittag im Reisebüro, um meinen Rückflug nach New York zu bestätigen.

FRAU LENZ: Fliegen Sie wieder in einem dieser Superflugzeuge mit 350 Plätzen?

HERBERT: Nein, diesmal nehme ich einen gewöhnlichen Jet. Die sind ebenso schnell.

FRAU LENZ: Ich hoffe, es hat Ihnen bei uns gefallen.

HERBERT: Der Abschied wird mir schwer fallen. Zum Glück reise ich nicht allein. Mein Freund Paul, der Maler in München, fährt auch zurück.

FRAU LENZ: Wirklich? Ich glaubte, Sie hätten mir gesagt, Paul würde noch ein Jahr bleiben.

HERBERT: Er würde noch lange bleiben. Aber er hat kein Geld mehr. Und mit seinem Kabarett, den Sauren Gurken, scheint er auch keinen Erfolg zu haben. Er wird per Autostop von München nach Frankfurt kommen.

FRAU LENZ: Meine Güte! Hoffentlich kommt er an, bevor das Flugzeug abfliegt.

HERBERT: Keine Angst! Paul ist ein mit allen Kniffen vertrauter Autostopper. — Nun, ich muß zu packen beginnen.

FRAU LENZ: Brauchen Sie Schachteln, Papier? Sie haben doch gewiß nicht genug Platz im Koffer für all Ihre Sachen.

HERBERT: Da haben Sie recht. Ich habe zu viele Andenken und Geschenke gekauft. Die will ich mit der Post nach Hause schicken.

FRAU LENZ: Mehr als zwanzig Kilogramm darf Ihr Reisegepäck sowieso nicht wiegen.

HERBERT: Stimmt. Haben Sie eine Waage?

FRAU LENZ: Nur eine Küchenwaage. Nein, warten Sie, Otto hat eine Personenwaage. Ich hole sie gleich.

HERBERT: Bemühen Sie sich nicht! So eilig habe ich es nicht. Ich muß mir erst überlegen, was ich mitnehmen kann und was ich mit der Post schicken muß.

FRAU LENZ: Ja, das ist wichtig. Im Koffer kann man gewisse Sachen verstecken, für die man sonst Zoll bezahlen müßte, nicht wahr?

HERBERT: Das schon. Aber offen gestanden ziehe ich es vor, Zoll zu bezahlen.

FRAU LENZ: Haben Sie Ilse schon gesagt, daß Sie abreisen?

HERBERT: Nein. Ilse weiß natürlich, daß wir bald einmal Abschied nehmen müssen. Aber wir werden uns wiedersehen.

FRAU LENZ: Ah, Sie kommen nächstes Jahr wieder?

HERBERT: Nein. Ilse kommt als Austauschstudentin nach Amerika.

Fragen (*Tape 18*)

Antworten Sie auf deutsch!

1. Wann wird Herbert nach Amerika zurückreisen?
2. Warum war Herbert am Vormittag im Reisebüro?
3. Mit was für einem Flugzeug wird Herbert über den Atlantik fliegen?
4. Wer wird mit Herbert nach Amerika mitfliegen?
5. Warum bleibt Paul nicht länger in Deutschland?

6. Wie wird Paul von München nach Frankfurt kommen?
7. Wieviel darf Herberts Gepäck für den Flug wiegen?
8. Was für Sachen will Herbert mit der Post nach Hause schicken?
9. Warum will Herbert nichts in seinem Koffer verstecken?
10. Wo werden Herbert und Ilse sich wiedersehen?

Konversation

Fragen Sie Ihren Nachbar,

1. ob und warum er als Austauschstudent nach Deutschland gehen möchte!
2. ob er lieber in einer großen oder in einer kleinen deutschen Stadt wohnen würde!
3. wie viele Wochen oder Monate er in Deutschland verbringen möchte!
4. wie lange vor einer Ferienfahrt er zu packen beginnt!
5. wie man heutzutage am schnellsten über den Atlantik reist!
6. wohin er geht, um sich eine Flugkarte zu bestellen!

II. NÜTZLICHE AUSDRÜCKE

der Abschied	departure, leave
Abschied nehmen	to take leave
die Angst	anxiety, fear
Keine Angst!	Don't worry!
per Autostop	by hitchhiking
der Autostopper	hitchhiker
der Erfolg	success
Erfolg haben mit etwas	to be successful with something
fallen	to fall
einem schwer fallen	to be (emotionally) difficult for somebody
einem leicht fallen	to be (emotionally) easy for somebody
gestehen	to admit, confess
offen gestanden	frankly, frankly speaking
zum Glück	fortunately
der Kniff	trick, stratagem
mit allen Kniffen vertraut sein	to know all the tricks
mit der Post schicken	to send by mail

Anwendung

Gebrauchen Sie vier der Nützlichen Ausdrücke in ganzen Sätzen!

III. GRAMMATIK UND ÜBUNGEN

87. Present Participle

INFINITIVE		PRESENT PARTICIPLE	
spielen	*to play*	**spielend**	*playing*
lächeln	*to smile*	**lächelnd**	*smiling*
hungern	*to be hungry*	**hungernd**	*(going) hungry*

The present participle is formed by adding **-d** to the infinitive.

88. Uses of Present and Past Participles[1]

(a) As Adjective

Das war eine **überraschende** Nachricht.
That was a surprising bit of news.
Ich habe mein **verlorenes** Buch endlich wieder gefunden.
I've finally found my lost book again.
Die Nachricht war sehr **überraschend.**
The news was very surprising.
Das Kind saß **weinend** auf der Treppe.
The child sat weeping on the stair.

The present and past participles may be used as adjectives, with appropriate adjective endings when preceding a noun.[2]

(b) As Adjective-Noun

Die Sterbende hat ihre Kinder nicht mehr erkannt.
The dying woman no longer recognized her children.
Viele Reisende kommen jedes Jahr nach Deutschland.
Many travelers come to Germany every year.
Der Gerettete konnte seine Dankbarkeit kaum aussprechen.
The man who was saved could scarcely express his gratitude.

The present and past participles may be used as adjective-nouns, with appropriate adjective endings.[3]

---

[1] The main uses of past participles are in compound tenses.

[2] After a verb of motion, German uses the past participle where English uses the present participle:

Die Kinder kamen **gelaufen.**
The children came running.

[3] See Lektion 9, Section 53, for case endings of adjective-nouns.

Note the following list of common participial adjective-nouns:

die Anwesenden (pl.)	*those present, the audience*
der Angestellte	*the employee*
der Bekannte	*the acquaintance*
der Gefangene	*the prisoner*
der Geliebte	*the beloved*
die Mitwirkenden (pl.)	*members of the cast*
der Reisende	*the traveler*
der Vorsitzende	*the chairman*

(c) In Set Phrases

Offen gestanden bin ich etwas enttäuscht.
Frankly speaking, I am somewhat disappointed.
Genau betrachtet ist die Lage gar nicht so schlimm.
On close examination, the situation isn't really so bad.
Vom Westen kommend, hat man die beste Aussicht.
Coming from the west, one has the best view.

As in English, some participles may be used in set phrases.

(d) As Extended Adjective

Paul ist ein **mit allen Kniffen vertrauter** Autostopper.
Paul is a hitchhiker (who is) well-versed in all the tricks.
Dies ist eine **auch Sie betreffende** Nachricht.
This is news that concerns you, too.

Participles used as adjectives before a noun may themselves have modifiers, which immediately precede them.[1] Compare the following examples:

ein **vergessener** Dichter
a forgotten poet
ein **längst vergessener** Dichter
a long forgotten poet
ein **seit vielen Jahren vergessener** Dichter
a poet who has been forgotton for many years

Note: Extended adjectives are typical features of formal, especially scientific and scholarly, German. In conversation, they may occur in short expressions but are usually replaced by relative clauses:

eine **auch Sie betreffende** Nachricht
eine Nachricht, **die auch Sie betrifft**

---

[1] Descriptive adjectives may also be "extended," that is, have modifying elements:
Dieser **fast in der ganzen Welt bekannte** Roman ist von Günter Grass.
This novel, which is known almost throughout the world, is by Günter Grass.

ÜBUNG A   *(Tape 18)*

Ersetzen Sie die Relativsätze durch Partizipien!

BEISPIEL: Dies ist eine Arbeit, die sehr anstrengt.
           Dies ist eine sehr anstrengende Arbeit.

1. Die Geschichte, die nun folgt, ist sehr interessant.
2. Dies ist kein neues Problem für einen Menschen, der denkt.
3. Die Kinder, die spielten, ließen sich nicht stören.
4. Dies war eine Nachricht, die sehr enttäuschte.
5. Der Dichter, der anwesend war, wurde im Laufe des Abends geehrt.
6. Der Sänger, der jetzt auftritt, ist ein weltberühmter Tenor.
7. Er wartet gespannt auf den Teil, der nun kommt.
8. Die meisten Tiere, die in Europa vorkommen, sind auch in Amerika bekannt.

ÜBUNG B   *(Tape 18)*

Ersetzen Sie die Relativsätze durch Partizipien!

BEISPIEL: Dies ist ein Buch, das eben veröffentlicht worden ist.
           Dies ist ein eben veröffentlichtes Buch.

 1. Er hat die Flugkarte, die er verloren hatte, wieder gefunden.
 2. Die Postkarte, die eben angekommen ist, ist von seiner Mutter.
 3. Er kauft nur Artikel, die schon gebraucht worden sind.
 4. Der Soldat, der verwundet war, starb am nächsten Morgen.
 5. Er stand vor seinem Haus, das abgebrannt war.
 6. „Faust" ist ein Stück, das oft gespielt wird.
 7. Der Teppich, der gereinigt worden ist, sieht wie neu aus.
 8. Sie sprach von ihrem Vater, der kürzlich verstorben ist.
 9. Er ist ein Gast, der gern gesehen wird.
10. Der Mann, der schwarz gekleidet ist, ist der Schiedsrichter.

ÜBUNG C   *(Tape 18)*

Ersetzen Sie das Attribut durch einen Relativsatz!

BEISPIEL: Er hat seinen vor einem halben Jahr gekauften Hut noch nie getragen.
           Er hat seinen Hut, den er vor einem halben Jahr gekauft hat, noch nie getragen.

1. Die über den Berg führende Straße ist kürzer.
2. Wernher von Braun ist ein auf der ganzen Welt bekannter Forscher.

3. Die aus vielen Filmen bekannte Schauspielerin ist gestern abend in unserem Theater aufgetreten.
4. Im Programm war ein überall mit großem Erfolg auftretendes Trio.
5. Die meisten der im Krieg zerstörten Städte sind wieder aufgebaut worden.
6. Dies ist die am schwersten zu beantwortende Frage.

89. Infinitive Phrases

(a) Er hatte vergessen **zu schreiben.**
He had forgotten to write.
Er hatte vergessen, den Brief **zu schreiben.**
He had forgotten to write the letter.
Er scheint den Brief **vergessen zu haben.**
He seems to have forgotten the letter.

Most verbs are linked to dependent infinitives by the preposition **zu.** (Compare the English use of *to.*)

Note: After certain verbs, the infinitive is used without **zu:**

Er **hörte** seine Schwester ein Lied **singen.**
He heard his sister sing a song.
Ich **sah** ihn über die Straße **gehen.**
I saw him crossing the street.

The most common verbs followed directly by an infinitive are:[1]

fühlen	*to feel*	**lassen**	*to let, permit*
helfen	*to help*	**sehen**	*to see*
hören	*to hear*	**spüren**	*to feel*

(b) Er ist zum Reisebüro gegangen, **um** sich eine Flugkarte **zu besorgen.**
He went to the travel bureau (in order) to get a flight ticket.
Er wollte nicht nach Amerika zurück, **ohne** Berlin **gesehen zu haben.**
He didn't want to return to America without having seen Berlin.
Er ist nach Berlin gefahren, **anstatt** in Frankfurt **zu bleiben.**
He went to Berlin instead of remaining in Frankfurt.

The expressions **um zu, ohne zu,** and **anstatt (statt) zu** are used with an infinitive.[2]

---

[1] Other verbs directly linked to a dependent infinitive are the modals as well as **werden** as auxiliary for the future tense. Remember that **fühlen, hören, lassen, sehen, spüren,** like modals, form a "double infinitive" in compound tenses (see Lektion 4, Section 21):

Er hat ihn **kommen sehen.** *He saw him coming.*

[2] Note the position of **zu** with the infinitive of a separable verb:

Er beschloß, sofort zurückzukehren.
He decided to return right away.
Sie kam herein, ohne sich vorzustellen.
She came in without introducing herself.

ÜBUNG D *(Tape 18)*

Verbinden Sie die Satzpaare den Beispielen entsprechend!

BEISPIELE: Ich sah ihn. Er ging über die Straße.
Ich sah ihn über die Straße gehen.

Er bat seine Schwester. Sie half ihm.
Er bat seine Schwester, ihm zu helfen.

1. Er faßte den Entschluß. Er rauchte nie mehr.
2. Ich hörte sie. Sie arbeitete in der Küche.
3. Sie denkt nie daran. Sie schreibt ihren Freunden.
4. Sie waren alle damit einverstanden. Sie verschoben die Reise.
5. Gestern sah ich sie. Sie rauchte auf der Straße.
6. Dürfte ich Sie bitten? Füllen Sie dieses Formular aus!
7. Es war seine Pflicht. Er warnte uns.
8. Ich half ihm. Er übersetzte den Brief.
9. Es wird mir ein Vergnügen sein. Ich treffe Sie dort.
10. Er hatte die Absicht. Er kehrte noch am selben Tage zurück.

ÜBUNG E

Beanworten Sie die Fragen den Beispielen entsprechend! Gebrauchen Sie die angegebenen Wörter in Ihren Antworten!

BEISPIELE: Hat er sich verabschiedet? (weggehen, ohne)
Er ist weggegangen, ohne sich zu verabschieden.

Hat sein Vater ihm geholfen? (kommen, um)
Sein Vater ist gekommen, um ihm zu helfen.

1. Hat er Briefe geschrieben? (ins Kino gehen, anstatt)
2. Hat er Ilse eingeladen? (anrufen, um)
3. Ist er nach München gefahren? (zu Hause bleiben, anstatt)
4. Hat er seine Fahrkarte mitgenommen? (zum Bahnhof gehen, ohne)
5. Hat er das Zimmer vorausbestellt? (das Hotel anrufen, um)
6. Hat er Einkäufe gemacht? (ausgehen, um)
7. Hat er viel Geld ausgegeben? (Einkäufe machen, ohne)
8. Hat er die Geschenke mit der Post geschickt? (ein Paket packen, um)
9. Hat er das berühmte Museum besucht? (heimkehren, ohne)
10. Hat er das Fahrrad genommen? (zu Fuß gehen, anstatt)

IV. LEKTÜRE

THEODOR STORM: Der Schimmelreiter

In this long novella, Storm (1817–1888) tells the story of a man so dedicated to taking care of the Friesland dikes, whose maintenance means life or death to the people who live behind them, that now, in death, he returns as a ghostly rider on a white horse to warn the inhabitants of impending danger.
This selection is from the opening pages of the novella.

Es war im dritten Jahrzehnt unseres Jahrhunderts, an einem Oktobernachmittag — so begann der damalige Erzähler —, als ich bei starkem Unwetter auf einem nordfriesischen[1] Deich entlang ritt. Zur Linken hatte ich jetzt schon seit über einer Stunde die öde, bereits
5   von allem Vieh geleerte Marsch, zur Rechten, und zwar in unbehaglicher Nähe, das Wattenmeer[2] der Nordsee; zwar sollte man vom Deiche aus auf Halligen[3] und Inseln sehen können; aber ich sah nichts als die gelbgrauen Wellen, die unaufhörlich wie mit Wutgebrüll an den Deich hinaufschlugen und mitunter mich und das Pferd mit
10   schmutzigem Schaum bespritzten; dahinter wüste Dämmerung, die Himmel und Erde nicht unterscheiden ließ; denn auch der halbe Mond, der jetzt in der Höhe stand, war meist von treibendem Wolkendunkel überzogen. Es war eiskalt; meine verklommenen Hände konnten kaum den Zügel halten, und ich verdachte es nicht den
15   Krähen und Möwen, die sich fortwährend krächzend und gackernd vom Sturm ins Land hineintreiben ließen. Die Nachtdämmerung hatte begonnen, und schon konnte ich nicht mehr mit Sicherheit die Hufe meines Pferdes erkennen; keine Menschenseele war mir begegnet, ich hörte nichts als das Geschrei der Vögel, wenn sie mich oder
20   meine treue Stute fast mit den langen Flügeln streiften, und das Toben von Wind und Wasser. Ich leugne nicht, ich wünschte mich mitunter in sicheres Quartier.
Das Wetter[4] dauerte jetzt in den dritten Tag, und ich hatte mich schon über Gebühr von einem mir besonders lieben Verwandten auf
25   seinem Hofe halten lassen, den er in einer der nördlicheren Harden[5] besaß. Heute aber ging es nicht länger; ich hatte Geschäfte in der

---

[1] nordfriesisch *north Frisian*
[2] das Wattenmeer *shallows*
[3] die Hallig *tidal island*

[4] das Wetter (*here*) *the storm*
[5] die Harde *village, hamlet*

Stadt, die auch jetzt wohl noch ein paar Stunden weit nach Süden vor
mir lag, und trotz aller Überredungskünste des Vetters und seiner
lieben Frau, trotz der schönen, selbstgezogenen Perinette- und
Grand-Richard-Äpfel, die noch zu probieren waren, am Nachmittag   30
war ich davongeritten. „Wart nur, bis du ans Meer kommst", hatte
er noch aus seiner Haustür mir nachgerufen; „du kehrst noch wieder
um; dein Zimmer wird dir vorbehalten!"

Und wirklich, einen Augenblick, als eine schwarze Wolkenschicht
es pechfinster um mich machte und gleichzeitig die heulenden Böen[6]   35
mich samt meiner Stute vom Deich herabzudrängen suchten, fuhr es
mir wohl durch den Kopf: „Sei kein Narr! Kehr um und setz dich zu
deinen Freunden ins warme Nest." Dann aber fiel's mir ein, der Weg
zurück war wohl noch länger als der nach meinem Reiseziel; und so
trabte ich weiter, den Kragen meines Mantels um die Ohren ziehend.   40

Jetzt aber kam auf dem Deiche etwas gegen mich heran; ich hörte
nichts; aber immer deutlicher, wenn der halbe Mond ein karges
Licht herabließ, glaubte ich eine dunkle Gestalt zu erkennen, und
bald, da sie näher kam, sah ich es, sie saß auf einem Pferde, einem
hochbeinigen, hageren Schimmel; ein dunkler Mantel flatterte um   45
ihre Schultern, und im Vorbeifliegen sahen mich zwei brennende
Augen aus einem bleichen Antlitz an.

Wer war das? Was wollte der? — Und jetzt fiel mir bei,[7] ich hatte
keinen Hufschlag, kein Keuchen des Pferdes vernommen; und Roß
und Reiter waren doch hart an mir vorbeigefahren!   50

In Gedanken darüber ritt ich weiter, aber ich hatte nicht lange
Zeit zum Denken, schon fuhr es von rückwärts wieder an mir vorbei;
mir war, als streifte mich der fliegende Mantel, und die Erscheinung
war, wie das erstemal, lautlos an mir vorüber gestoben.[8] Dann sah
ich sie fern und ferner vor mir; dann war's, als säh ich plötzlich ihren   55
Schatten an der Binnenseite des Deiches hinuntergehen.

Komposition

1. The storyteller had left his friends, who lived on a property located in the
   north.
2. The weather was very bad, and they had asked him not to leave them.
3. But business in the city forced him to ride off.

---

[6] die Bö *gust, squall*   [8] war . . . vorüber gestoben *whizzed by*
[7] fiel mir bei = fiel mir ein

4. The as yet untried apples in the orchard and the mounting storm could not hold him back.
5. His horse, which was sprayed with dirty foam, trotted along the dike, although it was hard to see the way.
6. The moon could not be seen very often because of the dark, drifting clouds.
7. Suddenly he realized that he was not alone on the newly built dike.
8. A lean rider dressed in black flew past him.
9. Because of the howling wind he had not heard him, although he could hear the shrieking gulls.
10. He did see his brightly burning eyes, and he knew it was the well-known white rider.

V. AUFSATZ

Sie sind vor einer Woche mit dem Flugzeug aus Deutschland zurückgekehrt. Nun schreiben Sie einem deutschen Freunde einen Brief, in dem Sie ihm von Ihrer Rückreise und Ihrer Ankunft zu Hause berichten. In Ihrem Brief schreiben Sie zum Beispiel:

(1) über den Flug, über das Wetter während des Fluges und ob das Flugzeug bei der Ankunft in Amerika Verspätung hatte;
(2) ob man im Flugzeug Deutsch oder Englisch oder beide Sprachen gesprochen hat;
(3) über die Mahlzeiten, die während des Fluges serviert wurden;
(4) ob ein Film gezeigt wurde oder ob Sie geschlafen oder etwas gelesen haben;
(5) von wem Sie bei der Ankunft am Flughafen empfangen wurden;
(6) wie Sie vom Flughafen nach Hause gefahren sind;
(7) ob Sie glücklich waren, Ihre Eltern, Geschwister und alten Freunde wiederzusehen.

VI. NEUER WORTSCHATZ

ab-fliegen, flog ab, abgeflogen	to fly off	**sich überlegen**	to consider, think over
abreisen	to leave, travel away	**verstecken**	to hide, conceal
		die **Vorbereitung, -en**	preparation
das **Andenken, -**	souvenir	der **Vormittag, -e**	morning
sich bemühen	to take pains, make an effort	**vor-ziehen, zog vor, vorgezogen**	to prefer
bestätigen	to confirm		
der **Maler, -**	painter	die **Waage, -n**	scale
das **Reisebüro, -s**	travel agency	**wiegen, wog, gewogen**	to weigh
der **Rückflug, ⸚e**	return flight		
die **Schachtel, -n**	box, package		

Appendix I

90. Syllabication

German words are divided at the end of a line according to units of sound (**Sprechsilben**).

a. A syllable normally begins with a consonant; thus, division occurs before a consonant: **ge-ben, Au-gen, schwei-ze-risch, Li-te-ra-tur.**

b. In a cluster of two or more consonants, the division occurs before the last consonant: **ir-ren, wer-den, Ge-dan-ken, Erb-se.**

c. The combinations **ch, sch, ß, ph,** and **st** are never divided: **ma-chen, wün-schen, hei-ßen, Philoso-phie, Fen-ster, er-ste.**

d. The combination **ck** is divided into **k-k: pak-ken.**

e. Compounds, including words with common prefixes and suffixes, are divided according to components: **Hals-tuch, Park-platz, Aus-druck, her-ein, be-sprechen, Häus-chen.**

91. Punctuation

German punctuation is basically similar to English. Note the following major differences:

(a) The comma is used to set off all dependent clauses, including infinitive clauses that have modifiers:

Der Brief, **den er schrieb,** war voller Fehler.
Ich würde es Ihnen sagen, **wenn ich es wüßte.**
Sie vergaß, **die Fenster zu schließen.**

Note: Simple infinitive phrases are not set off by commas: Es begann **zu regnen.**

(b) Exclamation points are normally used after imperatives: **Folgen Sie mir!**

(c) Quotations are preceded by a colon, and the first quotation mark is written on the line: **Er sagte: „Ich habe genug davon.“**

(d) In numerals, German uses the comma where English uses the period:

1,35 (eins Komma drei fünf)   *1.35 (one point three five)*

Spacing alone sets off thousands:

943 185 762   *943,185,762*

The period indicates that a numeral is an ordinal:

der 4. Juli (der vierte Juli)   *July 4th*

92. Summary of Word Order

(a) Verb Position

1. Normal Word Order

In normal word order (used in main clauses), the subject stands first, followed by the finite verb and the rest of the predicate. The nonfinite forms of the verb (infinitive and past participle) always stand at the end of a main clause:

Herbert fährt heute nach München.
Herbert is going to Munich today.
Er will Deutschland **besuchen.**
He wants to visit Germany.
Otto ist selten ins Kino **gegangen.**
Otto seldom went to the movies.

Note: When there are two infinitives (double infinitive), the infinitive of the main verb stands last, preceded by the infinitive of the dependent verb:

Er wird Deutschland **besuchen können.**
He will be able to visit Germany.
Er hat Deutschland **besuchen wollen.**
He wanted to visit Germany.

2. Inverted Word Order

In inverted word order (used in main clauses), one element of the predicate stands first, followed by the finite verb, the subject, and the rest of the predicate:

Heute **fährt Herbert** nach München.
Today Herbert is going to Munich.
Diesen Herrn **kenne ich** nicht.
I don't know this gentleman.
Ohne Reisepaß **kann Herbert** seine Reiseschecks nicht **umwechseln.**
Without his passport Herbert cannot exchange his travelers checks.

Note that, as in normal word order, the finite verb stands in second position.

3. Interrogative Word Order

In questions the finite verb precedes the subject, as in English:

Hat sie kein Geld?
Does she have no money?
Mit wem **hat er** gesprochen?
With whom did he speak?

If an interrogative word is used as the subject of the question, the finite verb immediately follows the subject, as in English:

Wer hat diesen Brief geschrieben?
Who wrote this letter?

4. Dependent Word Order

In dependent word order (used in dependent clauses) the finite verb stands at the end of the dependent clause:

Ich höre, daß Herbert heute nach München **fährt.**
I hear Herbert is going to Munich today.
Hier ist die Frau, die uns **helfen will.**
Here's the woman who wants to help us.
Ich weiß nicht, ob er ins Kino **gegangen ist.**
I don't know whether he has gone to the movies.

In a compound tense the infinitive or past participle precedes the finite verb. Observe, however, that a double infinitive always stands last in a clause and the finite verb immediately precedes:

Wir verstehen, warum Herbert nur Deutsch **hat sprechen wollen.**
We understand why Herbert wanted to speak only German.

5. Omission of **wenn, ob, daß**

wenn

When the dependent conjunction **wenn** is omitted in a conditional clause, the finite form of the verb stands first:

Wenn er hier **wäre,** würden wir es ihm geben.
Wäre er hier, so würden wir es ihm geben.
If he were here, we would give it to him.

Wenn ich das gewußt **hätte,** wäre ich sofort gekommen.
Hätte ich das gewußt, so wäre ich sofort gekommen.
If I had known that, I'd have come immediately.

ob (in **als ob**)

When the dependent conjunction **ob** is omitted, the finite verb immediately follows **als:**

Er tat, als ob er krank **wäre.**
Er tat, als **wäre** er krank.
He acted as though he were ill.

Er sah uns an, als ob er uns nicht verstanden **hätte.**
Er sah uns an, als **hätte** er uns nicht verstanden.
He looked at us as though he had not understood us.

daß

When the dependent conjunction **daß** is omitted, the dependent clause has the word order of a main clause, that is, normal or inverted:

Sie behauptet, daß **sie** uns gestern **gesehen hätte.**
Sie behauptet, **sie hätte** uns gestern **gesehen.**
Sie behauptet, gestern **hätte** sie uns **gesehen.**
She claims she saw us yesterday.

(b) Direct and Indirect Objects

1. Two Nouns

An indirect object precedes a direct object when both are nouns. English may or may not follow this word order:

Otto hat **seinem Freund deutsche Zigaretten** gegeben.
Otto gave his friend German cigarettes. (Otto gave German cigarettes to his friend.)

2. Two Pronouns

A direct pronoun object precedes an indirect pronoun object, as in English:

Otto hat **sie ihm** gegeben.
Otto gave them to him.

3. Pronoun and Noun

A pronoun object precedes a noun object, as in English:

Otto hat **sie seinem Freund** gegeben.
Otto gave them to his friend.
Otto hat **ihm deutsche Zigaretten** gegeben.
Otto gave him German cigarettes.

(c)   Pronoun Objects Preceding the Subject

A pronoun object normally precedes a noun subject or a polysyllabic pronoun subject in:

1. Questions

Wie hat **ihm der Arzt** geholfen?[1]
How did the doctor help him?
Hat **ihn der Vater** getadelt?
Did his father criticize him?

2. Inverted Word Order

Heute hat **sich unser Lehrer** furchtbar geärgert.
Today our teacher became terribly angry.
Leider hat **ihn niemand** gesehen.[2]
Unfortunately nobody saw him.

3. Dependent Clauses

Es schien, als ob **sich die beiden** freundlich begrüßt hätten.
It seemed as if the two had greeted each other in a friendly way.
Wenn **es mir die Eltern** nicht verbieten, komme ich gerne.
If my parents don't forbid it, I'll be glad to come.

(d)   Adverbial Expressions of Time, Manner, Place

Adverbial expressions of time and manner precede adverbial expressions of place:

---

[1] But: Wie hat **er ihm** geholfen.
[2] But: Leider hat **sie ihn** gesehen.

Er ist **gestern in die Stadt** gegangen.
He went downtown yesterday.
Er ist **mit dem Fahrrad in die Stadt** gefahren.
He went downtown on his bicycle.
Er ist **gestern mit dem Fahrrad in die Stadt** gefahren.
He went downtown yesterday on his bicycle.

(e) Position of **nicht**

1. **Nicht** usually precedes the word it modifies:

a. an infinitive

Ich konnte meine Reiseschecks **nicht umwechseln.**
I couldn't exchange my travelers checks.

b. a past participle

Er ist gestern abend **nicht gekommen.**
He didn't come last night.

c. a predicate noun

Es ist **nicht meine Schwester** gewesen.
It wasn't my sister.

d. a predicate adjective or adverb

Das Wetter war letzte Woche **nicht heiß.**
The weather wasn't hot last week.
Sie hat **nicht lange** gesungen.
She didn't sing very long.

e. a prepositional phrase

Er war **nicht im Wohnzimmer.**
He wasn't in the living room.

f. a separable prefix standing at the end of a clause

Er geht heute **nicht aus.**
He isn't going out today.

g. any sentence element emphatically denied

Er ist **nicht gestern,** sondern vorgestern angekommen.
He did not arrive yesterday but the day before yesterday.

2. **Nicht** negating an entire main clause stands at the end of the clause
if the verb is in the present or simple past:

Die Sonne scheint heute **nicht.**
The sun isn't shining today.

Er verstand mich **nicht.**
He didn't understand me.

Nicht negating an entire dependent clause precedes the verb in the present and simple past:

Wir bleiben zu Hause, da die Sonne heute **nicht** scheint.

93. Auxiliary Verbs

INFINITIVE		
haben	**sein**	**werden**

PAST PARTICIPLE		
gehabt	gewesen	geworden

PRESENT INDICATIVE		
ich habe	ich bin	ich werde
du hast	du bist	du wirst
er hat	er ist	er wird
wir haben	wir sind	wir werden
ihr habt	ihr seid	ihr werdet
sie haben	sie sind	sie werden

SIMPLE PAST		
ich hatte	ich war	ich wurde
du hattest	du warst	du wurdest
er hatte	er war	er wurde
wir hatten	wir waren	wir wurden
ihr hattet	ihr wart	ihr wurdet
sie hatten	sie waren	sie wurden

FUTURE INDICATIVE		
ich werde haben	ich werde sein	ich werde werden
du wirst haben	du wirst sein	du wirst werden
er wird haben	er wird sein	er wird werden
wir werden haben	wir werden sein	wir werden werden
ihr werdet haben	ihr werdet sein	ihr werdet werden
sie werden haben	sie werden sein	sie werden werden

PRESENT PERFECT		
ich habe gehabt	ich bin gewesen	ich bin geworden
du hast gehabt	du bist gewesen	du bist geworden
er hat gehabt	er ist gewesen	er ist geworden
wir haben gehabt	wir sind gewesen	wir sind geworden
ihr habt gehabt	ihr seid gewesen	ihr seid geworden
sie haben gehabt	sie sind gewesen	sie sind geworden

PAST PERFECT

ich hatte gehabt	ich war gewesen	ıch war geworden
du hattest gehabt	du warst gewesen	du warst geworden
er hatte gehabt	er war gewesen	er war geworden
wir hatten gehabt	wir waren gewesen	wir waren geworden
ihr hattet gehabt	ihr wart gewesen	ihr wart geworden
sie hatten gehabt	sie waren gewesen	sie waren geworden

FUTURE PERFECT

ich werde gehabt haben	ich werde gewesen sein
du wirst gehabt haben	du wirst gewesen sein
er wird gehabt haben	er wird gewesen sein
wir werden gehabt haben	wir werden gewesen sein
ihr werdet gehabt haben	ihr werdet gewesen sein
sie werden gehabt haben	sie werden gewesen sein

ich werde geworden sein
du wirst geworden sein
er wird geworden sein
wir werden geworden sein
ihr werdet geworden sein
sie werden geworden sein

PRESENT SUBJUNCTIVE I

ich habe	ich sei	ich werde
du habest	du sei(e)st	du werdest
er habe	er sei	er werde
wir haben	wir seien	wir werden
ihr habet	ihr seiet	ihr werdet
sie haben	sie seien	sie werden

PRESENT SUBJUNCTIVE II

ich hätte	ich wäre	ich würde
du hättest	du wär(e)st	du würdest
er hätte	er wäre	er würde
wir hätten	wir wären	wir würden
ihr hättet	ihr wäret	ihr würdet
sie hätten	sie wären	sie würden

PAST SUBJUNCTIVE I

ich habe gehabt	ich sei gewesen	ich sei geworden
du habest gehabt	du sei(e)st gewesen	du sei(e)st geworden
er habe gehabt	er sei gewesen	er sei geworden
wir haben gehabt	wir seien gewesen	wir seien geworden
ihr habet gehabt	ihr seiet gewesen	ihr seiet geworden
sie haben gehabt	sie seien gewcsen	sie seien geworden

PAST SUBJUNCTIVE II

ich hätte gehabt	ich wäre gewesen	ich wäre geworden
du hättest gehabt	du wär(e)st gewesen	du wär(e)st geworden
er hätte gehabt	er wäre gewesen	er wäre geworden

wir hätten gehabt	wir wären gewesen	wir wären geworden
ihr hättet gehabt	ihr wäret gewesen	ihr wäret geworden
sie hätten gehabt	sie wären gewesen	sie wären geworden

FUTURE SUBJUNCTIVE

ich werde haben	ich werde sein	ich werde werden
du werdest haben	du werdest sein	du werdest werden
er werde haben	er werde sein	er werde werden
wir werden haben	wir werden sein	wir werden werden
ihr werdet haben	ihr werdet sein	ihr werdet werden
sie werden haben	sie werden sein	sie werden werden

CONDITIONAL

ich würde haben	ich würde sein	ich würde werden
du würdest haben	du würdest sein	du würdest werden
er würde haben	er würde sein	er würde werden
wir würden haben	wir würden sein	wir würden werden
ihr würdet haben	ihr würdet sein	ihr würdet werden
sie würden haben	sie würden sein	sie würden werden

IMPERATIVE

habe!	sei!	werde!
habt!	seid!	werdet!
haben Sie!	seien Sie!	werden Sie!

94. Modal Auxiliaries

dürfen	können	mögen	müssen	sollen	wollen
		PRESENT INDICATIVE			
ich darf	kann	mag	muß	soll	will
du darfst	kannst	magst	mußt	sollst	willst
er darf	kann	mag	muß	soll	will
wir dürfen	können	mögen	müssen	sollen	wollen
ihr dürft	könnt	mögt	müßt	sollt	wollt
sie dürfen	können	mögen	müssen	sollen	wollen
		SIMPLE PAST			
ich durfte	konnte	mochte	mußte	sollte	wollte
du durftest	konntest	mochtest	mußtest	solltest	wolltest
er durfte	konnte	mochte	mußte	sollte	wollte
wir durften	konnten	mochten	mußten	sollten	wollten
ihr durftet	konntet	mochtet	mußtet	solltet	wolltet
sie durften	konnten	mochten	mußten	sollten	wollten

FUTURE INDICATIVE

ich werde dürfen (können mögen, müssen, sollen, wollen), etc.

PRESENT PERFECT

ich habe gedurft (gekonnt, gemocht, gemußt, gesollt, gewollt), etc.

PAST PERFECT

ich hatte gedurft (gekonnt, gemocht, gemußt, gesollt, gewollt), etc.

FUTURE PERFECT

ich werde gedurft haben (gekonnt haben, gemocht haben, gemußt haben, gesollt
haben, gewollt haben), etc.

PRESENT SUBJUNCTIVE I

ich dürfe	könne	möge	müsse	solle	wolle
du dürfest	könnest	mögest	müssest	sollest	wollest
er dürfe	könne	möge	müsse	solle	wolle
wir dürfen	können	mögen	müssen	sollen	wollen
ihr dürfet	könnet	möget	müsset	sollet	wollet
sie dürfen	können	mögen	müssen	sollen	wollen

PRESENT SUBJUNCTIVE II

ich dürfte (könnte, möchte, müßte, sollte, wollte), etc.

PAST SUBJUNCTIVE I

ich habe gedurft (gekonnt, gemocht, gemußt, gesollt, gewollt), etc.

PAST SUBJUNCTIVE II

ich hätte gedurft (gekonnt, gemocht, gemußt, gesollt, gewollt), etc.

FUTURE SUBJUNCTIVE

ich werde dürfen (können, mögen, müssen, sollen, wollen), etc.

CONDITIONAL

ich würde dürfen (können, mögen, müssen, sollen, wollen), etc.

95. Regular and Irregular Verbs

ACTIVE

INFINITIVE

kaufen   **fahren**

PRESENT PARTICIPLE

kaufend   fahrend

PAST PARTICIPLE

gekauft   gefahren

PRESENT INDICATIVE

ich kaufe	ich fahre
du kaufst	du fährst
er kauft	er fährt
wir kaufen	wir fahren
ihr kauft	ihr fahrt
sie kaufen	sie fahren

SIMPLE PAST

ich kaufte	ich fuhr
du kauftest	du fuhrst
er kaufte	er fuhr
wir kauften	wir fuhren
ihr kauftet	ihr fuhrt
sie kauften	sie fuhren

FUTURE INDICATIVE

ich werde kaufen	ich werde fahren
du wirst kaufen	du wirst fahren
er wird kaufen	er wird fahren
wir werden kaufen	wir werden fahren
ihr werdet kaufen	ihr werdet fahren
sie werden kaufen	sie werden fahren

PRESENT PERFECT

ich habe gekauft	ich bin gefahren
du hast gekauft	du bist gefahren
er hat gekauft	er ist gefahren
wir haben gekauft	wir sind gefahren
ihr habt gekauft	ihr seid gefahren
sie haben gekauft	sie sind gefahren

PAST PERFECT

ich hatte gekauft	ich war gefahren
du hattest gekauft	du warst gefahren
er hatte gekauft	er war gefahren
wir hatten gekauft	wir waren gefahren
ihr hattet gekauft	ihr wart gefahren
sie hatten gekauft	sie waren gefahren

FUTURE PERFECT

ich werde gekauft haben	ich werde gefahren sein
du wirst gekauft haben	du wirst gefahren sein
er wird gekauft haben	er wird gefahren sein
wir werden gekauft haben	wir werden gefahren sein
ihr werdet gekauft haben	ihr werdet gefahren sein
sie werden gekauft haben	sie werden gefahren sein

PRESENT SUBJUNCTIVE I

ich kaufe	ich fahre
du kaufest	du fahrest
er kaufe	er fahre
wir kaufen	wir fahren
ihr kaufet	ihr fahret
sie kaufen	sie fahren

PRESENT SUBJUNCTIVE II

ich kaufte	ich führe
du kauftest	du führest
er kaufte	er führe
wir kauften	wir führen
ihr kauftet	ihr führet
sie kauften	sie führen

PAST SUBJUNCTIVE I

ich habe gekauft	ich sei gefahren
du habest gekauft	du sei(e)st gefahren
er habe gekauft	er sei gefahren
wir haben gekauft	wir seien gefahren
ihr habet gekauft	ihr seiet gefahren
sie haben gekauft	sie seien gefahren

PAST SUBJUNCTIVE II

ich hätte gekauft	ich wäre gefahren
du hättest gekauft	du wär(e)st gefahren
er hätte gekauft	er wäre gefahren
wir hätten gekauft	wir wären gefahren
ihr hättet gekauft	ihr wäret gefahren
sie hätten gekauft	sie wären gefahren

FUTURE SUBJUNCTIVE

ich werde kaufen	ich werde fahren
du werdest kaufen	du werdest fahren
er werde kaufen	er werde fahren
wir werden kaufen	wir werden fahren
ihr werdet kaufen	ihr werdet fahren
sie werden kaufen	sie werden fahren

CONDITIONAL

ich würde kaufen	ich würde fahren
du würdest kaufen	du würdest fahren
er würde kaufen	er würde fahren
wir würden kaufen	wir würden fahren
ihr würdet kaufen	ihr würdet fahren
sie würden kaufen	sie würden fahren

IMPERATIVE

kaufe!	fahre!
kauft!	fahrt!
kaufen Sie!	fahren Sie!

PASSIVE

INFINITIVE

geliebt werden   **gesehen werden**

PRESENT INDICATIVE

ich werde geliebt	ich werde gesehen
du wirst geliebt	du wirst gesehen
er wird geliebt	er wird gesehen
wir werden geliebt	wir werden gesehen
ihr werdet geliebt	ihr werdet gesehen
sie werden geliebt	sie werden gesehen

SIMPLE PAST

ich wurde geliebt	ich wurde gesehen
du wurdest geliebt	du wurdest gesehen
er wurde geliebt	er wurde gesehen
wir wurden geliebt	wir wurden gesehen
ihr wurdet geliebt	ihr wurdet gesehen
sie wurden geliebt	sie wurden gesehen

FUTURE INDICATIVE

ich werde geliebt werden	ich werde gesehen werden
du wirst geliebt werden	du wirst gesehen werden
er wird geliebt werden	er wird gesehen werden
wir werden geliebt werden	wir werden gesehen werden
ihr werdet geliebt werden	ihr werdet gesehen werden
sie werden geliebt werden	sie werden gesehen werden

PRESENT PERFECT

ich bin geliebt worden	ich bin gesehen worden
du bist geliebt worden	du bist gesehen worden
er ist geliebt worden	er ist gesehen worden
wir sind geliebt worden	wir sind gesehen worden
ihr seid geliebt worden	ihr seid gesehen worden
sie sind geliebt worden	sie sind gesehen worden

PAST PERFECT

ich war geliebt worden	ich war gesehen worden
du warst geliebt worden	du warst gesehen worden
er war geliebt worden	er war gesehen worden
wir waren geliebt worden	wir waren gesehen worden
ihr wart geliebt worden	ihr wart gesehen worden
sie waren geliebt worden	sie waren gesehen worden

FUTURE PERFECT

ich werde geliebt worden sein	ich werde gesehen worden sein
du wirst geliebt worden sein	du wirst gesehen worden sein
er wird geliebt worden sein	er wird gesehen worden sein
wir werden geliebt worden sein	wir werden gesehen worden sein
ihr werdet geliebt worden sein	ihr werdet gesehen worden sein
sie werden geliebt worden sein	sie werden gesehen worden sein

PRESENT SUBJUNCTIVE I

ich werde geliebt	ich werde gesehen
du werdest geliebt	du werdest gesehen
er werde geliebt, etc.	er werde gesehen, etc.

PRESENT SUBJUNCTIVE II

ich würde geliebt	ich würde gesehen
du würdest geliebt	du würdest gesehen
er würde geliebt, etc.	er würde gesehen, etc.

PAST SUBJUNCTIVE I

ich sei geliebt worden	ich sei gesehen worden
du sei(e)st geliebt worden	du sei(e)st gesehen worden
er sei geliebt worden, etc.	er sei gesehen worden, etc.

PAST SUBJUNCTIVE II

ich wäre geliebt worden	ich wäre gesehen worden
du wär(e)st geliebt worden	du wär(e)st gesehen worden
er wäre geliebt worden, etc.	er wäre gesehen worden, etc.

CONDITIONAL

ich würde geliebt werden	ich würde gesehen werden
du würdest geliebt werden	du würdest gesehen werden
er würde geliebt werden, etc.	er würde gesehen werden, etc.

96. Reflexive Verbs

sich fürchten   **sich helfen**

PRESENT INDICATIVE

ich fürchte mich	ich helfe mir
du fürchtest dich	du hilfst dir
er fürchtet sich	er hilft sich
wir fürchten uns	wir helfen uns
ihr fürchtet euch	ihr helft euch
sie fürchten sich	sie helfen sich

For the formation of other tenses, follow the conjugations on pages 248–520.

97. Irregular Verbs

INFINITIVE	SIMPLE PAST	PAST PART.	3RD SG. PRES.
backen (*bake*)	(buk) backte	gebacken	bäckt
befehlen (*command*)	befahl	befohlen	befiehlt
befleißen, sich (*apply oneself*)	befliß	beflissen	
beginnen (*begin*)	begann	begonnen	
beißen (*bite*)	biß	gebissen	

INFINITIVE	SIMPLE PAST	PAST PART.	3RD SG. PRES.
bergen (*hide*)	barg	geborgen	birgt
bersten (*burst*)	barst	ist geborsten	birst
betrügen (*deceive*)	betrog	betrogen	
beweisen (*prove*)	bewies	bewiesen	
biegen (*bend*)	bog	gebogen	
bieten (*offer*)	bot	geboten	
binden (*bind*)	band	gebunden	
bitten (*beg, request*)	bat	gebeten	
blasen (*blow*)	blies	geblasen	bläst
bleiben (*remain, stay*)	blieb	ist geblieben	
bleichen (*bleach*)	blich	geblichen	
braten (*roast*)	briet	gebraten	brät
brechen (*break*)	brach	gebrochen	bricht
brennen (*burn*)	brannte	gebrannt	
bringen (*bring, take*)	brachte	gebracht	
denken (*think*)	dachte	gedacht	
dreschen (*thrash*)	drosch	gedroschen	drischt
dringen (*press, penetrate*)	drang	ist gedrungen	
empfangen (*receive*)	empfing	empfangen	empfängt
erlöschen (*go out, become extinct* [*light, flame*])	erlosch	ist erloschen	
erscheinen (*appear*)	erschien	ist erschienen	
erschrecken (*be startled*)	erschrak	ist erschrocken	erschrickt
essen (*eat*)	aß	gegessen	ißt
fahren (*drive, travel*)	fuhr	(ist) gefahren	fährt
fallen (*fall*)	fiel	ist gefallen	fällt
fangen (*catch*)	fing	gefangen	fängt
fechten (*fence; fight*)	focht	gefochten	ficht
finden (*find*)	fand	gefunden	
flechten (*plait, braid*)	flocht	geflochten	flicht
fliegen (*fly*)	flog	(ist) geflogen	
fliehen (*flee*)	floh	ist geflohen	
fließen (*flow*)	floß	ist geflossen	
fressen (*eat*)	fraß	gefressen	frißt
frieren (*be cold; freeze*)	fror	(ist) gefroren	
gären (*ferment*)	gor	ist gegoren	
	gärte	gegärt	
gebären (*give birth to*)	gebar	geboren	gebiert
geben (*give*)	gab	gegeben	gibt
gedeihen (*thrive*)	gedieh	ist gediehen	
gefallen (*please*)	gefiel	gefallen	gefällt
gehen (*go*)	ging	ist gegangen	
gelingen (*succeed*)	gelang	ist gelungen	
gelten (*be worth, be considered*)	galt	gegolten	gilt
genesen (*recover*)	genas	ist genesen	

INFINITIVE	SIMPLE PAST	PAST PART.	3RD SG. PRES.
genießen (*enjoy*)	genoß	genossen	
geschehen (*happen*)	geschah	ist geschehen	geschieht
gestehen (*confess*)	gestand	gestanden	
gewinnen (*win*)	gewann	gewonnen	
gießen (*pour*)	goß	gegossen	
gleichen (*resemble*)	glich	geglichen	
gleiten (*slide, slip*)	glitt	ist geglitten	
glimmen (*glow*)	glomm	geglommen	
graben (*dig*)	grub	gegraben	gräbt
greifen (*grasp, grip*)	griff	gegriffen	
haben (*have*)	hatte	gehabt	hat
halten (*hold; stop*)	hielt	gehalten	hält
hängen (*hang*)	hing	gehangen	hängt
hauen (*beat; hew*)	hieb	gehauen	
heben (*lift, raise*)	hob	gehoben	
heißen (*be called*)	hieß	geheißen	
helfen (*help*)	half	geholfen	hilft
kennen (*know*)	kannte	gekannt	
klimmen (*climb*)	klomm	ist geklommen	
klingen (*sound, tinkle*)	klang	geklungen	
kneifen (*pinch*)	kniff	gekniffen	
kommen (*come*)	kam	ist gekommen	
kriechen (*creep, crawl*)	kroch	ist gekrochen	
laden (*load*)	lud	geladen	lädt
lassen (*let; cause*)	ließ	gelassen	läßt
laufen (*run*)	lief	ist gelaufen	läuft
leiden (*suffer*)	litt	gelitten	
leihen (*lend*)	lieh	geliehen	
lesen (*read*)	las	gelesen	liest
liegen (*lie, be lying*)	lag	gelegen	
lügen (*tell a lie*)	log	gelogen	
mahlen (*grind*)	mahlte	gemahlen	
meiden (*avoid*)	mied	gemieden	
melken (*milk*)	molk (melkte)	gemolken (gemelkt)	
messen (*measure*)	maß	gemessen	mißt
nehmen (*take*)	nahm	genommen	nimmt
nennen (*name, call*)	nannte	genannt	
pfeifen (*whistle*)	pfiff	gepfiffen	
preisen (*praise*)	pries	gepriesen	
quellen (*gush forth*)	quoll	ist gequollen	quillt
raten (*advise; guess*)	riet	geraten	rät
reiben (*rub*)	rieb	gerieben	
reißen (*tear, rend*)	riß	gerissen	
reiten (*ride horseback*)	ritt	(ist) geritten	

INFINITIVE	SIMPLE PAST	PAST PART.	3RD SG. PRES.
rennen (*run*)	rannte	ist gerannt	
riechen (*smell*)	roch	gerochen	
ringen (*struggle, wrestle*)	rang	gerungen	
rinnen (*trickle*)	rann	ist geronnen	
rufen (*call*)	rief	gerufen	
salzen (*salt*)	salzte	gesalzen	
		(gesalzt)	
saufen (*drink*)	soff	gesoffen	
saugen (*suck*)	sog	gesogen	
	(saugte)	(gesaugt)	
schaffen (*create*)	schuf	geschaffen	
scheiden (*part*)	schied	geschieden	
scheinen (*shine; seem*)	schien	geschienen	
schelten (*scold*)	schalt	gescholten	schilt
scheren (*shear*)	schor	geschoren	
schieben (*push*)	schob	geschoben	
schießen (*shoot*)	schoß	geschossen	
schlafen (*sleep*)	schlief	geschlafen	schläft
schlagen (*beat, hit, strike*)	schlug	geschlagen	schlägt
schleichen (*sneak*)	schlich	ist geschlichen	
schleifen (*sharpen*)	schliff	geschliffen	
schließen (*close*)	schloß	geschlossen	
schlingen (*sling*)	schlang	geschlungen	
schmeißen (*throw*)	schmiß	geschmissen	
schmelzen (*melt*)	schmolz	(ist) geschmolzen	schmilzt
schneiden (*cut*)	schnitt	geschnitten	
schreiben (*write*)	schrieb	geschrieben	
schreien (*shout, scream*)	schrie	geschrie(e)n	
schreiten (*stride*)	schritt	ist geschritten	
schweigen (*be silent*)	schwieg	geschwiegen	
schwellen (*swell*)	schwoll	ist geschwollen	schwillt
schwimmen (*swim*)	schwamm		
		(ist) geschwommen	
schwinden (*dwindle*)	schwand	ist geschwunden	
schwingen (*swing*)	schwang	geschwungen	
schwören (*swear*)	schwor	geschworen	
	(schwörte)	(geschwört)	
sehen (*see*)	sah	gesehen	sieht
sein (*be*)	war	ist gewesen	ist
senden (*send*)	sandte	gesandt	
	(sendete)	(gesendet)	
sieden (*boil, seethe*)	sott	gesotten	
	(siedete)	(gesiedet)	
singen (*sing*)	sang	gesungen	
sinken (*sink*)	sank	ist gesunken	

INFINITIVE	SIMPLE PAST	PAST PART.	3RD SG. PRES.
sinnen (*meditate*)	sann	gesonnen	
sitzen (*sit*)	saß	gesessen	
speien (*spit*)	spie	gespie(e)n	
spinnen (*spin*)	spann	gesponnen	
sprechen (*speak*)	sprach	gesprochen	spricht
sprießen (*sprout*)	sproß	ist gesprossen	
springen (*jump*)	sprang	ist gesprungen	
stechen (*prick, sting*)	stach	gestochen	sticht
stehen (*stand*)	stand	gestanden	
stehlen (*steal*)	stahl	gestohlen	stiehlt
steigen (*climb, ascend*)	stieg	ist gestiegen	
sterben (*die*)	starb	ist gestorben	stirbt
stinken (*stink*)	stank	gestunken	
stoßen (*push*)	stieß	gestoßen	stößt
streichen (*stroke; paint*)	strich	gestrichen	
streiten (*fight, quarrel*)	stritt	gestritten	
tragen (*carry; wear*)	trug	getragen	trägt
treffen (*meet; hit*)	traf	getroffen	trifft
treiben (*drive*)	trieb	getrieben	
treten (*kick; step*)	trat	(ist) getreten	tritt
trinken (*drink*)	trank	getrunken	
tun (*do*)	tat	getan	
verbergen (*hide*)	verbarg	verborgen	verbirgt
verbieten (*forbid*)	verbot	verboten	
verderben (*spoil*)	verdarb	verdorben	verdirbt
vergessen (*forget*)	vergaß	vergessen	vergißt
verlieren (*lose*)	verlor	verloren	
vermeiden (*avoid*)	vermied	vermieden	
vermögen (*be able*)	vermochte	vermocht	vermag
verzeihen (*forgive; excuse*)	verzieh	verziehen	
wachsen (*grow*)	wuchs	ist gewachsen	wächst
waschen (*wash*)	wusch	gewaschen	wäscht
weben (*weave*)	wob (webte)	gewoben (gewebt)	
weisen (*show, point to*)	wies	gewiesen	
wenden (*turn*)	wandte (wendete)	gewandt (gewendet)	
werben (*vie, compete*)	warb	geworben	wirbt
werden (*become, get*)	wurde	ist geworden	wird
werfen (*throw*)	warf	geworfen	wirft
wiegen (*weigh*)	wog	gewogen	
winden (*wind*)	wand	gewunden	
wissen (*know*)	wußte	gewußt	weiß
ziehen (*pull; go, march*)	zog	(ist) gezogen	
zwingen (*force*)	zwang	gezwungen	

98. Personal Pronouns

SINGULAR

NOM.	ich	du	er	sie	es	man
GEN.	(meiner)	(deiner)	(seiner)	(ihrer)	(seiner)	—
DAT.	mir	dir	ihm	ihr	ihm	einem
ACC.	mich	dich	ihn	sie	es	einen

PLURAL

NOM.	wir	ihr		sie	Sie
GEN.	(unserer)	(euerer)		(ihrer)	(Ihrer)
DAT.	uns	euch		ihnen	Ihnen
ACC.	uns	euch		sie	Sie

99. Interrogative Pronouns <u>wer</u> and <u>was</u>

NOM.	wer	was
GEN.	wessen	—
DAT.	wem	—
ACC.	wen	was

100. Declension of <u>der</u> and <u>dieser</u>

SINGULAR

der	die	das	dieser	diese	dieses
des	der	des	dieses	dieser	dieses
dem	der	dem	diesem	dieser	diesem
den	dic	das	diesen	diese	dieses

PLURAL (ALL GENDERS)

die	diese
der	dieser
den	diesen
die	diese

101. Declension of <u>der</u> and <u>welcher</u> as Relative Pronouns

SINGULAR

der	die	das	welcher	welche	welches
dessen	deren	dessen	—	—	—
dem	der	dem	welchem	welcher	welchem
den	die	das	welchen	welche	welches

PLURAL (ALL GENDERS)

die	welche
deren	—
denen	welchen
die	welche

102. Der-Words

dieser	*this*		mancher	*many a*
jeder	*each*, *every* (plural: alle)		solcher	*such a*
jener	*that*		welcher	*which, what*

103. Declension of Ein-Words

	SINGULAR		PLURAL (ALL GENDERS)
ein	eine	ein	keine
eines	einer	eines	keiner
einem	einer	einem	keinen
einen	eine	ein	keine

104. Declension of Ein-Words Used as Pronouns (declined like <u>der</u>)

	SINGULAR		PLURAL (ALL GENDERS)
einer	eine	eines	keine
eines	einer	eines	keiner
einem	einer	einem	keinen
einen	eine	eines	keine

105. Ein-Words

ein	*a, an*	unser	*our*
kein	*not a, no*	euer	*your*
mein	*my*	ihr	*their*
dein	*your*	Ihr	*your* (conventional)
sein	*his, its*		
ihr	*her, its*		
sein	*its, his, her*		

106. Strong Adjective Endings (Not Preceded by Der- or Ein-Word)

	SINGULAR	
guter Kaffee	heiße Suppe	kaltes Wasser
guten Kaffees	heißer Suppe	kalten Wassers
gutem Kaffee	heißer Suppe	kaltem Wasser
guten Kaffee	heiße Suppe	kaltes Wasser

PLURAL

gute Männer (Frauen, Kinder)
guter Männer (Frauen, Kinder)
guten Männern (Frauen, Kindern)
gute Männer (Frauen, Kinder)

107. Weak Adjective Endings (After Der-Word)

SINGULAR

der große Mann	die schöne Frau	das kleine Kind
des großen Mannes	der schönen Frau	des kleinen Kindes
dem großen Mann	der schönen Frau	dem kleinen Kind
den großen Mann	die schöne Frau	das kleine Kind

PLURAL

die guten Männer (Frauen, Kinder)
der guten Männer (Frauen, Kinder)
den guten Männern (Frauen, Kindern)
die guten Männer (Frauen, Kinder)

108. Adjective Endings After Ein-Words

SINGULAR

ein großer Mann	eine schöne Frau	ein kleines Kind
eines großen Mannes	einer schönen Frau	eines kleinen Kindes
einem großen Mann	einer schönen Frau	einem kleinen Kind
einen großen Mann	eine schöne Frau	ein kleines Kind

PLURAL

keine guten Männer (Frauen, Kinder)
keiner guten Männer (Frauen, Kinder)
keinen guten Männern (Frauen, Kindern)
keine guten Männer (Frauen, Kinder)

109. Prepositions Used with the Genitive

anstatt, statt	*instead of*	diesseits	*this side of*
trotz	*in spite of*	jenseits	*that side of*
um . . . willen	*for the sake of*	oberhalb	*above*
während	*during*	unterhalb	*below*
wegen	*because of*	innerhalb	*within*
		außerhalb	*outside of*

110. Prepositions Used with the Dative Only

aus	*out of*	mit	*with*
außer	*besides, except*	nach	*after, to, according to*
bei	*near, at (someone's house)*	seit	*since, for (temporal)*
entgegen	*toward*	von	*from, by*
gegenüber	*opposite, toward*	zu	*to*

111. Prepositions Used with the Accusative Only

durch	*through, by means of*	ohne	*without*
für	*for*	um	*around, at (time)*
gegen	*against*	wider	*against*

112. Prepositions Used with the Dative or Accusative

an	*on, at, to*	über	*over, above, via*
auf	*on, upon*	unter	*under, among*
hinter	*behind*	vor	*before, in front of*
in	*in, into*	zwischen	*between*
neben	*beside, next to*		

113. Numerals

	CARDINALS	ORDINALS
0	null	
1	eins	der, die, das erste
2	zwei	zweite
3	drei	dritte
4	vier	vierte
5	fünf	fünfte
6	sechs	sechste
7	sieben	sieb(en)te
8	acht	achte
9	neun	neunte
10	zehn	zehnte
11	elf	elfte
12	zwölf	zwölfte
13	dreizehn	dreizehnte
14	vierzehn	vierzehnte
15	fünfzehn	fünfzehnte
16	sechzehn	sechzehnte
17	siebzehn	siebzehnte
18	achtzehn	achtzehnte
19	neunzehn	neunzehnte
20	zwanzig	zwanzigste
21	einundzwanzig	einundzwanzigste
22	zweiundzwanzig	zweiundzwanzigste
30	dreißig	dreißigste
40	vierzig	vierzigste
50	fünfzig	fünfzigste
60	sechzig	sechzigste
70	siebzig	siebzigste
80	achtzig	achtzigste
90	neunzig	neunzigste

100	hundert		hundertste
101	hunderteins		hunderterste
121	hunderteinundzwanzig		hunderteinundzwanzigste
200	zweihundert		zweihunderste
1000	tausend		tausendste
	eine Million	*one million*	
	zwei Millionen	*two million*	
	eine Milliarde	*one billion*	
	eine Billion	*1000 billions*	

Appendix 2
Themes for Interpretation
and Composition

LEKTION 1

Interpretation: Kleiner Mann, was nun?

1. Haben Sie das Gefühl, daß Herr Friedrichs Herrn Pinneberg von oben herab behandelt? Erklären Sie!
2. Pinneberg sucht vergeblich eine Stelle in der Textilindustrie. Warum darf er, nach Herrn Friedrichs, sich nicht um eine Stelle in einer andern Branche bewerben?
3. Warum klingt Friedrichs Bemerkung „Na ja, Kinder bringen Segen" in der gegebenen Situation etwas ironisch?
4. Zum Schluß schreibt Herr Friedrichs Pinnebergs Namen und Adresse auf einen Notizblock. Glauben Sie, daß er ernsthaft die Absicht hat, etwas für den arbeitslosen Pinneberg zu tun? Wenn nicht, warum schreibt er denn den Zettel?

Dialog

Ergänzen Sie!

HERR F.:   Was für eine Stelle suchen sie, Herr Pinneberg?

PINNE.:   . . . .

HERR F.:   Auf diesem Gebiet ist gar nichts frei. Haben Sie irgendwelche Kenntnisse und Erfahrungen als Buchhalter?

PINNE.:   . . . .

HERR F.:   Das ist nicht viel. Da kann ich Ihnen auch nicht helfen. Wie bald benötigen Sie denn diese neue Stelle?

PINNE.:   . . . .

HERR F.:   Auf den Ersten! Unmöglich. Warum glauben Sie denn, daß Sie in größerer Not sind als all die andern Arbeitslosen?

PINNE.:   . . . .

HERR F.:   Na, Sie haben ja erst mal die Arbeitslosenunterstützung. Wie alt sind Sie eigentlich, Herr Pinneberg?

PINNE.:   . . . .

LEKTION 2

Interpretation: Der Richter und sein Henker

1. Tschanz ist offensichtlich der modernere, wissenschaftlichere Detektiv als Bärlach. Geben Sie Beispiele dafür aus dem Gespräch!
2. Bärlachs Gespräch mit Tschanz ist nicht unüberlegt und zufällig (*accidental*). Beide sprechen mit Worten, die sie sich genau überlegt haben. Warum wohl?
3. Tschanz erklärt, daß an den Tagen, die in Schmieds Taschenkalender mit G bezeichnet sind, Schmied jedesmal den Frack angezogen habe und mit seinem Mercedes davongefahren sei. Welche Schlüsse können wir daraus ziehen — in Bezug auf Schmieds gesellschaftliche (*social*) Verhältnisse und finanzielle Situation?
4. Bärlach gesteht, daß er in der Mordsache Schmied einen bestimmten Verdacht hat, doch seine Erklärungen zu Tschanz sind sehr ausweichend (*evasive*). Wären Sie, wenn Sie Tschanz wären, mit Bärlachs Antwort zufrieden? Warum (nicht)?
5. Angesichts der sprachlichen Form und des Inhalts der Szene, halten Sie Dürrenmatt hauptsächlich für einen psychologischen, dramatischen, lyrischen oder eine andere Art Schriftsteller? Weshalb?

Erklärung und Umschreibung

Erklären Sie mit Ihren eigenen Worten, was die folgenden Sätze bedeuten!

1. Ich bin ein großer alter schwarzer Kater, der gern Mäuse frißt.
2. Ich habe eigentlich nur eine Idee, wer als Mörder in Betracht kommen könnte; aber der, den es angeht, muß die Beweise, daß er es gewesen ist, noch liefern.
3. Ich muß warten, bis die Indizien zum Vorschein gekommen sind, die seine Verhaftung rechtfertigen.

LEKTION 3

Interpretation: Nicht nur zur Weihnachtszeit

1. Erklären Sie den Titel der Geschichte!
2. Der Erzähler übernimmt die Rolle eines etwas trockenen, selbstgerechten (*selfrighteous*) Kleinbürgers. Heinrich Böll tut dies gewiß absichtlich. Weshalb — wie soll die Wirkung auf den Leser sein?
3. Die Erzählung ist fast durchaus satirisch. Das Land z.B., wohin Karl auswandern möchte, muß sich durch sonderbare negative Eigenschaften auszeichnen. Was ist das Komische an diesem „Land der Träume"?
4. Wie rechtfertigt Onkel Franz seine plötzliche Wandlung, d.h. seine Wandlung zum unsittlichen Leben und Ehebruch? Meinen Sie, daß er recht hat? Wie stellt sich der Erzähler zu dieser Sache?
5. Die Entlarvung (*unmasking*) des Schwindlers, der bei der „Weihnachtsfeier" die Rolle des Opas spielt, erfolgt durch einen Enkel. Dies ist keine neue Idee des Schriftstellers. An welche alte Wahrheit oder an welche gute Kindergeschichte erinnert Sie der Zwischenfall?
6. In Bölls Erzählung bedeutet das Wort „Verfall" nicht nur den moralischen Verfall einer Person sondern auch den Verfall einer Familie. In der Szene, in der sich Franz durch einen arbeitslosen Schauspieler vertreten läßt, sind beide Bedeutungen des Worts Verfall passend. Erklären Sie!

Erklärung und Umschreibung

Erklären Sie mit Ihren eigenen Worten, was die folgenden Sätze bedeuten!

1. Inzwischen sind seine [meines Schwagers] Versuche vom Fluche der Heimlichkeit befreit, weil sich in meinem Onkel eine vollkommene und sehr plötzliche Wandlung vollzogen hat.
2. Aber das alles ist Onkel Franz inzwischen gleichgültig geworden.
3. Es sind von ihm Dinge bekannt geworden, auch durch Zeugen belegt, auf die nur das Wort Ehebruch angewandt werden kann.
4. Um Unheil zu vermeiden, stimmte man, wie so oft schon in peinlichen Situationen, schnell ein Lied an.

LEKTION 4

Interpretation: Ewald Tragy

1. Rilkes Ironie in der Beschreibung dieses Abendessens liegt, im Gegensatz zu Heinrich Bölls *Nicht nur zur Weihnachtszeit,* nicht an der Groteske der Situation. Ewald, der Erzähler, beschreibt ein gewöhnliches, ja allzu gewöhnliches Erlebnis. Wie fühlt sich Ewald im Kreis seiner Familie?
2. Warum sprechen die Anwesenden während des Essens fast kaum ein Wort?
3. Was ist das einzige Thema, über das man einige Male ein paar Worte sagt?
4. Warum ist die Hausfrau mit Ewald nicht zufrieden? Was meint sie mit den Worten „wie immer dieses Absondern von der Familie"?
5. Glauben Sie, Ewalds Kusinen beneiden ihn um seine baldige Abreise? Oder versuchen sie nur, ihn absichtlich zu ärgern?
6. Warum ist es ironisch, daß Ewald die einzige Person ist, die die Großmutter richtig zitieren kann?
7. Wie interpretieren Sie das Sprichwort der Großmutter? Haben die Tanten und Kusinen das Sprichwort der Großmutter richtig oder falsch verstanden?

Erklärung und Umschreibung

Erklären Sie mit Ihren eigenen Worten, was die folgenden Sätze bedeuten!

1. Während aufgetragen wird, spricht man wenig.
2. Niemand füllt seinen Teller, ohne leise zu stöhnen.
3. Ewalds Teller ist rein.
4. Ewald bringt es zustande, vier junge Mädchen zugleich unglücklich zu machen.
5. Aber auch so stimmt es nicht.

LEKTION 5

Dialog: Drei Kameraden

Ergänzen Sie!

PAT: Woher hast du diessen alten Radioapparat?

ROBBY: ....

PAT: Funktioniert er noch? Was tust du dort bei der Heizung?

ROBBY: ....

PAT: Das ist schöne Musik. Das klingt italienisch. Was für einen Sender hast du eingestellt?

ROBBY: ....

PAT: Dreh mal etwas weiter! Ach, das kenne ich! Das ist Beethovens Waldsteinsonate. Die kannst du doch auch spielen, nicht wahr?

ROBBY: ....

PAT: Warum sagst du, es sind keine schönen Erinnerungen für dich?

ROBBY: ....

PAT: Nun haben wir wiederum Beethoven. Schön. Aber das ist zu schwer für mich. Bitte, suche etwas anderes! Halt hier! Diese Musik von Geigen ist herrlich.

ROBBY: ....

PAT: Budapest! Da war ich noch nie, und da werde ich auch niemals hinkommen. — Wie kommst du darauf, daß es ein Konzert aus einem Gartenrestaurant ist?

ROBBY: ....

Erklärung und Umschreibung

Erklären Sie mit Ihren eigenen Worten, was die folgenden Sätze bedeuten!

1. Es entgeht mir immer die Hälfte.
2. (Diese Musik kenne ich.) Da brauche ich gar nicht nachzuschlagen.
3. (Diese Sonate konnte ich früher spielen.) Jetzt kann ich sie längst nicht mehr.
4. Die Leute saßen im Freien und hatten Gläser mit dem gelben ungarischen Wein vor sich stehen.

LEKTION 6

Interpretation: Schwarzwälder Kirsch

Steguweits Stromer Pepeli hat in der deutschen Volksliteratur einen besser bekannten, berühmten Vorfahren (*ancestor*), Till Eulenspiegel, der wie ein beschränkter (*simple-minded*) aber ungefährlicher Robin Hood meist auf Kosten seiner Mitbürger lebt. Seine Streiche (*pranks*) gefallen dem einfachen Leser, weil es ihm immer gelingt, mit List (*cunning*) von der Dummheit der andern zu profitieren. (In der Volksliteratur wird der Gastwirt, der Müller, auch der Doktor oft als Betrüger oder Dummkopf dargestellt.)

1. Welchen Fehler begeht der Gastwirt? D.h. würden Sie (als Gastwirt) einem notorischen Vagabunden eine Flasche Kirsch überreichen, bevor dieser Ihnen das Geld auf den Tisch gelegt hat?
2. Wie gelingt es dem Erzähler dennoch, die Situation plausibel zu machen?
3. Mit welchem Vergleich versucht der Erzähler, diese Anekdote auch einem gebildeten Leser genießbar zu machen?
4. Angesichts welches ökonomisch-politischen Ereignisses ist diese Anekdote im alten Deutschland zwar denkbar, in Amerika jedoch völlig unmöglich?
5. Haben Sie auch schon veraltete oder ungültige Geldscheine in den Händen gehabt? Bei welcher Gelegenheit?

Erklärung und Umschreibung

Erklären Sie mit Ihren eigenen Worten, was die folgenden Sätze bedeuten!

1. Der Wirt hoffte, den Stromer schnell loszuwerden.
2. Stumm und keiner Worte mächtig sah der Stromer zu, wie der Gastwirt die Flasche entkorkte.
3. Er erwartete, von dem Gastwirt noch gemünztes Silber herauszubekommen.
4. Laß dich nicht mehr hier blicken!
5. Dazu bedurfte es keiner langwierigen Vorbereitungen.

LEKTION 7

Interpretation: Die Küchenuhr

1. Borcherts Kurzgeschichte spielt sich vermutlich kurz nach dem Zweiten Weltkrieg ab. Abgesehen (*aside*) von der Bombe, die das Uhrwerk zerstörte, geht Borchert jedoch nicht auf die Ereignisse von damals ein. Warum wohl nicht?
2. Mit welchen wenigen Worten deutet der Erzähler gleich am Anfang an, daß der junge Mann mit der Küchenuhr schwer gelitten haben muß.
3. Wie erklären Sie, daß der junge Mann auf die Frage, ob er alles verloren habe, freudig ja antwortet?
4. Wie erklären Sie sich, daß die Leute auf der Bank den jungen Mann nicht ansehen, obwohl er doch zu ihnen spricht?
5. Warum ist diese Geschichte sehr leicht zu lesen?

Erklärung und Umschreibung

Erklären mit Ihren eigenen Worten, was die folgenden Sätze bedeuten!

1. Wie er ging, daran sah man, daß er erst zwanzig war.
2. Er sah die anderen an, aber die hatten ihre Augen von ihm weggenommen.
3. Einen Atemzug lang war es ganz still auf der Bank.
4. Sie neigen dazu, Torheiten zu begehen.
5. Der Brief enthielt keine Spur von wichtigen Nachrichten.

LEKTION 8

Interpretation: Der Handschuh

1. Zwei Drittel dieser Ballade ist Beschreibung des Schauplatzes, wo sich die Handlung abspielen wird. Für Schillers zeitgenössische Leser war diese Beschreibung sehr wichtig und wirkungsvoll (*effective*). Finden Sie, daß für den heutigen Leser diese Beschreibung immer noch ebenso wichtig ist? Warum (nicht)?
2. Finden Sie, daß Schiller die Wildheit der Tiere in der Arena übertreibt (*exaggerates*)? Welches Tier ist am überzeugendsten (*most convincingly*) dargestellt?
3. Warum erzählt Schiller das menschliche Drama der Ballade beinahe ohne Dialog?
4. Finden Sie den Ritter Delormes einen wirklich tapferen Mann oder einen verwegenen (*daring*) jungen Mann, der mit viel Glück davonkommt (*gets away with it*)?
5. In den meisten seiner Werke behandelt Schiller moralische Themen. Was ist die Moral der Ballade „Der Handschuh"?
6. Wie unterscheiden sich Schillers Reime und die Länge seiner Verse und Strophen von der traditionellen englischen Ballade?

Vers and Prosa

Setzen Sie die Worte in den folgenden Versen in die Wortfolge gewöhnlicher Prosa!

BEISPIEL: (Verse) Vor seinem Löwengarten,
           Das Kampfspiel zu erwarten,
           Saß König Franz.

        (Prosa) König Franz saß vor seinem Löwengarten, um das Kampfspiel zu erwarten.

1. Und wie er winkt mit dem Finger,
   Auf tut sich der weite Zwinger.
2. Und hinein mit bedächtigem Schritt
   Ein Löwe tritt.
3. Und der Ritter in schnellem Lauf
   Steigt hinab in den furchtbarn Zwinger.

LEKTION 9

Interpretation: Das Schloß

1. Haben Sie auch schon Schwierigkeiten gehabt, bei einer Behörde oder einer großen Firma eine bestimmte Abteilung oder eine bestimmte Person durch das Telefon zu erreichen? Bei was für einer Gelegenheit? Wie lange mußten Sie warten, bis Sie mit der richtigen Abteilung verbunden waren?
2. Warum sollte dies bei einer großen Firma, die eine Zentralstelle hat, nicht vorkommen? — Warum passiert es oft im Schloß, von dem Kafka uns berichtet?
3. Warum beantworten die untersten Angestellten im Schloß einen Anruf oft nur zum Scherz?
4. Was für ein Angestellter scheint Ihnen Sordini zu sein? — Wie reagiert ein Mann, der das Schloß anruft und dessen Anruf von Sordini selbst beantwortet wird?
5. In Kafkas Roman ist das Schloß zweifellos ein mächtiges Gebäude mit dicken Mauern, und alle englischen Übersetzungen des Romans tragen den Titel *The Castle*. Das deutsche Wort Schloß hat aber auch die Bedeutung von *lock, bolt*. Glauben Sie, Kafka hat auch an diese zweite Bedeutung des Wortes gedacht? — Worin liegt der symbolische Zusammenhang der beiden Begriffe (*concepts*)?

Erklärung und Umschreibung

Erklären Sie mit Ihren eigenen Worten, was die folgenden Sätze bedeuten!

1. Sie sind noch niemals mit unseren Behörden in Berührung gekommen.
2. In den Wirtsstuben mag das Telefon gute Dienste leisten.
3. Im Schloß wird ununterbrochen telefoniert, was natürlich das Arbeiten sehr beschleunigt.
4. Alle diese Äußerungen haben keine amtliche Bedeutung; wenn Sie ihnen amtliche Bedeutung zuschreiben, gehen Sie in die Irre.
5. Es kann in auserlesener Stunde geschehen, daß Sordini selbst die Antwort gibt.

LEKTION 10

Dialog: Winnetou

Ergänzen Sie!

OLD SH.:　Ist dies mein Gefängnis?

SCHÖN T.:　........ (you, not prisoner; you, free) ....

OLD SH.:　Was hast du in der Hand? Das ist sehr schön. Was ist es?

SCHÖN T.:　........ (pipe of peace; father got clay from holy quarry; I carved head)

OLD SH.:　Du hast den Kopf der Pfeife selbst geschnitten? Du hast geschickte Hände.

SCHÖN T.:　........ (you, first man, smoke this pipe) ....

OLD SH.:　Euere Güte ist zu groß. So ein Geschenk kann ich nicht annehmen.

SCHÖN T.:　........ (you, save, life, my brother; Winnetou likes you) ....

OLD SH.:　Ich habe ihn auch vom ersten Augenblick an gern gehabt. Auch deinen Vater. Es tat mir leid, daß wir gegen einander kämpfen mußten.

SCHÖN T.:　........ (W. thought, you were, liar, at first) ....

OLD SH.:　Die Lügner waren die Kiowas. Es war mein Herzenswunsch, ein Freund deines Bruders und deines Vaters zu sein.

SCHÖN T.:　........ (you shall be, our brother, if you like) ....

OLD SH.:　Was bringst du mir da noch in der Tasche?

SCHÖN T.:　........ (revolvers, etc.) ....

OLD SH.:　Ich danke dir. Ja, das ist alles. — Werden meine Kameraden ihre Sachen auch zurückbekommen?

SCHÖN T.:　........ (my father, now, with them) ....

OLD SH.:　Gut. Aber du bedienst mich ja wie eine Dienerin. Von heute an bist du doch meine Schwester.

Erklärung und Umschreibung

Erklären Sie mit Ihren eigenen Worten, was die folgenden Sätze bedeuten!

1. Mein Mann läßt sich entschuldigen.
2. Bitte nehmen Sie zwischen Frau Weber und meinem Mann Platz!
3. Ich kann dieses Geschenk nicht erwidern.
4. Es hat ihm sehr weh getan, dich für einen Feind halten zu müssen.
5. Unsre Herzen sind dir zugetan.

LEKTION 11

Interpretation: Bahnwärter Thiel

1. Wir lesen, daß die Atemzüge des kranken Mannes von Minute zu Minute regelmäßiger zu werden scheinen. Fühlt sich Lene darüber beruhigt? Warum nicht?
2. Warum hat Lene während der finsteren Nacht kein Licht im Zimmer gemacht?
3. Was für eine Vorahnung (*premonition*) bekommen wir, wenn wir lesen, daß Thiels Haustür und Wohnungstür mitten in der Nacht weit offen stehen?
4. Warum, glauben Sie, hat Thiel nicht nur seine Frau sondern auch sein jüngeres Kind getötet?
5. Alle Personen in diesem Kapitel, auch die Nachbarsleute und die Arbeiter, machen einen gewissen Eindruck von Hilflosigkeit und Schwachheit. Es ist bestimmt nicht körperliche Schwäche. Aber was fehlt ihnen?
6. Was für Gefühle erweckt diese Erzählung im Leser?

Erklärung und Umschreibung

Erklären Sie mit Ihren eigenen Worten, was die folgenden Sätze bedeuten!

1. Man beförderte den Kranken mühsam die schmale Stiege hinauf in seine Wohnung.
2. Die Aufregungen des Tages hatten sie stark mitgenommen.
3. Sie hat sich entgegen ihrer sonstigen Gewohnheit wenig darum bekümmert.
4. Mehrere Männer versuchten, ihn durch gutes Zureden von den Geleisen fortzulocken.
5. Erst der Übermacht des Personals gelang es, den Kranken von der Strecke zu entfernen.

LEKTION 12

Dialog: Stiller

Ergänzen Sie!

BEAMTER: Diese Papiere und Dokumente beweisen, daß Sie Anatol Stiller sind, der vor sechs Jahren aus Zürich verschwand und wahrscheinlich auswanderte.

STILLER: . . . . (papers o.k., but I, not the Stiller you want) . . . .

BEAMTER: Aber Sie sind derselbe Herr Stiller, den wir damals suchten, nicht wahr?

STILLER: . . . . (at that time, maybe yes; today definitely no) . . . .

BEAMTER: Sie meinen, damals waren Sie ein anderer Mensch. Nun, sechs Jahre, das spielt keine große Rolle vor dem Gericht. — Und wer ist . . . wer war denn diese Julika?

STILLER: . . . . (is . . . was my wife, six years ago) . . . .

BEAMTER: Schöne Ehe! Können Sie mir sagen, wie oft Sie Ihre Frau sehen? Wo sie wohnt?

STILLER: . . . . (don't know her) . . . .

BEAMTER: Und das nennen Sie Ihre Frau?

STILLER: . . . . (love her) . . . .

BEAMTER: Und Julika, liebt sie Sie auch?

STILLER: . . . . (sees in me, same man as six years ago) . . . .

BEAMTER: Warum gestehen Sie ihr nicht, was für ein Schurke Sie vor sechs Jahren waren?

STILLER: . . . . (was no scoundrel at that time) . . . .

BEAMTER: Und warum sagen Sie ihr nicht, wer Sie heute sind?

STILLER: . . . . (because I don't know, myself) . . . .

BEAMTER: Aber warum sagen Sie ihr nicht, wer Sie vor sechs Jahren waren?

STILLER: . . . . (because, don't know, either) . . . .

Erklärung und Umschreibung

Erklären Sie mit Ihren eigenen Worten, was die folgenden Sätze bedeuten!

1. Ich habe gehört, Lateinisch soll nicht sehr spannend sein.
2. Vielleicht kommt dir nachher alles leichter vor.
3. Sie stellte nur die Pose einer aufmerksamen Zuhörerin.
4. Sie lächelte, sooft ich ihr meine Liebe beteuerte.
5. Mit Lügen ist es ohne weiteres zu machen.

LEKTION 13

Interpretation: Der Zauberberg

1. Haben Sie den Eindruck, daß der Ort, wo sich die Handlung abspielt, ein billiges oder ein sehr teueres Sanatarium ist? Warum? Erklären Sie!
2. Glauben Sie, daß die Patienten, die der Autor beschreibt, an ihren Krankheiten schwer zu leiden haben? Warum (nicht)? Welcher Patient ist jedenfalls nicht dieser Meinung?
3. Selbst solche Patienten, die wirklich krank oder nur halb gesund sind, scheinen sich zu amüsieren. Beschreiben Sie z.B. Hermine Kleefeld!
4. Settembrini, hier zweifellos der intellektuellste der Patienten, erklärt, daß der Lebenswandel und die geistige Haltung der Leute hier „zur Liederlichkeit, zum Hindernis der Zivilisation" führt. Was für eine geistige Haltung hat Settembrini bei dieser Kritik im Sinn?
5. Ist Castorp mit dieser bitteren Kritik des Italieners einverstanden? (Bedenken Sie, daß wir hier noch in der ersten Hälfte des Romans stehen.)

Erklärung und Umschreibung

Erklären Sie mit Ihren eigenen Worten, was die folgenden Sätze bedeuten!

1. Es ist Montag, es geht wieder los.
2. Es handelt sich um etwas sehr Wichtiges für mich.
3. Der erste Oktober . . . Das ist der zweite seiner Art, den ich an diesem Lustort verlebe.
4. Ihr Lebenswandel dort unten wird keinen Zweifel darüber lassen, daß sie es darauf anlegt, baldmöglichst wieder heraufzukommen.
5. Hüten Sie sich vor der hier gedeihenden Ironie!

LEKTION 14

Interpretation: Demian

1. Nach Hesse weiß man heute weniger als jemals, was „ein wirklich lebender Mensch" ist, und man schießt die Menschen zu Mengen tot. An welches historisches Ereignis denkt Hesse vermutlich? (Demian erschien im Jahre 1919.)
2. Gewisse Philosophen sagen, daß der Beginn und die Entwicklung eines Menschenlebens eine Reihe von Zufällen ist. Hesse sagt in poetischer Sprache ungefähr dasselbe. Aber Hesse fügt hinzu, daß das Leben jedes Menschen ein Ziel hat. Was ist dieses Ziel?
3. Jeder Mensch strebt nach einem andern Ziel. Was ist das einzige, was wir alle gemeinsam haben?
4. Was meint Hesse wohl mit dem Satz „Jeder trägt Reste von seiner Geburt, Schleim und Eischalen einer Urwelt . . ."?
5. Wenige Menschen wissen, was der Mensch ist. Was für ein Ereignis wird diesen wenigen Menschen später im Leben leichter fallen? — Sind Sie in diesem Punkt mit Hesse einverstanden?

Erklärung und Umschreibung

Erklären Sie mit Ihren eigenen Worten, was die folgenden Sätze bedeuten!

1. Ich habe mir zwei Zimmer reservieren lassen.
2. Die Dichter, wenn sie Romane schreiben, pflegen so zu tun, als seien sie Gott.
3. Einen Wissenden darf man mich nicht nennen.
4. Ich war ein Suchender und bin es noch.
5. Meine Geschichte ist nicht angenehm, . . . sie schmeckt nach Unsinn und Verwirrung.

LEKTION 15

Interpretation: Unmögliche Beweisaufnahme

1. Wer führt die Rede in diesem Kapitel?
2. Liegt die Schwierigkeit der Beweisaufnahme darin, daß der Angeklagte versucht, etwas zu verheimlichen?
3. Was ist die Bedeutung der Wörter *physisch* und *metaphysisch?* (Benützen Sie Ihr Lexikon!)
4. Warum muß der Mensch versuchen, einen unzeitigen Einbruch des Metaphysischen in unsere Ordnung zu verhindern?
5. Hat der Verteidiger den Angeklagten von Anfang an für unschuldig gehalten?

Erklärung und Umschreibung

Erklären Sie mit Ihren eigenen Worten, was die folgenden Sätze bedeuten!

1. Dies ist eine Situation, die außerhalb der Logik liegt.
2. Das Gericht muß das längst eingesehen haben.
3. Der Mandant macht es dem Verteidiger nicht leicht, etwas zu seinen Gunsten zu unternehmen.
4. Der Mandant bemüht sich, mehr auszusagen, als man es für nötig hält.
5. Der Verteidiger wählt mit Absicht dieses Beispiel, da es sich besonders für den vorliegenden Fall zu eignen scheint.
6. Was ist ein Gesetz wert, das zuweilen aufgehoben wird?

LEKTION 16

Interpretation: Jenseits von Gut und Böse

1. „Wer hat nicht für seinen guten Ruf schon einmal — sich selbst geopfert?" Was für Eigenschaften oder Beschäftigungen meint Nietzsche wohl mit den Worten „sich selbst geopfert"?
2. Als Mann des viktorianischen Zeitalters hatte Nietzsche keine große Achtung vor Frauen. Welche Aphorismen zeigen dies deutlich?
3. „Viel von sich reden kann auch ein Mittel sein, sich zu verbergen." Hat Nietzsche recht? Erklären Sie!
4. Warum ist es gefährlich, mit Ungeheuern zu kämpfen?

Erklärung und Umschreibung

Erklären Sie mit Ihren eigenen Worten, was die folgenden Sätze bedeuten!

1. Wer tut es in diesem Kunststück den Weibern gleich?
2. Was aus Liebe getan wird, geschieht immer . . .
3. Vor uns stellen wir uns einfältiger, als wir sind.
4. Man haßt [einen Menschen] nicht, solange man [ihn] gering schätzt . . .
5. Die Eitelkeit anderer geht uns wider den Geschmack.

LEKTION 17

Interpretation: Die Blechtrommel

1. Hin und wieder ist es leider nötig, einen Hund oder eine Katze zu töten. Aber worin bestand in den Augen des Uhrmachers, des Tierschutzvereins und der politischen Behörden die Tierquälerei des Musikers Meyn?
2. Kommt es Ihnen nicht sonderbar vor, daß der Tierquäler ein Musiker war? Warum (nicht)?
3. Glauben Sie, die Tatsache, daß eine der Katzen „Bismarck" hieß, hat irgendwelche Bedeutung für den Fall? Wenn nicht, wozu hat der Erzähler diesen Namen erwähnt?
4. Grass berichtet uns, daß der SA-Mann Meyn sehr mutig war. Bei welchen Ereignissen zeigte er seine Tapferkeit besonders?
5. Wie wurde der SA-Mann Meyn für seine Tierquälerei bestraft?
6. Was hat der Kolonialwarenhändler mit der ganzen Geschichte der Tierquälerei zu tun?
7. Glauben Sie, daß der Uhrmacher tatsächlich ein Tierfreund war oder daß er eifersüchtig war auf die politische Stellung des SA-Manns Meyn? Erklären Sie!

Erklärung und Umschreibung

Erklären Sie mit Ihren eigenen Worten, was die folgenden Sätze bedeuten!

1. Die Katzen bewegten sich in dem Sack und brachten den Müllkastendeckel in Bewegung.
2. Es blieb ihm nichts anderes zu tun übrig, als beim Tierschutzverein eine Anzeige zu machen.
3. Auch bei der SA wurde über den Fall gesprochen.
4. Die Feuerwehr paßte auf, daß der Brand nicht auf die anderen Häuser übergriff.
5. Sein Sohn Oskar jedoch verdrückte sich unbeobachtet und eilte davon.

LEKTION 18

Interpretation: Der Schimmelreiter

1. Finden Sie Storms Beschreibung der Landschaft und des Unwetters realistisch oder etwas phantastisch?
2. Wie der Erzähler feststellt, handelt es sich um einen Oktobernachmittag. Aber zweifellos ist es ein sehr später Nachmittag — eher ein Abend. Weshalb?
3. Warum setzt der Erzähler seinen Weg fort und kehrt nicht ins warme Haus seiner Freunde zurück?
4. Der Reiter, der auf dem Deich dem Erzähler begegnet, ist der „Schimmelreiter", ein Gespenst (*ghost*), von dem der Leser in der Erzählung mehr hören wird. Ist der Erzähler, der bis zu diesem Punkt offenbar nichts von dem Gespenst weiß, überrascht, erstaunt, erschrocken über diese Erscheinung? Worin unterscheidet sich die Gestalt des Schimmelreiters von einem gewöhnlichen Reiter? (Beachten Sie die Beschreibung der Augen und des Gesichts!)
5. Über welche Tatsache, die ihm erst nach der Begegnung in den Sinn kommt, ist der Erzähler besonders erstaunt?

Erklärung und Umschreibung

Erklären Sie mit Ihren eigenen Worten, was die folgenden Sätze bedeuten!

1. Ich muß mir erst überlegen, was ich mitnehmen kann.
2. Der Mond war meist von treibendem Wolkendunkel überzogen.
3. Aber es fiel mir ein, der Weg zurück war wohl noch länger als der nach meinem Reiseziel.
4. Wenn der Mond ein karges Licht herabließ, glaubte ich eine dunkle Gestalt zu erkennen.
5. Mir war, als streifte mich der fliegende Mantel.

VOCABULARIES

The German-English vocabulary is complete except for some obvious cognates and a few common pronouns, prepositions, and similar basic words. Genitive endings are given only for nouns forming their genitive in **-(e)n** or **-(e)ns.** Principal parts are listed for irregular verbs. Separable prefixes are hyphenated. A dash stands for the key word.

The English-German vocabulary includes words occurring in English-to-German exercises.

ab: — **und zu** now and then
ab-brennen, brannte ab, ist abgebrannt to burn to the ground
ab-drehen to turn off
abend: heute — tonight; **gestern** — last night
der **Abend, –e** evening; **am** — in the evening; **der bunte** — variety show
das **Abendbrot, –e** supper, dinner
das **Abendessen, –** dinner, evening meal
das **Abendkonzert, –e** evening concert
abendlich evening
die **Abendnachricht, –en** evening news
abends in the evening, evenings
die **Abendzeitung, –en** evening paper
aber but; (*intensifying particle*) really
der **Aberglaube, –ns, –n** superstition
ab-fahren (fährt ab), fuhr ab, ist abgefahren to drive off, leave
ab-fallen (fällt ab), fiel ab, ist abgefallen to fall down; to slope
ab-fliegen, flog ab, ist abgeflogen to fly off, take flight
der **Abflug, ⸗e** departure by air
abgetan finished, over
der **Abgrund, ⸗e** abyss
abhängig dependent
ab-holen to fetch, go to meet
das **Abitur** university qualifying examination
die **Abkürzung, –en** abbreviation
ab-lassen (läßt ab), ließ ab, abgelassen to desist, leave off
der **Ablauf, ⸗e** running off, course
ab-legen, legte ab, abgelegt to lay aside; **eine Prüfung** — to take an exam
ab-nehmen (nimmt ab), nahm ab, abgenommen to take off, take from
ab-nützen to wear out
die **Abreise, –n** departure
ab-reisen to leave, travel away
der **Abschied, –e** departure, parting; — **nehmen** to take leave
ab-schneiden, schnitt ab, abgeschnitten to cut off; make out
die **Absicht, –en** intention
absolutistisch absolutistic
das **Absondern** detachment, separation
ab-stellen to turn off
abstrakt abstract
die **Abteilung, –en** division, office
ab-tupfen to touch, feel
ab-wehren to repulse; to give a sign of negation
die **Abwesenheit, –en** absence

achselzuckend shrugging one's shoulders
achten to respect; **sich** — to respect oneself
die **Adresse, –n** address
die **Agende, –n** memo pad
die **Ahnfrau, –en** ancestress, matriarch
ähnlich similar
die **Ähnlichkeit, –en** similarity
alkoholfrei nonalcoholic
all all; **alle zwei Jahre** every two years
alle (*pl.*) everybody, all
allein alone; (*conj.*) but, however
allerdings of course, indeed, however
allererst very first
alles everything
der **Alltag, –e** weekday; **im** — everyday
allzu too, far too
die **Alpen** Alps
als when, as; than; — **ob** as if; — **wenn** as if
alsbald immediately
also therefore; so
alt old
der **Alt, –e** contralto voice
der **Altan, –e** balcony
das **Alter** age
das **Altertum, ⸗er** antiquity
die **Älteste, –n, –n** oldest woman
die **Ameise, –n** ant
(das) **Amerika** America
der **Amerikaner, –** American
amerikanisch American
das **Amt, ⸗er** bureau, ministry
amtlich official
amüsant amusing
sich amüsieren to have a good time
an at, on
an-bieten, bot an, angeboten to offer
das **Andenken, –** souvenir, memento
ander other, different; **alles andere** everything else; **unter anderem** among other things; **niemand anders** nobody else; **etwas anderes** something different
ändern to change
anders otherwise, differently
ander(er)seits (andrerseits) on the other hand
die **Andeutung, –en** indication; intimation
an-drehen to turn on
aneinander against one another
an-erkennen, erkannte an, anerkannt to acknowledge, admit
der **Anfang, ⸗e** beginning

an-fangen (fängt an), fing an, angefangen to begin

angefroren frozen to the spot

angegeben given

an-gehen, ging an, angegangen to concern; es geht ihn an it concerns him

die Angelegenheit, –en situation, business

angemessen suitable

angenehm pleasant, agreeable

angenommen assuming, supposing

der Angestellte, –n, –n employee (white collar)

die Angestelltengewerkschaft, –en employees' union (white collar)

die Angst, ⸚e anxiety, worry, fear; — haben vor to be afraid of; — machen to frighten

ängstlich anxious, worried

an-halten (hält an), hielt an, angehalten to stop

sich an-hören to listen to

die Anilinwerke aniline works

an-kommen, kam an, ist angekommen to arrive; darauf — to depend

die Ankunft, ⸚e arrival

an-legen, legte an, angelegt to lay on, lay against; es darauf — to make it one's goal

an-nehmen (nimmt an), nahm an, angenommen to accept

an-raten (rät an), riet an, angeraten to advise

der Anruf, –e appeal, call; telephone call

an-rufen, rief an, angerufen to telephone, call up

an-rühren to touch

die Ansagerin, –nen (woman) announcer

(sich) an-schauen to look at, watch

an-schließen, schloß an, angeschlossen to connect

anschließend subsequent

(sich) an-sehen (sieht an), sah an, angesehen to look at

das Ansehen reputation

die Ansicht, –en view, opinion

der Anspruch, ⸚e claim

anstatt instead of

anstelle instead of

an-stellen to turn on; undertake, start

an-stimmen begin to sing, strike up

an-stoßen (stößt an), stieß an, angestoßen to clink glasses

an-streichen, strich an, angestrichen to paint

an-strengen to require an effort; sich — to make an effort

das Antlitz, –e countenance, face

die Antwort, –en answer

antworten to answer

an-wehen to blow upon

an-wenden, wandte an, angewandt to use

anwesend present

die Anwesenden (pl.) audience, those present

die Anzeige, –n report; eine — machen to file a complaint

an-zeigen to denounce, inform against

an-ziehen, zog an, angezogen to dress, put on; sich — to get dressed

der Anzug, ⸚e suit

an-zünden, zündete an, angezündet to light

der Apatsche, –n, –n Apache

der Apfel, ⸚ apple

der Apfelkuchen, – apple cake

die Apotheke, –n pharmacy

der Apparat, –e apparatus; set; am — on the phone

appellieren to appeal

die Arbeit, –en work

arbeiten to work

der Arbeiter, – worker

die Arbeiterin, –nen worker

arbeitslos unemployed

der Architekt, –en, –en architect

ärgerlich angry

sich ärgern to be angry, annoyed

arm poor

der Arm, –e arm

die Arpeggie, –n arpeggio

die Art, –en type, kind, sort

artig polite, proper

der Arzt, ⸚e doctor, physician

der Atavismus atavism

das Atemholen breathing

der Atemzug, ⸚e breath, breathing

atmen to breathe

die Atmosphäre, –n atmosphere

auch also, too

auf on

auf-bauen to build up

(sich) auf-bewahren to keep, reserve, save

der Aufenthalt, –e stay, sojourn

auf-fallen (fällt auf), fiel auf, ist aufgefallen to occur to one, strike, astonish

auf-fassen to seize, grasp; understand

die Auffassungsfähigkeit, –en power of perception

auf-führen to perform

die Aufgabe, –n exercise

der Aufgang, ⸚e rise, ascent

auf-gehen, ging auf, ist aufgegangen to open; rise

aufgeregt excited

auf-hängen   to hang up
auf-heben, hob auf, aufgehoben   to lift up, suspend
die Aufhebung, –en   lifting up, suspension
auf-hören   to stop
auf-klären   to clear up, explain
die Aufklärung, –en   enlightenment, explanation
auf-machen   to open
aufmerksam   attentive; **ich mache Sie — auf**   I call your attention to
die Aufmerksamkeit   attention
die Aufnahme, –n   photograph, picture; **eine — machen**   to take a picture
aufopferungsfähig   capable of sacrifice, devoted
auf-passen   to pay attention; watch out
die Aufregung, –en   excitement
sich auf-richten   to raise oneself, sit up straight
der Aufsatz, =e   composition
auf-setzen   to put on
auf-seufzen   to give a sigh
die Aufsicht   supervision
auf-stehen, stand auf, ist aufgestanden   to get up, stand up
auf-tauchen   to emerge, come to the surface
auf-tragen (trägt auf), trug auf, aufgetragen   to serve (a meal)
auf-treiben, trieb auf, aufgetrieben   to hunt out, get hold of
auf-treten (tritt auf), trat auf, ist aufgetreten   to appear, come forward
sich auf-tun, tat auf, aufgetan   to open up
auf-zucken   to start convulsively
das Auge, –n   eye; **vor Augen haben**   to see; **Aug in Auge**   opposite, face to face
der Augenblick, –e   moment
augenblicklich   at the moment; immediately
aus   out of, from
aus-bessern   to correct
aus-brechen (bricht aus), brach aus, ist ausgebrochen   to break out
die Ausdeutung, –en   interpretation
der Ausdruck, =e   expression
aus-drücken   to express
auseinander-falten   to unfold
auserlesen   selected, exceptional
der Ausflug, =e   excursion, trip; **einen — machen**   to take a trip
der Ausflügler, –   excursionist
aus-füllen   to fill out, complete
der Ausgang, =e   exit
aus-geben (gibt aus), gab aus, ausgegeben   to spend

ausgebildet   trained
aus-gehen, ging aus, ist ausgegangen   to go out
ausgerechnet   exact, just, of all things
ausgeschlossen   excluded; impossible, out of the question
ausgezeichnet   excellent
die Aushilfe, –n   auxiliary employee, substitute employee
die Auskunft, =e   information
die Auslage, –n   display
der Ausländer, –   foreigner
ausländisch   foreign
aus-laufen (läuft aus), lief aus, ist ausgelaufen   to come to an end
aus-leeren   to empty
aus-machen   to turn off
die Ausnahme, –n   exception
aus-probieren   to try, test
aus-rechnen   to reckon, figure out
sich aus-ruhen   to rest, repose
aus-sagen   to express
aus-sehen (sieht aus), sah aus, ausgesehen   to appear, look
die Außentür, –en   outside door
außer   except
außerdem   besides that, in addition
außerhalb   outside
äußerst   highly, extremely
die Äußerung, –en   statement
die Aussicht, –en   view
aus-speien   to spew forth
aus-steigen, stieg aus, ist ausgestiegen   to get out
aus-stellen   to display
die Ausstellung, –en   exhibition, display
aus-stießen, stoß aus, ausgestoßen   to expel, throw out
aus-suchen   to select
der Austauschstudent, –en, –en   exchange student
die Austauschstudentin, –nen   exchange student
ausverkauft   sold out
das Auswanderungsbüro, –s   emigration office
aus-wechseln   to exchange
das Ausweispapier, –e   identification paper
auswendig   by heart
auswendig-lernen   to learn by heart
sich aus-ziehen, zog aus, ausgezogen   to undress
das Auto, –s   auto, car
die Autobahn, –en   autobahn, superhighway
der Autofahrer, –   driver
der Autor, –en   author

der **Autostop** hitchhiking; **per —** by hitch-hiking
der **Autostopper, -** hitchhiker
die **Autostraße, –n** highway
avantgardistisch avant garde

backen (bäckt), backte (buk), gebacken to bake
das **Bad, ⸗er** bath, bathroom
die **Bahn, –en** railroad; **mit der —** by train
das **Bahngeleise, -** railroad track, rails
der **Bahnhof, ⸗e** railroad station
der **Bahnhofplatz** railroad station square
bald soon
baldmöglichst as soon as possible
der **Balkon, –e** balcony
der **Balkonplatz, ⸗e** balcony seat
der **Ball, ⸗e** ball
der **Band, ⸗e** volume
bang anxious, alarmed
die **Bank, ⸗e** bench
die **Bank, –en** bank
das **Bankhaus, ⸗er** bank, bank building
der **Bankbeamte, –n, –n** bank official, teller, bank clerk
der **Bankier, –s** banker
bar cash, by cash
barfuß barefoot
der **Bau, die Bauten** construction, building; **im — begriffen** under construction
bauen to build, construct
die **Baukunst** architecture
der **Baum, ⸗e** tree
das **Bauwerk, –e** construction
der **Bayer, –n, –n** Bavarian
(das) **Bayern** Bavaria
der **Beamte, –n, –n** official, clerk
beanspruchen claim, require
beantworten to answer
der **Beat-Keller, -** beat cellar, discothèque
die **Beat-Tänzerin, –nen** beat dancer
bedächtig deliberate, slow
sich **bedanken** to give thanks, thank
die **Bedeutung, –en** meaning
bedeutungslos meaningless
bedienen to serve; **sich —** to serve oneself
die **Bedienung** service
die **Bedingung, –en** requirement
bedürfen (bedarf), bedurfte, bedurft to need
das **Bedürfnis, –se** need, requirement
sich **beeilen** to hurry
die **Beethovenhalle** Beethoven Hall
beeinflussen to influence

sich **befassen mit** to concern oneself with
der **Befehl, –e** command, order
befehlen (befiehlt), befahl, befohlen to command, order
sich **befinden, befand, befunden** to be, be located; to feel
befolgen to comply with
befördern to forward, transport
befreien to free
befürchten to fear, be afraid
sich **begeben (begibt), begab, begeben** to betake oneself, set out (for)
begegnen to meet
die **Begegnung, –en** meeting
begehen, beging, begangen to commit, do
begehren to desire, demand
die **Begier(de), Begierden** appetite, desire
beginnen, begann, begonnen to begin
begleiten to accompany
begreifen, begriff, begriffen to understand; to grasp; **im Bau begriffen** under construction
begreiflich understandable
begrenzen to limit
der **Begriff, –e** concept, idea
behalten (behält), behielt, behalten to hold
behandeln to treat, take care of
behaupten to claim, state
behend swiftly
die **Behörde, –n** administrative authority
bei at, at the house of; **ich habe meinen Paß — mir** I have my passport on me
beide both
bei-fallen (fällt bei), fiel bei, ist beigefallen to come to mind
das **Beispiel, –e** example; **zum — (z.B.)** for example
bejahen to affirm
die **Bekämpfung** fighting against; control
bekannt known, well-known
der **Bekannte, –n, –n** acquaintance
bekommen, bekam, bekommen to get, receive
sich **bekümmern** to be concerned, trouble
belästigen to bother, annoy
belegen to prove, verify
belehren to instruct
beleidigen to offend, insult
beliebt popular
die **Beliebtheit** popularity
sich **belügen** to lie to oneself, deceive oneself
bemerken to notice
sich **bemühen** to take pains, make an effort
benachrichtigen to report, notify

sich benehmen (benimmt), benahm, benommen   to behave, conduct oneself
benutzen   to use, make use of
beobachten   to observe
die **Beobachtung, –en**   observation
beraten (berät), beriet, beraten   to advise; **sich — lassen**   to take advice
berechtigen   to justify
bereit   ready
bereits   already
bereit-stehen, stand bereit, bereitgestanden   to stand ready
der **Berg, –e**   mountain
berichten   to report
berühmt   famous
berühren   to touch
die **Berührung, –en**   touch, contact
besagen   to say, signify
sich **besaufen (besäuft), besoff, besoffen** (*vulgar*)   to get drunk
beschäftigen   to busy, occupy
die **Beschäftigung, –en**   activity; job
beschämen   to shame
der **Bescheid, –e**   information; knowledge; **— wissen**   to be informed (*about something*); **jemand — geben**   to tell someone
bescheiden   modest
die **Bescheinigung, –en**   confirmation; receipt
beschleunigen   to hasten, speed up
beschließen, beschloß, beschlossen   to decide
beschreiben, beschrieb, beschrieben   to describe
besehen (besieht), besah, besehen   to look at; **genau besehen**   upon close inspection
besetzt   occupied, in use
die **Besetzung, –en**   cast (*of a play*)
besichtigen   to see, look at, visit
besonder   special
besonders   especially
(sich) **besorgen**   to get; to take care of
besorgt   anxious, concerned
besprechen (bespricht), besprach, besprochen   to discuss
die **Besprechung, –en**   conference
bespritzen   to spray, sprinkle
besser   better
bestätigen   to confirm
bestehen, bestand, bestanden   to endure, continue to exist; **— auf**   to insist on; **— aus**   to consist of
bestellen   to order; **sich —**   to order (for oneself)
bestimmt   certain, definite
bestrafen   to punish

bestürzt   upset
beteuern   to assert, affirm
betonen   to emphasize, stress
der **Betracht**   regard, consideration; **in — kommen**   to come into question
betrachten   to look at, observe; to consider; **genau betrachtet**   on close examination
betreffen (betrifft), betraf, betroffen   to concern
betreten (betritt), betrat, betreten   to enter, step into
der **Betrieb, –e**   workshop, factory; activity; **dort ist —**   there's something going on there
betrügen, betrog, betrogen   to cheat; **— um**   to cheat out of
das **Bett, –en**   bed
betteln   to beg
beurteilen   to criticize
bevor   before
bewachen   to guard, watch over
(sich) **bewegen**   to move
die **Bewegung, –en**   movement
der **Beweis, –e**   proof
die **Beweisaufnahme**   hearing of witnesses
beweisen, bewies, bewiesen   to prove
die **Bewunderung**   amazement
bewußt   aware
bewußtlos   unconscious
das **Bewußtsein**   consciousness
bezahlen   to pay
bezeichnen   to mark, designate; **sich —**   to characterize oneself
die **Beziehung, –en**   relationship, relation
bieder   upright, honorable
das **Bier**   beer
der **Biergeruch, ⸚e**   beer odor, smell of beer
der **Bierkrug, ⸚e**   beer mug
bilden   to form; **die bildenden Künste**   the plastic arts
billig   inexpensive, cheap
die **Billion, –en**   trillion
binden, band, gebunden   to bind, tie
die **Binnenseite, –n**   inner side
bis   until, up to
bisher   up to now
ein **bißchen**   a little
der **Bissen, –**   mouthful
bitte (schön)   please; you're welcome; **wie bitte?**   I beg your pardon, I didn't understand
bitten, bat, gebeten   to beg, request; **— um**   to ask for
die **Bitterkeit**   bitterness
blaß   pale
blau   blue
blaugemalt   painted blue

blauweiß blue and white
das **Blech, –e** tin
die **Blechtrommel, –n** tin drum
bleiben, blieb, ist geblieben to remain, stay
bleich pale
das **Bleichgesicht, –er** paleface
bleiern like lead
der **Blick, –e** glance; **auf den ersten —** at first sight
blicken to glance, look
blind blind
blitzen: es blitzt it's lightening
der **Block, ⸗e** block, section of railroad
bloß mere
die **Blume, –n** flower
der **Blumenladen, ⸗** flower shop
das **Blut** blood
die **Bö, –en** gust, squall
die **Bohnensuppe, –n** bean soup
Bonn *city on the Rhine, capital of the Federal Republic of Germany*
der **Bonvivant, –s** good-for-nothing
das **Boot, –e** boat
bös(e) evil
die **Branche, –n** department
der **Brand, ⸗e** burning, fire; **in — setzen** to light, set fire to
braten (brät), briet, gebraten to roast
brauchen to need
braun brown
brav well-behaved; upright; worthy
brennen, brannte, gebrannt to burn
der **Brief, –e** letter
der **Briefkasten, –** mail box
die **Brille, –n** pair of glasses
bringen, brachte, gebracht to bring; take; **ein Programm —** to present a program
der **Bruder, ⸗** brother
brüllen to roar
das **Brunnenwasser** spring water
die **Brust, ⸗e** breast
die **Brusthöhe** breast height
das **Buch, ⸗er** book
der **Bücherladen, ⸗** bookstore
der **Buchhalter, –** bookkeeper
die **Buchhandlung, –en** bookstore
das **Büchlein, –** booklet, pamphlet
die **Büchse, –n** box; rifle
büffeln (*coll.*) to cram for an exam
die **Bühne, –n** stage
das **Bühnenbild, –er** stage set
das **Bundeswirtschaftsamt** Federal Ministry of Economics
bunt many-colored; **ein bunter Abend** a variety show
die **Burg, –en** fortress, castle

bürgen für to vouch for
das **Büro, –s** office
die **Bürogehilfin, –nen** office assistant
die **Bürostelle, –n** office job

die **Charité** *famous Berlin hospital*
der **Chef, –s** principal, boss
die **Chemie** chemistry
der **Christ, –en, –en** Christian
das **Christentum** Christianity
die **Crème, –s** custard

da there; then; because, since (causal); **— unten** down there; **—drüben** over there; **— draußen** out there; **— vorne** up front; **von — an** from then on
dabei at the same time; **— sein** to be in the act of
dafür for it; therefore
DAG *abbreviation for* **Deutsche Angestelltengewerkschaft** German employees' union
dagegen against it; on the other hand; **wenn Sie nichts — haben** if you don't object
daher from there; therefore
dahin to there; **bis —** until then
dahinter behind it
damalig then, of that time
damals then, at that time
die **Dame, –n** lady
damit with it, with them; so that, in order that
dämmern to dawn; to get dark
die **Dämmerung, –en** twilight
der **Dampfer, –** steamer, steamboat
danach afterward, after that
der **Dank** thanks, gratitude
dankbar grateful
danke (schön) thank you
danken to thank
dann then, at that time
daran in it, of it, on it
die **Darbietung, –en** performance, presentation
darein-riechen, roch darein, dareingerochen to have a taste of
dar-stellen to portray, represent
der **Darsteller, –** performer, actor
darüber about it, concerning it
darum therefore
das **Dasein** existence
das **Dativsubstantiv, –e** noun in the dative case
das **Datum, Daten** date
die **Dauer** duration, length

dauer to last; take (time)
davon about that, from that
davon-fahren (fährt davon), fuhr davon, ist davongefahren to drive off
davon-reiten, ritt davon, ist davongeritten to ride off
Davos *Swiss ski resort*
das **Deck, –e** deck
die **Decke, –n** cover; ceiling
definierbar definable
degradieren to demote
der **Deich, –e** dike
deinetwegen as far as you're concerned
denken, dachte, gedacht to think; **— an** to think of; **sich —** to imagine
denn for, because; *particle often used to reinforce a question*
dennoch nevertheless
dergleichen things like that
dessen his
deswegen for that reason, therefore
deuten to interpret
deutlich clear
deutsch German
(das) **Deutsch** German; **auf deutsch** in German
der **Deutsche, –n, –n** German
die **Deutschklasse, –n** German class
(das) **Deutschland** Germany
der **Deutschlehrer, –** German teacher
der **Dichter, –** poet; writer
dick fat, thick
der **Dieb, –e** thief
dienen to serve
der **Dienst, –e** employment, service; **— machen** to work, be on duty
der **Dienstag** Tuesday
die **Dienstleute** (*pl.*) servants
diensttuend on duty
dies this
diesmal this time
diesseits on this side
diktieren to dictate
das **Ding, –e** thing, object
diskret discreet, tactful
DM Deutsche Mark
doch however, on the contrary; after all, surely
die **Dollarnote, –n** dollar bill
donnern to thunder
der **Donnerstag** Thursday
doppelt double
das **Dorf, ⁼er** village
dort there
das **Drama, Dramen** drama
drauf (darauf) thereupon
drehen to turn
dringend urgent

drin-stehen (darin-stehen), stand drin, dringestanden to be in it
dritt third
drohen to threaten
drüben: da (dort) — over there
der **Druck, ⁼e** pressure
der **Duft, ⁼e** scent, aroma, odor
dumm foolish, stupid
die **Dummheit, –en** foolishness
dumpf dull, apathetic
dunkel dark
das **Dunkel** the dark; **im Dunkeln** in the dark
sich **dünken** to imagine oneself
durch through; by means of
durchaus completely
durch-fallen (fällt durch), fiel durch, ist durchgefallen to fail (an exam)
durch-hitzen to heat through
durch-kommen, kam durch, ist durchgekommen to get through, pass (an exam)
durchschauen to see through
durch-schneiden, schnitt durch, durchgeschnitten to cut through
durch-sehen (sieht durch), sah durch, durchgesehen to look through
dürfen (darf), durfte, gedurft to be allowed to
der **Durst** thirst; **— haben** to be thirsty
durstig thirsty
das **Dutzend, –e** dozen

eben flat, even; just (now)
die **Ebene, –n** level; basis; plain
ebenfalls likewise
ebenso equally; **ebenso . . . wie** as . . . as
echt genuine
die **Ecke, –n** corner
die **Edelfrau, –en** noble lady
ehe before
der **Ehebruch** adultery
ehest: am ehesten earliest; most easily
die **Ehre, –n** honor
ehren to honor
das **Ei, –er** egg
die **Eidechse, –n** lizard
der **Eifer** eagerness, zeal
eifersüchtig jealous
eigen (one's) own
die **Eigenschaft, –en** quality, characteristic
eigentlich in fact, really
das **Eigentum, ⁼er** property
sich **eignen** to be suited
eilen to hurry

eilig hurried; **ich habe es —** I'm in a hurry
einander one another
sich **ein-bilden** to imagine
der **Einbruch, ⸗e** invasion, inroad
der **Eindruck, ⸗e** impression
einfach simple
der **Einfall, ⸗e** idea
ein-fallen (fällt ein), fiel ein, ist eingefallen to occur; **es fällt mir ein** it occurs to me
einfältig simple, foolish
der **Einfluß, ⸗sse** influence
einflußreich influential
der **Eingang, ⸗e** entrance
ein-gehen, ging ein, ist eingegangen to go into, discuss
einige several; **einiges** something or other
sich **einigen** to agree, come to an agreement
ein-laden (lädt ein), lud ein, eingeladen to invite
die **Einladung, –en** invitation
der **Einkauf, ⸗e** purchase; **Einkäufe machen** to shop
ein-kaufen to buy
die **Einlieferung, –en** delivery
ein-lösen to cash
einmal once, one time; for one thing; **nicht —** not even; **auf —** all at once
einmalig happening but once
ein-nehmen (nimmt ein), nahm ein, eingenommen to take in, capture; to consume, eat
ein-richten to furnish
ein-schalten to switch on, connect
ein-schenken to pour
ein-schlafen (schläft ein), schlief ein, ist eingeschlafen to fall asleep
einschmeichelnd ingratiating
ein-sehen (sieht ein), sah ein, eingesehen to understand
ein-stecken to put in
ein-steigen, stieg ein, ist eingestiegen to get aboard, get in
ein-stellen to put in; **das Radio —** to tune in; **einen Wagen —** to put up a car
die **Eintracht** harmony
ein-treffen (trifft ein), traf ein, ist eingetroffen to arrive
ein-treten (tritt ein), trat ein, ist eingetreten to step in, enter
der **Eintrittspreis, –e** entrance price, admission charge
einverstanden agreed, in agreement
der **Einwohner, –** inhabitant

die **Einzelheit, –en** detail
einzig only, sole
die **Eischale, –n** egg shell
eisgekühlt cooled with ice
eiskalt ice cold
die **Eitelkeit** vanity
elend suffering, ill
die **Eltern** (*pl.*) parents
der **Empfang, ⸗e** reception
empfangen (empfängt), empfing, empfangen to receive
empfänglich receptive
der **Empfangschef, –s** head clerk, receptionist
empfehlen (empfiehlt), empfahl, empfohlen to recommend
empfinden, empfand, empfunden to feel, perceive
empfindlich sensitive, touchy
die **Empfindung, –en** feeling, emotion
das **Ende, –n** end; **zu Ende** at an end
endlich finally, at last
eng narrow, tight
englisch English
(das) **Englisch** English
der **Englischlehrer, –** English teacher
der **Enkel, –** grandchild
entfernen to remove
die **Entfernung** expulsion
entflammen to inflame
entfremdet estranged, alienated
entgegen toward
entgegengesetzt opposite
entgegnen to respond, reply
entgehen, entging, ist entgangen to escape
enthalten (enthält), enthielt, enthalten to contain, hold
enthüllen to uncover, reveal
entkorken to uncork
entlang along
entlassen (entläßt), entließ, entlassen to release, let go; to dismiss
entrüstet indignant
entscheidend decisive
entschlafen (entschläft), entschlief, ist entschlafen to fall asleep; to pass away, die
sich **entschließen, entschloß, entschlossen** to decide
der **Entschluß, ⸗sse** decision; **einen — fassen** to decide
entschuldigen to excuse; **sich —** to apologize; **sich — lassen** to ask to be excused
die **Entschuldigung, –en** excuse; **um — bitten** to apologize, beg pardon
entsetzensstarr fixed from fright

entsprechend   according to; corresponding

entstehen, entstand, entstanden   to begin, arise

enttäuschen   to disappoint

entwickeln   to develop

sich entziehen, entzog, entzogen   to withdraw from, evade

entziffern   to decipher

die Episode, –n   episode

erbitten, erbat, erbeten   to request

die Erde, –n   earth

erdichten   to invent; to imagine

das Ereignis, –se   event, occurrence

erfahren (erfährt), erfuhr, erfahren   to experience, learn, come to know

die Erfahrung, –en   experience

erfinden, erfand, erfunden   to invent, devise

die Erfindung, –en   invention, new idea

der Erfolg, –e   success

erfolgos   without success

erfrischend   refreshing

die Erfrischung, –en   refreshment

erfüllen   to fulfill

ergänzen   to complete; to fill in (a blank)

sich ergeben (ergibt), ergab, ergeben   to surrender

das Ergebnis, –se   result, conclusion

erhalten (erhält), erhielt, erhalten   to receive, get

erheben, erhob, erhoben   to lift up, raise up; Anspruch — to lay claim

erhöhen   to raise, increase

erinnern   to remind; sich — an   to remember

die Erinnerung, –en   memory

sich erkälten   to catch cold

erkennen, erkannte, erkannt   to recognize

erklären   to explain

sich erkundigen   to inquire

erlauben   to permit, allow

das Erlebnis, –se   experience

erledigen   to settle, take care of

der Erlöser   saviour

ermorden   to murder

erneuern   to renew

ernsthaft   earnest, serious

eröffnen   to open

erreichen   to reach; to achieve

erröten   to blush

erschauen   to see, espy

erscheinen, erschien, ist erschienen   to seem, appear

die Erscheinung, –en   appearance; manifestation, phenomenon

erschrecken (erschrickt), erschrak, ist erschrocken   to be frightened

ersetzen   to replace

erst   first; only, not until

das Erstaunen   amazement

erstaunt   astonished, surprised

der Erste   first day (of the month)

ersticken   to choke

erwachen   to awake

erwägen   to weigh, consider

erwähnen   to mention

erwarten   to await, expect

die Erwartung, –en   expectation

erwidern   to respond, reply; to reciprocate

erzählen   to tell, relate

der Erzähler, –   story teller

erzielen   to get, obtain

essen (ißt), aß, gegessen   to eat

das Essen   eating; meal

das Eßzimmer, –   dining room

die Etage, –n   floor, story

etwa   about, approximately

etwas   something; somewhat; so — something like that

(das) Europa   Europe

die Europareise, –n   trip to Europe

ewig   eternal

existieren   to exist

der Exkurs, –e   digression

das Fach, ⸗er   subject

fähig   capable

die Fahne, –n   banner, flag

die Fahrbahn, –en   (driving) lane

fahren (fährt), fuhr, ist gefahren   to go, travel, ride; to drive; durch den Kopf — to run through one's mind

der Fahrer, –   driver

die Fahrkarte, –n   ticket

das Fahrrad, ⸗er   bicycle

der Fahrstuhl, ⸗e   elevator

die Fahrt, –en   ride

das Fahrzeug, –e   vehicle

der Fall, ⸗e   fall; case; auf keinen — in no case; auf jeden — in any case

fallen (fällt), fiel, ist gefallen   to fall; es fällt mir schwer   it is difficult for me

fällig   due; — werden   to come to an end, come due

falls   in case

falsch   wrong, false

die Familie, –n   family

fangen (fängt), fing, gefangen   to seize; to capture

farblos   colorless, pale

das Fäßchen, –   little keg

fassen to grasp; to understand
fast almost
faszinierend fascinating
der **Februar** February
fehlen to be missing
der **Fehler, –** mistake, error
die **Feier, –n** celebration, ceremony
feiern to celebrate
der **Feind, –e** enemy
feindselig inimical, unfriendly
das **Fenster, –** window
die **Ferien** (*pl. only*) vacation
die **Ferienfahrt, –en** vacation trip
die **Ferienreise, –n** vacation trip
die **Ferne, –n** distant place or time
der **Fernsehapparat, –e** television set
das **Fernsehen** television; **im —** on TV
das **Fernsehgerät, –e** TV set
das **Fernsehprogramm, –e** television program
der **Fernsprecher, –** telephone
fertig finished; **— werden** to finish
fertig-kauen to finish chewing
fertig-schreiben, schrieb fertig, fertiggeschrieben to finish writing
fest tight, firm; steady
fest-halten (hält fest), hielt fest, festgehalten to hold fast; to seize upon
die **Festlichkeit, –en** festivity
fest-stehen, stand fest, festgestanden to be established, confirmed
fest-stellen to determine, establish
das **Feuer, –** fire
die **Feuerwehr** fire department
das **Fieber** fever, temperature
der **Film, –e** film, motion picture
filmen to make a film
der **Filmschauspieler, –** movie actor
filzig like felt, downy
das **Finalspiel, –e** (sports) finals
finanziell financial
finden, fand, gefunden to find; to think; to think of
die **Fingerspitze, –n** finger tip
finster dark
die **Firma, Firmen** firm, company
der **Fisch, –e** fish
die **Flagge, –n** flag
die **Flasche, –n** bottle
flattern to flutter
das **Fleisch** meat
fleißig diligent
flicken to repair, mend
fliegen, flog, ist geflogen to fly
fließend flowing, fluent
flimmern to flicker
die **Flintenkugel, –n** musket ball
die **Flosse, –n** fin

die **Flöte, –n** flute
der **Fluch, ⸚e** curse
die **Flucht** flight, escape
der **Flug, ⸚e** flight
der **Flügel, –** wing
der **Flughafen, ⸚** airport
die **Flugkarte, –n** flight ticket
das **Flugzeug, –e** airplane
der **Fluß, ⸚sse** river
die **Folge, –n** result
folgen to follow; to obey
folgend following
folgerichtig logical, consistent
die **Folgezeit, –en** following time
die **Forelle, –n** trout; **Forellen blau** boiled trout
die **Form, –en** form
das **Formular, –e** form, blank
der **Forscher, –** researcher, scientist
fort away; **in einem —** continuously
fort-fahren (fährt fort), fuhr fort, ist fortgefahren to go on, continue
fort-gehen, ging fort, ist fortgegangen to go away
fort-locken to entice away
fort-stoßen (stößt fort), stieß fort, fortgestoßen to push away
fortwährend continuous
das **Foto, –s** photo; **auf dem —** in the photo
das **Fotogeschäft, –e** camera shop
der **Frack, ⸚e** evening coat, formal attire
die **Frage, –n** question; **eine — stellen** to ask a question
fragen to ask; **— nach** to ask for, inquire about; **sich —** to wonder
Frankfurt *city on the Main river, east of and close to the Rhine*
französisch French
die **Frau, –en** woman, wife
die **Frauenkirche** Church of Our Lady
der **Frauenname, –ns, –n** woman's name
das **Frauenzimmer, –** woman (*archaic or ironical*); loose woman
(das) **Fräulein, –** Miss, young lady; *title for a governess*
frech saucy, impertinent, fresh
frei free, available; **im Freien** outdoors
die **Freiheit, –en** freedom, liberty
freilich of course, certainly
fremd foreign; **ein Fremder** foreigner; stranger, outsider
fressen (frißt), fraß, gefressen to eat (*of animals*)
die **Freude, –n** joy
freudig joyful

freuen to please; **das freut mich** I like that

sich freuen to be pleased, happy; **— auf** to look forward to; **— über** to be glad about

der **Freund, –e** friend

die **Freundin, –nen** friend

freundlich friendly

freundschaftlich friendly

der **Freundschaftsakt, –e** act of friendship

der **Friede, –ns, –n** peace

die **Friedenspfeife, –n** peace pipe, calumet

frieren, fror, gefroren to freeze; **mich friert, es friert mich** I'm cold

frisch fresh

froh happy, glad; merry

fröhlich happy, cheerful

frohlocken to rejoice, exult

fromm pious

der **Frosch, ⸗e** frog

die **Frucht, ⸗e** fruit

früh early; **morgen —** tomorrow morning; **früher** earlier; former

die **Frühjahrsdämmerung** spring twilight, spring dawn

der **Frühling, –e** spring

das **Frühstück, –e** breakfast

(sich) fühlen to feel; **sich zu Hause —** to feel at ease

führen to lead; **ein Tagebuch —** to keep a diary; **eine Pension —** to run a boardinghouse; **ein Gespräch —** to have a conversation

der **Führerschein, –e** driver's license

füllen to fill

der **Funke, –ns, –n** spark

funktionieren to function

für for

die **Furcht** fear

furchtbar terrible, fearful

fürchten to fear, dread; **sich — vor** to be afraid of

der **Fuß, ⸗e** foot; **zu — gehen** to go on foot

der **Fußball** football, soccer

der **Fußballkampf, ⸗e** football (soccer) game

das **Fußballspiel, –e** football (soccer) game

der **Fußgänger, –** pedestrian

das **Futur** future tense

gackern to cackle

gähnen to yawn

der **Gang, ⸗e** going, trip; course (*of a meal*); gear (*automobile*); **in — bringen** to start; **seinen — gehen** to go on one's way

ganz complete(ly), quite; **im ganzen** on the whole

gänzlich completely

gar: — nicht not at all; **ganz und — nicht** not at all

die **Gartenwirtschaft, –en** open-air restaurant

der **Gast, ⸗e** guest

die **Gaststube, –n** inn

der **Gastwirt, –e** innkeeper

das **Gastzimmer, –** guest room

das **Gebäck, –e** pastry, baked goods

das **Gebäude, –** building

geben (gibt), gab, gegeben to give; **es gibt** there is, there are; **die Hand —** to shake hands

das **Gebiet, –e** area

das **Gebilde** form, shape

gebildet educated, cultured

das **Gebirge, –** mountains

geboren born

der **Gebrauch, ⸗e** use

gebrauchen to use

der **Gebrauchsgegenstand, ⸗e** object for use

das **Gebrüll** roaring

die **Gebühr, –en** fee; propriety; **über —** immoderately, unduly

die **Geburt** birth

der **Geburtshelfer, –** obstetrician

der **Geburtstag, –e** birthday

das **Gedächtnis** memory

gedämpft muted, soft

der **Gedanke, –ns, –n** thought

gedankenlos thoughtless

gedeihen, gedieh, gediehen to flourish, grow

gedenken to think of, remember

das **Gedicht, –e** poem

die **Geduld** patience

die **Gefahr, –en** danger, risk

gefährlich dangerous

der **Gefährte, –n, –n** companion, associate

gefallen (gefällt), gefiel, gefallen to please; **das gefällt mir** I like that

der **Gefallen, –** favor

gefangen captured

der **Gefangene, –n, –n** prisoner

das **Geflunker** (*colloq.*) fibbing, lies

geformt shaped

das **Gefühl, –e** feeling, emotion

gegen toward; against

die **Gegend, –en** area, region

der **Gegenstand, ⸗e** object, thing; subject

das **Gegenteil, –e** opposite, **im —** on the contrary

gegenüber opposite, toward

gegenüber-sitzen, saß gegenüber, gegenübergesessen to sit opposite

gegenwärtig present, right now

die **Gehaltserhöhung, –en** raise in wages

das **Geheimnis, –se** secret

gehen, ging, ist gegangen to go; to walk; to be in working order; **vor sich gehend** occurring; **es geht** things are all right

gehorchen to obey

gehören to belong

die **Geige, –n** violin

der **Geigenwind, –e** wind from the violins

der **Geist, –er** spirit, mind

geistig intellectual

der **Geistliche, –n, –n** clergyman

gekachelt tiled

gelackt lacquered

gelangen to arrive (at), reach

gelassen calm, composed

gelb yellow

gelbgrau yellowish gray

das **Geld, –er** money

der **Geldschein, –e** bill, note (*money*)

die **Gelegenheit, –en** opportunity

gelegentlich on the occasion of, in reference to

das **Geleise, –** track, rails

der **Geliebte, –n, –n** beloved

gelingen, gelang, ist gelungen to succeed; **es gelingt mir** I succeed

das **Gemälde, –** painting

gemäß according to

gemeinsam in common

gemütlich congenial

genau exact; careful; **— betrachtet** on close examination

der **Gendarm, –en, –en** rural policeman

genial clever, ingenious

das **Genie** genius, capacity

genießen, genoß, genossen to enjoy

genießerisch enjoyable

genug enough

genügen to be sufficient, suffice

genügend sufficiently

das **Gepäck** baggage

der **Gepäckkarren, –** baggage cart

der **Gepäckträger, –** porter

gerade straight; precise; **— aus** straight ahead

geradenwegs straight away, directly

geradezu directly; actually

das **Gerät, –e** apparatus, (radio, TV) set

gerecht just, fair

die **Gerechtigkeit** justice

das **Gericht, –e** court of justice; dish, course

gerichtlich judicial

der **Gerichtsmediziner, –** coroner

gering small, modest; **das geringste**

the least; **— schätzen** to estimate low

gern(e) gladly; **ich habe es —** I like it; **ich rauche —** I like to smoke

der **Gesang, ⸗e** singing

das **Geschäft, –e** business, store; business deal

geschäftlich business; on business

der **Geschäftsmann, ⸗er** businessman

die **Geschäftsstelle, –n** office, place of business

das **Geschäftsviertel, –** business district

geschehen (geschieht), geschah, ist geschehen to happen

das **Geschenk, –e** present, gift

die **Geschichte, –n** story, history

geschickt capable, adept

das **Geschlecht, –er** sex; gender

der **Geschmack** taste, liking

der **Geschrei, –e** cry, scream

die **Geschwindigkeit, –en** speed

die **Geschwister** (*pl.*) brothers and sisters

die **Gesellschaft, –en** group; party, company

das **Gesetz, –e** law

das **Gesicht, –e** face

der **Gesichtspunkt, –e** point of view

gespannt eager, intent

das **Gespräch, –e** conversation; dialogue

die **Gestalt, –en** figure, form; flesh

das **Geständnis, –se** confession

gestatten to permit, allow

gestehen, gestand, gestanden to admit, confess; **offen gestanden** frankly speaking

gestern yesterday; **— abend** last night

gestoben: war an mir vorüber — had whizzed past me

gesund healthy, healthful

das **Getränk, –e** beverage

die **Gewalt** force; **mit aller —** with all one's might

die **Gewerkschaft, –en** labor union

gewinnen, gewann, gewonnen to win

gewiß certain

das **Gewissen** conscience

das **Gewitter, –** thunderstorm

die **Gewohnheit, –en** habit, custom

gewöhnlich usual

gewohnt, gewöhnt accustomed, used to

das **Glas, ⸗er** glass

das **Gläschen, –** little glass

der **Glaube, –ns, –n** belief

glauben to believe, think

gläubig full of faith

gleich same, even; like; indifferent; immediately; **— hier** right here

gleichgültig indifferent; **ist ihm — ge-**

worden became a matter of indifference to him

gleichmäßig regular, even

das **Gleichnis, –se** simile, comparison

gleichviel ob . . . oder no matter whether . . . or

gleichzeitig simultaneous

gleiten, glitt, ist geglitten to glide

das **Glied, –er** limb, arm *or* leg

das **Glück** good luck; happiness; **— haben** to be lucky, happy

gluckern to gurgle

glücklicherweise fortunately

Goethe, Johann Wolfgang von *German poet, dramatist, novelist, and philosopher (1749–1832)*

das **Goethehaus** Goethe's house

der **Goetheplatz** Goethe Square

golden golden

der **Goldzahn, ≃e** gold tooth

der **Gott, ≃er** god

göttlich divine

der **Grad, –e** degree

der **Grand-Richard-Apfel, ≃** Grand Richard apple

gräßlich horrible

das **Grauen** horror

grauenhaft horrible, terrible

greifen, griff, gegriffen to seize

grell harsh, bright

die **Grenze, -n** border

der **Grenzpolizist, –en, –en** border guard

greulich horrible, dreadful

grimmig fierce

grinsen to grin

groß large, big

die **Großmutter, ≃** grandmother

der **Großvater, ≃** grandfather

grün green

der **Grund, ≃e** reason; basis, foundation; **im Grunde** basically, at the bottom

die **Gruppe, –n** group

grüßen to greet

gültig valid

die **Gunst** favor; **zu seinen Gunsten** in his favor

günstig favorable

die **Gurke, –n** cucumber; **saure —** pickle

gut good; well

die **Güte** goodness

das **Haar, –e** hair

haben (hat), hatte, gehabt to have; to own

hageln to hail; **es hagelt** it's hailing

hager haggard; lean

halb half

die **Halbzeit, –en** half-time

die **Hälfte, –n** half

die **Hallig, –en** tidal island

der **Hals, ≃e** neck, neck of a bottle

halten (hält), hielt, gehalten to hold; to stop; **— von** to think of; **— für** to consider, take for

die **Haltestelle, –n** stop

die **Haltung, –en** attitude

Hamburg *city and major port in northern Germany*

die **Hand, ≃e** hand; **die — geben** to shake hands; **die Hände voll haben** to have one's hands full

handeln von to treat, deal with; **sich handeln um** to be a question of

die **Handlung, –en** plot (*of a play*); action

der **Handschuh, –e** glove

das **Handtuch, ≃er** towel

hängen (*intrans.* **hing, gehangen**) to hang, be hanging

die **Harde, –n** village, hamlet

harmonisch harmonious

hart hard, difficult

hartnäckig stubborn

der **Haß** hate

hassen to hate

der **Haufen, –** heap

das **Hauptfach, ≃er** "major" subject

das **Hauptgebäude, –** main building

der **Häuptling, –e** chief, chieftain

die **Hauptmahlzeit, –en** main meal

die **Hauptrolle, –n** leading part

hauptsächlich mainly, principally

das **Haus, ≃er** house; **nach Hause** home; **zu Hause** at home

hausbacken home-baked; simple

die **Hausfrau, –en** mistress of the house

die **Haustür, –en** house door

das **Heft, –e** notebook, pamphlet

hegen to cherish; **den Verdacht —** to harbor the suspicion

Heidelberg *university town on the Neckar river, east of the Rhine*

heilig sacred, holy

heim homeward

heim-kehren to return home

heimlich secret, furtive

die **Heimlichkeit** secrecy

die **Heimwehr** home guard

heiraten to marry

heiß hot

heißen, hieß, geheißen to be called; to mean; **d.h. (das heißt)** that is

die **Heizung** heating, radiator

helfen (hilft), half, geholfen to help; **sich —** to help oneself

der **Helfer, –** helper

hell bright

das **Hemd, –en** shirt
der **Henker, –** hangman, executioner
Henze, Hans Werner *contemporary German composer*
herab-drängen to force down
herab-lassen (läßt herab), ließ herab, herabgelassen to let down
sich **heran-drängen** to force oneself
heran-kommen, kam heran, ist herangekommen to come toward
heran-ziehen, zog heran, herangezogen to pull toward oneself
herauf-kommen, kam herauf, ist heraufgekommen to come up
heraus-bekommen, bekam heraus, herausbekommen to get from
heraus-kommen, kam heraus, ist herausgekommen to come out
der **Herbst, –e** fall, autumn
herein in
herein-kommen, kam herein, ist hereingekommen to come in, enter
herein-laufen (läuft herein), lief herein, ist hereingelaufen to run into
her-geben (gibt her), gab her, hergegeben to give up, deliver
die **Herkunft, ⸗e** origin
her-locken to attract, entice
der **Herr, –n, –en** gentleman; **der alte —** old grad
das **Herrenartikelgeschäft, –e** men's-wear store
herrlich wonderful, glorious
her-strecken to stretch out
herum around
herum-gehen, ging herum, ist herumgegangen to go around
herum-laufen (läuft herum), lief herum, ist herumgelaufen to run around
herum-wandern to wander around
herunter down
hervor-rennen, rannte hervor, ist hervorgerannt to run forth
sich **hervor-tun, tat hervor, hervorgetan** to distinguish oneself
hervor-ziehen, zog hervor, hervorgezogen to pull out
das **Herz, –ens, –en** heart
herzensgut kind-hearted
der **Herzenswunsch, ⸗e** fond wish
die **Hesperide** *daughter of Atlas and Hesperis*
heulen to howl
heute today; **— abend** this evening, tonight
heutzutage nowadays
hier here
hierauf hereupon, then

hiesig local
die **Hilfe, –n** help
der **Himmel, –** heaven, sky
hin away; **— und her** back and forth; **der Sommer ist —** summer is over
hinab-steigen, stieg hinab, ist hinabgestiegen to climb down
hinauf up, upward
hinauf-gehen, ging hinauf, ist hinaufgegangen to go up
hinauf-schlagen (schlägt hinauf), schlug hinauf, hinaufgeschlagen to strike against
hinauf-steigen, stieg hinauf, ist hinaufgestiegen to climb up, go up
hinaus-gehen, ging hinaus, ist hinausgegangen to go out
der **Hinauswurf, ⸗** expulsion
das **Hindernis, -se** hindrance
hinein in
hinein-fallen (fällt hinein), fiel hinein, ist hineingefallen to fall into
hinein-läuten to ring into
hinein-treiben, trieb hinein, hineingetrieben to drive in
hin-fahren (fährt hin), fuhr hin, ist hingefahren to drive there
hin-halten (hält hin), hielt hin, hingehalten to hold out, show
hin-stellen to set (down)
hinten in the back, in the rear
hinter behind, in back of
hinterdrein afterwards
hinterlistig cunning, deceitful
hinunter down
hinunter-gehen, ging hinunter, ist hinuntergegangen to go down
hinweg-kommen, kam hinweg, ist hinweggekommen to get over
hin-weisen, wies hin, hingewiesen to show (the way) to; **darauf hingewiesen** referred to
hin-werfen (wirft hin), warf hin, hingeworfen to throw out; to blurt out
die **Hirnschale, –n** skull
die **Hirtenflöte, –n** shepherd's flute
hoch high
hochbeinig long-legged
das **Hochhaus, ⸗er** tall building
hoch-heben, hob hoch, hochgehoben to raise, lift up
die **Hochschule, –n** higher school
der **Hochsommer** mid-summer, height of summer
höchst extremely, very
höchstens at most
der **Hof, ⸗e** courtyard, yard; country property

hoffen to hope
hoffentlich I hope
die Hoffnung, –en hope, expectation
hoffnungslos hopeless
höflich polite
die Höhe, –n height
holen to fetch, get
(das) Holland Holland
der Holländer, – Dutchman
die Holländerin, –nen Dutchwoman
holländisch Dutch
das Holz, ⸗er wood
hören to hear; Radio — to listen to the radio
das Hosenbein, –e trouser leg
hübsch pretty, attractive
der Huf, –e hoof
der Hufschlag, ⸗e hoofbeat
der Hund, –e dog
hundertprozentig hundred-per-cent
der Hunger hunger; — haben to be hungry
hungern to be hungry, starve
hungrig hungry
hupen to blow the horn (of a car)
der Hut, ⸗e hat
sich hüten to guard against

die Idee, –n idea
die Identität, –en identity
immer always; — noch still
imponieren to impress
der Import importation
imstande capable of
inbegriffen included
indem while, by (doing)
indessen in the meantime, meanwhile
der Indianer, – Indian
das Indiz, –ien evidence of guilt
infolge as a result of
der Ingenieur, –e engineer
der Inhalt contents
inne-halten (hält inne), hielt inne, innegehalten to pause, stop
innerlich internal, inside
innig intimate
die Inschrift, –en inscription
die Insel, –n island
interessant interesting
interessieren to interest; sich — für to be interested in
intim intimate
inzwischen in the meantime
irgend in any way
irgend: — jemand anybody, somebody or other; irgendeiner anyone, someone or other; irgendwo somewhere;

— etwas something or other; irgendwann sometime or other
die Ironie irony
die Irre mistaken course, error; in die — gehen to go astray
sich irren to err, make a mistake
die Irrenabteilung, –en division for the insane
das Irrenhaus, ⸗er insane asylum
der Irrsinn insanity
der Irrtum, ⸗er error
(das) Italien Italy
italienisch Italian

ja yes; particle expressing surprise
die Jacke, –n jacket
der Jäger, – hunter
das Jahr, –e year
die Jahreszeit, –en season
das Jahrhundert, –e century
das Jahrzehnt, –e decade
der Januar January
jawohl yes, yes indeed
je ever; — mehr . . . um so mehr . . . the more . . . the more . . .; — nach according to
jedenfalls in any case
jeder every
jedermann every one, everybody
jedesmal each time, every time
jedoch however, nevertheless
jemals ever
jemand somebody
jener, jene, jenes that
jenseits on the far side of, beyond
jetzt now
die Jugend youth
der Juli July
jung young
der Junge, –n, –n boy, youth
der Jüngere, –n, –n the younger, junior
der Juni June
die Juristen-Gewohnheit, –en lawyer's habit
juristisch juridical, legal

der Kaffee coffee
der Kalender, – calendar, notebook
kalt cold
das Kalumet calumet, peace pipe
der Kamerad, –en, –en comrade
der Kampf, ⸗e fight; game
kämpfen to fight
das Kampfspiel, –e contest, tournament
Kandel place name
die Kapelle, –n band
das Kapitel, – chapter
kaputt ruined, broken, out of order
karg scanty, meager

die **Karte, –n** card; ticket
das **Kartenspiel, –e** card game; das **Kartenspielen** playing cards
die **Kasse, –n** pay office; box office
die **Kastanie, –n** chestnut tree
der **Kater, –** tom cat
die **Katze, –n** cat
kaufen to buy
kaum scarcely, hardly
keck bold
kein not a, not any, no
keiner nobody
keineswegs by no means, not at all
der **Kellner, –** waiter
die **Kellnerin, –nen** barmaid
kennen, kannte, gekannt to know
kennen-lernen to meet, become acquainted with
die **Kenntnis, –se** knowledge; **in — setzen** to inform
das **Keuchen** puffing, wheezing
kichern to giggle, chuckle
das **Kilogramm, (–e)** kilogram (*2.2 pounds*)
der **Kilometer, –** kilometer (*0.62 mile*)
das **Kind, –er** child
das **Kindchen, –** little child
der **Kinderwagen, –** baby carriage
die **Kindesleiche, –n** child's corpse
die **Kindheit** childhood
das **Kino, –s** motion-picture theater
der **Kiowa, –s** Kiowa (*member of the Kiowa Indian tribe*)
die **Kirche, –n** church
der **Kirsch** cherry brandy
die **Kirschflasche, –n** Kirsch bottle
klagen to complain
der **Kläger, –** accuser
kläglich plaintive, doleful
der **Klang, ⸗e** sound
klar clear, obvious
klassisch classic
klatschen to chatter, gossip; applaud
das **Klaviersolo, –s** piano solo
das **Kleid, –er** dress
sich **kleiden** to dress
klein small, little
der **Kleine, –n, –n** little boy; das **Kleine, –n, –n** small child
die **Kleinigkeit, –en** little thing, trivia
die **Kleinstadt, ⸗e** small city
klingeln to ring; es **klingelt** the bell (doorbell) is ringing
kilngen, klang, geklungen to sound
klopfen to knock; es **klopft** somebody is knocking (at the door)
der **Kniff, –e** fold; trick, stratagem
der **Knopf, ⸗e** button; dial
kochen to boil, cook

die **Köchin, –nen** cook
der **Koffer, –** suitcase
Köln Cologne (*city on the Rhine in northwestern Germany*)
der **Kolonialwarenhändler, –** grocer
der **Komiker, –** comedian
komisch comical, funny
die **Komödie, –n** comedy
kommen, kam, ist gekommen to come; **so kommt es** thus it happens
der **Kommissär, –e** police inspector
die **Kompanie, –n** company, firm, business
komplett complete
kompliziert complicated
der **Komponist, –en, –en** composer
die **Konditorei, –en** café, pastry shop
der **König, –e** king
die **Königin, –nen** queen
das **Königtum, ⸗er** kingdom
der **Konjunktiv** subjunctive
die **Konjunktivform, –en** subjunctive form
können (kann), konnte, gekonnt can, be able to
das **Konto, –s or Konten** bank account
kontrollieren to inspect, check
sich **konzentrieren** to concentrate
der **Kopf, ⸗e** head; **durch den — fahren** to run through one's mind
kopflos headless; confused
kopfschüttelnd shaking one's head
das **Kopfweh** headache
der **Kork, –e** cork
körperlich physical
korrekt correct, proper
kostbar expensive
kosten to cost; to taste
kostenlos free
das **Kostüm, –e** costume, uniform
krachen to crackle
krächzen to croak
die **Kraft, ⸗e** strength; worker, employee
kräftig powerful, vigorous
der **Kragen, –** collar
die **Krähe, –n** crow
der **Kranke, –n, –n** sick man
der **Kranz, ⸗e** wreath; circle
die **Krawatte, –n** tie
die **Kreatur, –en** creature
der **Kreis, –e** circle
sich **kreuzen** to cross, intersect
kreuzigen to crucify
der **Krieger, –** warrior
der **Krimi, –s** (*short for* der **Kriminalfilm,** der **Kriminalroman**) detective story
kriminalistisch criminological
das **Kriminalstück, –e** detective story
die **Kristallnacht** crystal night
die **Krone, –n** crown

die **Küche, –n** kitchen; cuisine, cooking
der **Kuchen, –** cake
die **Küchenuhr, –en** kitchen clock
die **Küchenwaage, –n** kitchen scale
die **Kunst, ⸚e** art
kunstfertig skillful
die **Kunstgeschichte** history of art
der **Künstler, –** artist
das **Kunststück, –e** trick
der **Kurs, –e** exchange; exchange rate
kurz short
kürzlich recently
die **Kusine, –n** cousin

das **Labor** (*short for* **das Laboratorium**) lab, laboratory
lächeln to smile
das **Lächeln, –** smile
lachen to laugh
der **Lack, –e** lacquer, varnish
der **Laden, ⸚** store, shop
die **Lage, –n** situation, location
sich lagern to station oneself, take position
das **Land, ⸚er** country; **auf dem Lande** in the country
landen to land
der **Landstreicher, –** tramp
die **Landung, –en** landing
der **Landvermesser, –** surveyor
lang(e) long; **schon lange** for a long time; **lange nicht** by far not
die **Länge, –n** length, duration
langsam slow
längst for a long time; **— nicht mehr** not for a long time past
langweilen to bore
langwierig tedious
der **Lärm, –e** noise
lassen (läßt), ließ, gelassen to let, permit; to leave; **etwas tun —** to have something done
das **Laster, –** depravity, vice
der **Lastwagen, –** truck
lateinisch Latin
das **Laub** foliage, leaves
der **Lauf, ⸚e** course; gait, running
laufen (läuft), lief, ist gelaufen to run; **ein Film läuft** a film is showing
laut loud; according to
der **Laut, ⸚e** sound
läuten to sound, ring; **es läutet** the telephone (doorbell) is ringing
das **Läutewerk, –e** bell works; bell
lautlos silent, without a sound
leben to live
das **Leben** life
die **Lebensmittel** (*pl.*) food
der **Lebenswandel** way of life

lebhaft lively, active
leer empty
die **Leere** emptiness
legen to lay, put, place; **sich —** to lie down
die **Lehre, –n** teaching, precept
lehren to teach
der **Lehrer, –** teacher
die **Lehrerin, –nen** teacher
die **Leiche, –n** corpse
leicht light; easy
leid painful, disagreeable; **es tut mir —** I am sorry
leiden, litt, gelitten to suffer, endure; **jemand gut — können** to like somebody
leider unfortunately
leihen, lieh, geliehen to lend
die **Leinwand, ⸚e** screen (film)
leise soft
leisten to perform, achieve; **sich —** to afford
die **Lektion, –en** lesson
die **Lektüre, –n** reading
der **Leopard, –en, –en** leopard
lernen to learn
lesen (liest), las, gelesen to read
letzt last
der **Leu, –en, –en** (*poetic*) lion
leugnen to deny
die **Leute** (*pl.*) people
licht lucid, clear
das **Licht, –er** light; **ein — geht mir auf** (suddenly) I see the light
die **Lichtleitung, –en** electric light circuit
der **Lichtschein** glow of light
das **Lid, –er** eyelid
lieb dear
die **Liebe, –n** love
die **Liebelei, –en** flirtation
lieben to love, like
lieber rather; **ich habe (mag) das —** I perfer that; **ich tue das —** I prefer doing that
der **Liebesblick, –e** look of love
lieb-haben to like, love
liebkosen to caress
der **Liebling, –e** favorite; darling
liebst dearest; **ich habe das am liebsten** I like that best
das **Lied, –er** song
die **Liederlichkeit** dissoluteness
liefern to deliver
die **Lieferung, –en** delivery
die **Liegekur** rest therapy
liegen, lag, gelegen to lie, recline; to be located; **daran —** to be the result of
die **Linie, –n** line; route

link left; **zur Linken** to the left
links to the left
die **Lippe, –n** lip
das (*also* der) **Liter, –** liter (*0.6 quarts*)
das **Lob** praise
loben to praise
das **Löffelchen, –** little spoon
logisch logical
das **Lokal, –e** place, hall
das **Lokalgespräch, –e** local call
die **Loreley** *siren who haunted a dangerous rock on the Rhine river*
der **Loreleyfelsen** Loreley Rock
los loose; away; wrong; **was ist —?** what's going on? what's the matter?; **es geht —** things are starting
lösen to solve; **sich —** to be released
los-lassen (läßt los), ließ los, losgelassen to let go, release
die **Lösung, –en** solution
los-werden (wird los), wurde los, losgeworden to get rid of
das **Lotterleben** dissolute life
der **Löwe, –n, –n** lion
der **Löwengarten, ⸗** lions' den
die **Lücke, –n** gap, hole
die **Lüge, –n** lie, untruth
lügen, log, gelogen to lie, tell a falsehood
der **Lügner, –** liar
die **Lunge, –n** lung
die **Lust, ⸗e** desire; **— haben, etwas zu tun** to want to do something; **— haben nach etwas** to feel like having something
lustig gay, cheerful
der **Lustort, –e** place of amusement, pleasure spot
das **Lustspiel, –e** comedy

machen to make, do; **einen Ausflug —** to take an outing; **Einkäufe —** to shop; **etwas falsch —** to do something the wrong way; **Freude —** to please; **eine Reise —** to take a trip; **einen Spaziergang —** to take a walk; **sich gefaßt —** to prepare oneself; **sich Hoffnungen —** to have hopes; **sich Sorgen — um** to worry about; **sich ein Vergnügen aus etwas —** to take pleasure in something; **Platz —** to get out of the way, make room for
mächtig capable of; **keiner Worte —** incapable of speech
das **Mädchen, –** girl; maid
der **Magenbitter** bitters
die **Mahlzeit, –en** meal
die **Mähne, –n** mane

Mainz *city on the Rhine, west of Frankfurt*
mal once; sometime
das **Mal, –e** time; **zum ersten —** for the first time
malen to paint
der **Maler, –** painter
die **Malerin, –nen** painter
man one, you, they
manch many a; (*pl.*) many
manchmal occasionally
der **Mandant, –en, –en** client
der **Mann, ⸗er** man; husband
die **Mannschaft, –en** team
der **Mantel, ⸗** overcoat
Marat und Sade *short title of a play by Peter Weiss*
die **Margaretheninsel** *St. Margaret's Island, in the Danube at Budapest*
die **Mark** mark (*about $0.27*)
die **Marsch, –en** marsh
marschieren to march
die **Maschine, –n** machine, apparatus; **mit der — schreiben** to type
das **Maschinengewehr, –e** machine gun
die **Mathematik** mathematics
das **Matterhorn** *mountain peak in southern Switzerland*
das **Maul, ⸗er** mouth (*of an animal*); **ein — machen** to make a face, grimace
das **Maultier, –e** mule
die **Maus, ⸗e** mouse
das **Meer, –e** sea, ocean
mehr more
mehrere several
mehrmals several times
meinen to mean; to mean to say; to say; to think
meinetwegen as far as I'm concerned
die **Meinung, –en** opinion; **der — sein** to be of the opinion
meist most
meistens for the most part, mostly
die **Melodie, –n** melody
die **Menge, –n** crowd, multitude
der **Mensch, –en, –en** man, human being, person
die **Menschengeschichte, –n** story (history) of a human being
die **Menschenseele, –n** person, soul; **keine —** not a soul
merkwürdig remarkable, worthy of note
das **Messer, –** knife
metallisch metallic
metaphysisch metaphysical
die **Miene, –n** facial expression
das **Mietshaus, ⸗er** apartment house

die **Milch** milk
die **Milliarde, –n** billion
   minderwärtig inferior
   mindest least; **zum mindesten** at the very least
   minus minus, less
   mißfallen (mißfällt), mißfiel, mißfallen to displease
   mißtrauisch suspicious
   mißverständlich misleading, ambiguous
das **Mißverständnis, –se** misunderstanding
   mit with
die **Mitarbeit** collaboration
   mit-bringen, brachte mit, mitgebracht to bring along
   miteinander with one another
   mit-fahren (fährt mit), fuhr mit, ist mitgefahren to go along
   mit-fliegen, flog mit, ist mitgeflogen to fly (with somebody)
   mitflutend accompanying
   mit-geben (gibt mit), gab mit, mitgegeben to give (*along with something else*)
   mit-gehen, ging mit, ist mitgegangen to go along
das **Mitglied, –er** member
die **Mitgliederliste, –n** membership list
   mit-kommen, kam mit, ist mitgekommen to come along
das **Mitleid** sympathy
   mit-machen to collaborate, work with
der **Mitmensch, –en, –en** fellow man
   mit-nehmen (nimmt mit), nahm mit, mitgenommen to take along; to exhaust
der **Mitpatient, –en, –en** fellow patient
   mit-spielen to play a part, accompany
der **Mittag, –e** noon
das **Mittagessen, –** lunch
die **Mitte** middle
   mit-teilen to inform, tell
die **Mitteilung, –en** communication, message
das **Mittel, –** way, means; **— der Redekunst** figure of speech
   mittelmäßig mediocre
   mitten (in) in the middle (of)
die **Mitternacht** midnight
   mit-tun, tat mit, mitgetan to collaborate, join in
   mitunter sometimes, now and then
die **Mitwirkenden** (*pl.*) members of the cast
der **Mittwoch** Wednesday
   mögen (mag), mochte, gemocht to like, care for; to like to; may
   möglich possible
die **Möglichkeit, –en** possibility

   momentan momentary
der **Monat, –e** month
der **Mond, –e** moon
die **Mondkugel** full moon
der **Montag, –e** Monday
   moralisch moral
der **Mord, –e** murder
der **Mörder, –** murderer
die **Mordlust** thirst for blood
die **Mordsache, –n** murder case
der **Morgen, –** morning; *short for* **Guten Morgen!**; **den — darauf** the following morning; **morgens** in the morning, mornings; **heute morgen** this morning
   morgen tomorrow; **— früh** tomorrow morning
der **Motor, –en** motor, engine
die **Möwe, –n** sea gull
   müde tired, weary
die **Müdigkeit** tiredness, weariness
die **Mühe, –n** effort; difficulty; **sich — geben** to make an effort
   mühsam with difficulty
der **Müllkasten, –** refuse box, garbage can
der **Müllkastendeckel, –** garbage can cover
   München Munich (*capital of Bavaria*)
der **Mund, –e** mouth
   münzen to mint
   murren to grumble
das **Museum, Museen** museum
die **Musik** music; band
das **Musikautomat, –en, –en** music machine
   musikalisch musical, talented musically
der **Musiker, –** musician
die **Musikerin, –nen** musician
   müssen (muß), mußte, gemußt must, to have to
   mutig courageous
die **Mutter, ⸗** mother

   na well
   nach after, to, toward; according to
   nach-ahmen to imitate
der **Nachbar, –n** neighbor
die **Nachbarin, –nen** neighbor
   nachdem after
der **Nachdruck, ⸗e** emphasis
die **Nachforschung, –en** investigation
   nach-geben (gibt nach), gab nach, nachgegeben to give in, yield
   nachher afterward
   nach-holen to recover, get
   nach-lassen (läßt nach), ließ nach, nachgelassen to slacken, subside
der **Nachmittag, –e** afternoon; **heute nachmittag** this afternoon

die **Nachricht, –en** news
nach-rufen, rief nach, nachgerufen to
   call after
der **Nachschlag, ⸗e** echo
**nach-schlagen (schlägt nach), schlug
   nach, nachgeschlagen** to look up (*in
   a book*)
nächst next
der **Nächste, –n, –n** fellow man
die **Nacht, ⸗e** night
die **Nachtdämmerung, –en** twilight
nachts at night, nights
nach-zählen to count again
nah(e) near
die **Nähe** closeness, vicinity
näher closer, nearer; — **eingehen** to
   discuss in more detail
sich **nähern** to approach
der **Name, –ns, –n** name
nämlich namely, you know, to be sure
der **Narr, –en, –en** fool
die **Nationalmannschaft, –en** national team
die **Natur** nature
natürlich natural; of course
die **Naturwissenschaft, –en** natural science
neben next to, near
nebenan close by; next door
nebeneinander one next to the other
der **Nebensatz, ⸗e** dependent clause
nebst with, together with
nee (*dialect for* **nein**) no
nehmen (nimmt), nahm, genommen to
   take; **auf sich —** to take on
neigen to lean, tend
nennen, nannte, genannt to name
nervös nervous
das **Nest, –er** nest
nett nice
netto net, in sum
neu new
neugierig curious
die **Neuinszenierung, –en** new production
das **Neujahr** New Year
neulich recently
nichtig empty, futile
die **Nichtigkeit** nothingness; emptiness
nichts nothing; — **als** nothing but
das **Nicht-Versicherbare** the uninsurable
nicken to nod
nie never; **noch —** never yet, not ever
sich **nieder-legen** to lie down
**nieder-schreiben, schrieb nieder, nieder-
   geschrieben** to write down
sich **nieder-strecken** to stretch out; lie
   down
niedrig low
niemals never
niemand nobody

der **Nierenbraten, –** roast loin
nimmer never, never again
nirgend nowhere
nischt (*dialect for* **nichts**) nothing
noch still, yet, in addition; — **ein**
   another; — **einmal** once more; —
   nicht not yet; — **so leise** no matter
   how softly
nordfriesisch north Frisian
nördlich northerly
die **Nordsee** North Sea
die **Note, –n** grade, mark
notieren to note, jot down
nötig necessary
die **Notiz, –en** note, memorandum
die **Notwendigkeit, –en** necessity
die **Nummer, –n** number
nun now; well
nur only
nützen to be of use
nützlich useful

ob whether; **als —** as if
oben above
ober upper
der **Ober, –** waiter
Oberammergau *village in the Bavarian
   Alps, famous for its passion play*
oberflächlich superficial
oberhalb above
obgleich, obschon, obwohl, obzwar although
öd(e) empty, desolate
oder or
der **Ofen, ⸗** stove
offen open; — **gestanden** frankly
   speaking
offenbar evident, obvious
öffentlich public
der **Offizier, –e** officer
öffnen to open
oft often; **so — wie** as often as
öfter several times, frequently
ohne without; — **daß** without; **es ist
   nicht —** it has something
das **Ohr, –en** ear
der **Oktobernachmittag, –e** October afternoon
der **Onkel, –** uncle
(der) **Opa** *nickname for grandfather, grandpa*
opfern to sacrifice
das **Orchester, –** orchestra
die **Ordnung, –en** order; **in —** in order
die **Originalfassung, –en** original version
der **Ort, ⸗er** place; **am —** on the spot

die **Ortsgruppenleitung, –en** local (Nazi) party directorate
(das) **Österreich** Austria

paar: ein — a few; **alle — Minuten** every few minutes
das **Päckchen, –** pack
packen to seize; to pack
das **Paket, –e** package, parcel
das **Papier, –e** paper
das **Paradies** paradise
das **Parkett, –e** orchestra (*seating area in theater*)
der **Parkplatz, ⸗e** parking lot
die **Partei, –en** (political) party
das **Partizip, –ien** participle
der **Paß, ⸗sse** passport
passen to be suitable; to fit
passend appropriate, correct
passieren to pass, go by; (*with aux. sein*) to occur, happen
die **Paßkontrolle** passport control
die **Pause, –n** pause, intermission
das **Pech** pitch; bad luck
pechfinster pitch dark
peinlich painful, distressing
die **Pension, –en** boardinghouse; **eine — führen** to run a boardinghouse
Pepeli *form of Pepi, nickname for Joseph*
per by means of
das **Perfekt** present perfect tense
der **Perinette-Apfel, ⸗** Perinette apple
das **Personal** personnel, crew
das **Personalpronomen, –** personal pronoun
die **Personenwaage, –n** bathroom scale
persönlich personal
der **Pfad, –e** path, lane
die **Pfarre, –n** parish
die **Pfeife, –n** pipe; whistle
der **Pfennig, –e** pfennig (*one-hundredth part of a mark*)
das **Pferd, –e** horse
pflegen to be accustomed; to take care of
das **Phänomen, –e** phenomenon
der **Physiker, –** physicist
physisch physical, material, concrete
der **Plan, ⸗e** plan
der **Platz, ⸗e** place; seat; square; **— nehmen** to sit down
die **Platzanweiserin, –nen** usher
plaudern to chat, converse
plötzlich sudden
das **Plusquamperfekt** past perfect tense
pochen to beat (*of the heart*)
die **Politik** politics

politisch political
die **Polizei** police
der **Portier, –s** doorman
die **Pose, –n** pose; **eine — stellen** to strike a pose
die **Post** post office; mail; **mit der — schicken** to mail
der **Posten, –** position, job
die **Postkarte, –n** postcard
der **Postscheck, –e** *and* **–s** postal check, money order
prächtig magnificent, handsome
praktisch practical
das **Präpositionalobjekt, –e** object of the preposition
das **Präsens** present tense
die **Präsensform, –en** form of the present
der **Präsident, –en, –en** president
der **Preis, –e** price; prize
pressen to press
prima great, fine, first-rate
der **Prinz, –en, –en** prince
die **Prinzessin, –nen** princess
prinzipiell in principle, basically
die **Pritsche, –n** plank-bed
privat private
das **Privathaus, ⸗er** private house, private home
pro per
probieren to test; to taste
das **Pronomen, –** pronoun
Prost Here's to you!, To your health!
protestieren to protest
die **Prüfung, –en** examination; **eine — ablegen** to take an exam
psychologisch psychological
der **Pudel, –** poodle
das **Pudelmützchen, –** fluffy little cap
die **Pulle, –n** (*dialect*) bottle
der **Punkt, –e** point, dot; **— acht** at eight exactly
pünktlich punctual
der **Putz** adornment, ornament
putzen to polish

quacken to croak
die **Qual, –en** torture, agony
qualvoll agonizing, tortured
quarren to whine, squeak
das **Quartier, –e** quarters
quellen, quoll, ist gequollen to flow
das **Quellwasser** spring water

das **Radio, –s** radio; **— hören** to listen to the radio; **im — on** the radio
der **Radioapparat, –e** radio set
die **Radiozeitschrift, –en** radio magazine
der **Rand, ⸗er** edge

rasen   to rave; to speed
der **Rat,** (*pl.*) **Ratschläge**   counsel, advice
raten (rät), riet, geraten   to advise; guess
ratlos   perplexed, helpless
der **Rauch**   smoke
rauchen   to smoke
räumen   to clear out
das **Raunen**   whispering
rauschen   to rustle, murmur
raus-geben (gibt raus), gab raus, rausgegeben   to give up, relinquish
raus-marschieren   to march out; **marsch raus!**   be off with you!
die **Reblaus, ⸗e**   grape louse
die **Rechnung, –en**   bill
recht   right; quite; **—   haben**   to be right; **er weiß es nicht —**   he isn't too sure; **zur Rechten**   to the right
rechfertigen   to justify
rechts   on the right
der **Rechtsanwalt, ⸗e**   lawyer, attorney
rechtschaffen   righteous; (*coll.*) mighty
das **Rechts-Überholen**   passing on the right
rechzeitig   on time
recken   stretch; extend
die **Rede, –n**   speech, discourse
die **Redekunst**   rhetoric; **das Mittel der —**   figure of speech
reden   to talk, speak
reduzieren   to reduce, lower
reflexiv   reflexive
die **Regel, –n**   rule
regelmäßig   regular
regennaß   wet from rain
regieren   to govern, rule
der **Registrator, –en**   registrar, recorder
regnen   to rain
reich   rich, wealthy
der **Reichtum, ⸗er**   wealth
der **Reif, –e**   (*poetic*) circle
der **Reifen, –**   tire; hoop
die **Reihe, –n**   row; **an der —   sein**   to be up; **der —   nach**   one after the other
sich **reihen**   to form a row
rein   pure, clean; empty
reinigen   to clean
die **Reise, –n**   trip; **eine — machen**   to take a trip
das **Reisebüro, –s**   travel agency
das **Reisegepäck**   traveling baggage
reisen   to travel
der **Reisende, –n, –n**   tourist, traveler
der **Reisepaß, ⸗sse**   passport
der **Reisescheck, –s** *and* **–e**   travelers check
die **Reisetasche, –n**   flight bag, traveling bag
das **Reiseziel, –**   goal of a journey

reiten, ritt, (ist) geritten   to ride
der **Reiter, –**   rider
die **Reiter-SA**   motorized storm troops
reizbar   irritable
die **Reklame, –n**   advertisement, commercial
die **Reklamenachricht**   commercial announcement, advertisement
rekonstruieren   to reconstruct
der **Relativsatz, ⸗e**   relative clause
rennen, rannte, ist gerannt   to run
reparieren   to repair
requirieren   to request, demand
reservieren   to reserve
der **Respekt**   respect; **— haben vor**   to respect
der **Rest, –e**   rest, remainder
das **Resultat, –e**   result
das **Revier, –e**   area, district
der **Rhein**   Rhine
die **Rheinfahrt, –en**   trip on the Rhine; **eine — machen**   to take a Rhine trip
richten   to direct; **sich —**   to be directed
der **Richter, –**   judge
richtig   correct, right; real
die **Richtung, –en**   direction
riechen, roch, gerochen   to smell
rieseln   to trickle
der **Ring, –e**   ring
die **Ringelsocke, –n**   bobby sock, ankle-length sock
ringen, rang, gerungen   to struggle
rings   round about; **— um**   round about
der **Ritt, –e**   ride
der **Ritter, –**   knight
der **Rock, ⸗e**   coat
der **Rohstoff, –e**   raw material
die **Rolle, –n**   role
rollen   to roll
der **Roman, –e**   novel
der **Roß, –sse**   steed, horse
rot   red
das **Rüberwechseln**   shifting around
der **Ruck, –e**   jerk
der **Rückflug, ⸗e**   return flight
die **Rückreise, –n**   return trip
rückwärts   backwards; **von —**   from behind
der **Ruf, –e**   cry, shout; reputation
rufen, rief, gerufen   to call, shout
das **Rugbyspiel, –e**   rugby game
die **Ruhe**   rest, peace
der **Ruhetag, –e**   day of rest
ruhig   quiet
sich **rühren**   to move, budge
die **Ruine, –n**   ruin

rumoren to mumble, make noise
rund round
der **Rundfunk** radio, broadcasting; **im —** on the radio; **am —** on the radio
runter-gehen, ging runter, ist runterge-gangen to go down, fall

die **Sache, –n** thing; matter, subject
sachlich matter-of-fact
der **Sack, ⸚e** sack, bag
die **Sage, –n** legend, saga
sagen to say, tell
sakral sacral, for religious rites
das **Salz** salt
der **SA-Mann** *member of the storm troops*
der **Samstag** Saturday; **samstags** Saturdays
samt together with, along with
der **Sand** sand
der **Sänger, –** singer
satt full, satisfied
der **Satz, ⸚e** sentence, clause; movement (of musical composition)
das **Satzpaar, –e** pair of sentences
der **Satzteil, –e** phrase
sauber clean
sauer sour; **saur-** *inflected form of* **sauer**
die **Schachtel, –n** box, package
schade too bad, unfortunate
schaden to harm
schädigen to harm, damage
schaffen, schuf, geschaffen to accomplish; **aus der Welt —** to dispose of, get rid of
der **Schal, –s** shawl, scarf
der **Schall, –e** noise; empty noise
schallen to peal, resound
der **Schalter, –** window, booth
sich schämen to be ashamed
der **Schanktisch, –e** bar
der **Schatten, –** shadow
schätzen to value, appreciate; to estimate, appraise
schauen to look, see; **zu tief ins Glas —** to drink too much
das **Schaufenster, –** display window, show window
der **Schaum, ⸚e** foam
der **Schauplatz, ⸚e** setting, locale
das **Schauspiel, –e** drama, play
der **Schauspieler, –** actor
die **Schauspielerin, –nen** actress
scheinbar apparently, seemingly; illusory
scheinen, schien, geschienen to seem; to shine
der **Scheiterhaufen, –** funeral pyre

schelmisch teasing
der **Scherz, –e** joke
scheu shy
scheuern to scrub, rub
die **Scheune, –n** barn
das **Scheusal, –e** monster, horror
schicken to send; **sich —** to be proper
schieben, schob, geschoben to push
der **Schiedsrichter, –** referee, umpire
das **Schiff, –e** ship
der **Schiffskapitän, –e** captain of a ship
schildern to describe
der **Schimmel, –** white horse
der **Schimmelreiter, –** rider on a white horse
schimmern to shimmer, glisten
schimpfen to complain
der **Schlaf** sleep
schlafen (schläft), schlief, geschlafen to sleep
schlaflos sleepless
schlagen to strike, hit
schlagend decisively
der **Schlager, –** popular song, hit tune
die **Schlange, –n** snake; **— stehen** to stand in line
schlank slender
schlecht bad, poor (*quality*)
der **Schleier, –** veil
der **Schleim, –e** slime
schließen, schloß, geschlossen to close
schließlich finally
schlimm bad
das **Schloß, ⸚sser** castle; lock
der **Schluck, ⸚e** sip, mouthful
der **Schlund, ⸚e** abyss
der **Schlüssel, –** key
schmählich humiliating
schmal narrow, slender
schmecken to taste, taste good; **— nach** to taste of
der **Schmerz, –en** pain
schmerzen to cause pain, hurt
schmerzlich painful
schmunzeln to smile, look pleased
schmutzig dirty
das **Schnarren** rattling, static
der **Schnee** snow; **es gibt —** it's going to snow
schneiden, schnitt, geschnitten to cut; carve
schneien to snow
schnell fast
der **Schnellzug, ⸚e** express train
schnurren to purr
schon already; (*as intensifying particle*) indeed, no doubt
schonen to spare

schön beautiful; all right, good, O.K.
die Schönheit, –en beauty
schreckhaft frightening
schrecklich terrible
schreiben, schrieb, geschrieben to write;
  mit der Maschine — to type
die Schreibmaschine, –n typewriter
der Schreibtisch, –e desk, writing table
der Schritt, –e step, pace
schüchtern shy
der Schuh, –e shoe
schuld guilty
schuldig guilty
die Schule, –n school
der Schüler, – pupil, student
die Schulter, –n shoulder
schütteln to shake
der Schutzmann, ⸗er policeman
Schwabing artist section in Munich
der Schwager, ⸗ brother-in-law
die Schwägerin, –nen sister-in-law
schwarz black; schwarzgekleidet
  (dressed) in black
schwarzwälder adj. for der Schwarzwald
  Black Forest
schweben to hover, float in the air
schwedisch Swedish
das Schwefelholz, ⸗er match
der Schweif, –e tail
schweigen, schwieg, geschwiegen to
  keep silent
schweißglänzend gleaming with perspi-
  ration
die Schweiz Switzerland
der Schweizer, – Swiss
die Schweizerin, –nen Swiss woman
schweizerisch Swiss
schwer heavy, difficult, serious; es fällt
  mir — it's difficult for me
die Schwester, –n sister
die Schwierigkeit, –en difficulty
schwimmen, schwamm, (ist) geschwom-
  men to swim
schwören to swear
die Seele, –n soul
seelenruhig calm
sehen (sieht), sah, gesehen to see; sich
  — lassen to put in an appearance
sehr very, very much
die Seide silk
seidig silken
seinig- his
seit since; — fünf Jahren for the last
  five years
seitdem since
die Seite, –n page, side
die Seitenlinie, –n sideline
die Sekretärin, –nen secretary

selb- same
selber self; myself, himself, etc.
selbst self; myself, himself, etc.; even
selbstgezogen home-grown
der Selbstmord, –e suicide
selbstverständlich obvious, of course
selten seldom; rare
seltsam strange
das Semester, – semester; das Semester-
  ende, – semester end
senden, sandte, gesandt to send
der Sender, – (radio) station, (TV) channel
die Sendung, –en program (on radio or TV)
der Septembertag, –e September day
servieren to serve
das Sesselchen, – little easy-chair
setzen to put, set; sich — to sit
  down; sich in Verbindung — mit to
  get in touch with
seufzen to sigh
sicher safe; sure
die Sicherheit, –en certainty
das Signal, –e signal
das Silber silver; silver coin
singen, sang, gesungen to sing
die Singpause, –n intermission in the singing
sinken, sank, ist gesunken to sink
der Sinn sense, thought, mind; im — haben
  to have in mind; die Sinne the senses
sinnen to reflect, think
die Situation, –en situation
der Sitz, –e seat
sitzen, saß, gesessen to sit
die Skala, Skalen scale
der Skorpion, –e Scorpio
so thus, like that
so was short for so etwas something
  like that
so ... wie as ... as
sobald as soon as
das (die) Soda bicarbonate of soda
sofort immediately
sogar even
sogleich immediately
solange as long as
solch such
der Soldat, –en, –en soldier
solid solid, respectable, steady
das Solidaritätsgefühl, –e feeling of soli-
  darity
sollen (soll), sollte, gesollt to be supposed to, to be to; shall, should; to be
  said to
der Sommer, – summer
die Sommerbeschäftigung, –en summer job,
  summer activity
die Sommerferien (pl.) summer vacation

die **Sommerstelle, –n** summer job
der **Sommertag, –e** summer day
das **Sondergesetz, –e** special law, special precept
  sondern but
die **Sonne, –n** sun
der **Sonnenaufgang, ⁼e** sunrise
der **Sonntag, –e** Sunday; **sonntags** on Sunday
  sonst otherwise
  sonst was something else, anything else
  sonstig former
  sonstwie in any other way
  sooft as often as
die **Sorge, –n** worry, anxiety; **sich Sorgen machen um** to be worried about
  sorgen (für) to attend to, take care of
die **Sorgfalt** care
  sorgfältig careful
  sowie as well as
  sozusagen so to speak
(das) **Spanien** Spain
  spannend exciting
die **Spannung, –en** tension, excitement
das **Spannungsmoment, –e** cause of excitement
  sparen to save, economize
  spaßhaft humorous, comical
  spät late
  spazieren-gehen, ging spazieren, ist spazierengegangen to go for a walk
der **Spaziergang, ⁼e** walk; **einen — machen** to take a walk
der **Speisedunst, ⁼e** aroma of food
die **Speisekarte, –n** menu
der **Speisesaal, –säle** dining room
die **Spekulatiusherstellung** making of spekulatius (*butter and almond cookies*)
die **Spezialität, –en** specialty
  spiegeln to mirror
das **Spiel, –e** play, game
  spielen to play, to act; **ein Film spielt** a film is being given
der **Spieler, –** player
die **Spitzenklasse, –n** top class
der **Sport, –e** sport
  sportlich sporting, athletic
  spottenderweise mockingly
die **Sprache, –n** language, speech
der **Sprachlehrer, –** language teacher
  sprechen (spricht), sprach, gesprochen to speak
  springen, sprang, ist gesprungen to jump
  spritzig prickling; lively
der **Spruch, ⁼e** saying, epigram
der **Sprung, ⁼e** jump
die **Spur, –en** trace

  spüren to detect, feel, be conscious of
der **Staat, –en** state
das **Stadion, Stadien** stadium
die **Stadt, ⁼e** city, town
der **Stadtteil, –e** section (of a city)
das **Stadttheater, –** municipal theater
das **Stadtzentrum** center of a city
  stammen to come from, originate
der **Stammtisch, –e** club table
der **Stand, ⁼e** standing
der **Standpunkt, –e** standpoint, viewpoint
  stark strong, severe, heavy
  starr staring, fixed
die **Station, –en** station
  statistisch statistical
  statt instead of
  stecken to put, stick
  stehen, stand, gestanden to stand; to be printed, be written; **wie steht es?** how is it?
  stehen-bleiben, blieb stehen, ist stehengeblieben to stop, remain standing
  stehen-lassen (läßt stehen), ließ stehen, stehengelassen to leave
  stehlen (stiehlt), stahl, gestohlen to steal
der **Steinbruch, ⁼e** quarry
die **Stelle, –n** place; job
  stellen to put, place; **sich —** to present oneself; **einen Anspruch —** to make a claim; **eine Pose —** to strike a pose; **eine Frage —** to ask a question
die **Stellungnahme, –n** attitude, point of view
der **Stellvertreter, –** substitute, deputy
  sterben (stirbt), starb, ist gestorben to die
die **Sterilisierung** sterilization
der **Stern, –e** star
das **Steuer, –** steering wheel
  steuern to steer
der **Stich, –e** prick, sting; **im — lassen** to leave in the lurch
der **Stieg, –e** step, flight of steps
der **Stillstand** inactivity, stagnation
die **Stimme, –n** voice
  stimmen to agree, to vote; **es stimmt** that's true, right
die **Stimmung, –en** mood, atmosphere
die **Stirn** forehead
der **Stock, (*pl.*) Stockwerke** story, floor
der **Stoff, –e** material, cloth
  stöhnen to groan
  stolz proud; **der Stolz** pride
  stopfen to stuff
die **Störung, –en** disturbance

stoßen (stößt), stieß, gestoßen   to hit, kick, push
die **Strafe, –n**   punishment, fine; (*violation*) ticket
der **Strafzettel, –**   (*police*) ticket
die **Straße, –n**   street
die **Straßenbahn, –en**   streetcar
die **Straßenecke, –n**   street corner
der **Straßenverkehr**   street traffic
streben   to strive
die **Strecke, –n**   stretch, road, way
strecken   to stretch
streichen, strich, gestrichen   to stroke; to strike (*a match*); to cross off
das **Streichquartett, –e**   string quartet
streifen   to graze
der **Streit, –e**   quarrel, fight; **— haben mit** to be on bad terms with
die **Streitigkeit, –en**   quarrel
streng   stern, strict, severe
der **Stromer, –**   vagabond, bum
das **Stück, –e**   piece; drama
der **Student, –en, –en**   student; **die Studentin, –nen**   student, co-ed
der **Studentenklub, –s**   student club
das **Studentenzimmer, –**   student room
der **Studienrat, ≃e**   *title for secondary-school teacher*
studieren   to study
das **Studium, Studien**   study; curriculum
stumm   mute
die **Stunde, –n**   hour
der **Stundenkilometer, –**   kilometer per hour
der **Stundenschlag, ≃e**   hour stroke (*of the clock*)
der **Sturm, ≃e**   storm
stürzen   to rush
die **Stute, –n**   mare
Stuttgart   *city on the Neckar river in southwestern Germany*
das **Substantiv, –e**   noun
suchen   to look for, seek; to attempt
der **Süden**   south
das **Sumpfgewächs, –e**   marsh plant
die **Sünde, –n**   sin
das **Superflugzeug, –e**   super airplane
die **Suppe, –n**   soup
süß   sweet
die **Süßigkeit, –en**   candy, sweets
die **Sympathie, –n**   congeniality
synchronisieren   to synchronize, "dub" (sound film)
die **Szene, –n**   scene

der **Tabak, –e**   tobacco
tadeln   to criticize, blame
der **Tag, –e**   day; **acht Tage**   a week

das **Tagebuch, ≃er**   diary
die **Tageszeit, –en**   time of the day
das **Tal, ≃er**   valley
das **Talent, –e**   talent, gift
die **Tanne, –n, der Tannenbaum, ≃e**   fir tree
die **Tante, –n**   aunt
tanzen   to dance; **das Tanzen**   dancing
der **Tänzer, –**   dancer
die **Tasche, –n**   pocket
der **Taschenkalender, –**   pocket notebook
das **Taschentuch, ≃er**   handkerchief
die **Tasse, –n**   cup
die **Tat, –en**   act, deed
die **Tatsache, –n**   fact
tatsächlich   indeed, in fact; real
die **Tatze, –n**   paw
täuschen   to deceive, disappoint
tausend   thousand
der **Tee**   tea
der **Teil, –e**   part
die **Teilnahme**   participation; sympathy
teil-nehmen (nimmt teil), nahm teil, teilgenommen (an)   to take part (in), participate
das **Telefonbuch, ≃er**   telephone book
telefonieren   to telephone
telegraphisch   by telegraph
der **Teller, –**   plate; **die Telleruhr, –en**   plate-shaped clock
tellerweiß   white as a plate
der **Teppich, –e**   carpet
der **Termin, –e**   term; (court) hearing date
die **Terrasse, –n**   terrace, observation deck
teuer   expensive, dear
das **Textilfach**   textile industry
die **Theateraufführung, –en**   theater performance
die **Theaterkasse, –n**   box office
das **Theaterstück, –e**   play
das **Thema, Themen**   topic
tief   deep
die **Tiefe, –n**   depth
das **Tiefland, ≃er**   lowland
die **Tierquälerei, –en**   cruelty to animals
der **Tierschutzverein**   Society for the Prevention of Cruelty to Animals
das **Tigertier, –e**   tiger
die **Tinte, –n**   ink
der **Tisch, –e**   table; **das Tischchen, –**   small table
die **Tischplatte, –n**   table top
die **Tischrunde**   circle of the table; **die — entlang**   around the table
der **Titel, –**   title
toben   rage
(das) **Tobiäschen**   *diminutive for* Tobias
die **Tochter, ≃**   daughter
der **Tod**   death

der **Ton, ⸗e** tone, sound; clay
das **Tonband, ⸗er** sound track, tape
das **Tonstück, –e** musical composition
das **Tor, –e** gate; (soccer) goal
die **Torheit, –en** foolishness
der **Torschuß, ⸗sse** goal, goal shot
die **Torte, –n** torte, special pastry
tot dead
tot-schießen, schoß tot, totgeschossen to shoot dead
tot-schlagen (schlägt tot), schlug tot, totgeschlagen to strike dead, kill
der **Tourist, –en, –en** tourist
traben to trot
trachten to strive, endeavor
tragen (trägt), trug, getragen to carry; to wear
die **Tragödie, –n** tragedy
die **Träne, –n** tear
der **Transport, –e** transportation
trauen to trust
die **Trauer** mourning
das **Trauerspiel, –e** tragedy
der **Traum, ⸗e** dream
traurig sad
treffen (trifft), traf, getroffen to meet, hit; **es gut —** to be lucky; **sich —** to meet (one another)
trefflich admirable
treiben, trieb, getrieben to drift
die **Treppe, –n** staircase; staircase step
der **Treppenabsatz, ⸗e** landing (of a staircase)
treten (tritt), trat, ist getreten to step, go, walk
treu faithful, loyal
die **Treue** loyalty, faithfulness
der **Trieb, –e** impulse, instinct, urge
trinken, trank, getrunken to drink
das **Trinkgeld, –er** tip, gratuity
triumphieren to triumph
trocken dry
die **Trommel, –n** drum
der **Tropfen, –** drop; drink
das **Trostmittel, –** consolation
trotz in spite of
der **Trotz** defiance, stubborness
trotzdem nevertheless, in spite of
trügerisch deceptive, misleading
tüchtig capable, sturdy
die **Tugend, –en** virtue
tun, tat, getan to do; **sich weh —** to hurt oneself
die **Tür, –en** door
die **Türkei** Turkey
der **Turm, ⸗e** tower
der **Turnverein, –e** athletic club
der **Tyrann, –en, –en** tyrant

die **U-Bahn (Untergrundbahn), –en** subway
übel bad, ill, sick; **mir ist —** I feel sick
über over, above; via, by way of; about; **— ... hinaus** beyond
überall everywhere
überaus extremely, excessively
überblicken to survey, take in at a glance
überfahren (überfährt), überfuhr, überfahren to run over
überführen to transfer
über-greifen, griff über, übergegriffen to spread
überhaupt on the whole, at all; **— nicht** not at all
überholen to pass, overtake; **das Überholen** passing, overtaking
überlassen (überläßt), überließ, überlassen to leave, turn over
überlegen superior
überlegen to consider, think over
die **Übermacht, ⸗e** superior strength
übermitteln to convey, transmit
übermorgen the day after tomorrow
übermüdet tired out, exhausted
übernehmen (übernimmt), übernahm, übernommen to take over, assume
überraschen to surprise
die **Überraschung, –en** surprise
überreden to convince, persuade
die **Überredungskunst, ⸗e** power of persuasion
überschätzen to overestimate
übersetzen to translate
das **Übervollsein** being too full
überwachen to guard
über-ziehen, zog über, übergezogen to pull over
überzogen overcast
üblich customary, usual
übrig left over, surplus
übrig-bleiben, blieb übrig, ist übriggeblieben to remain, be left over
übrigens incidentally
die **Übung, –en** exercise
die **Uhr, –en** clock, time, watch; o'clock; **um wieviel —** at what time?
der **Uhrmacher, –** watchmaker, clockmaker
der **Uhrmacherfinger, –** watchmaker's finger
um around; at; **— ... willen** for the sake of; **— ... zu** in order to
um-ändern to change
umarmen to embrace
um-drehen to turn around
um-gehen, ging um, ist umgegangen to go around

umgekehrt   reversed, reciprocal
umher-laufen (läuft umher), lief umher, ist umhergelaufen   to run around
umher-schauen   to look around
um-kehren   to turn around
die **Umleitung, –en**   detour
der **Umschlag, ⸗e**   compress, envelope
um-schleiern   to surround with a veil, to veil
sich **um-sehen (sieht um), sah um, umgesehen**   to look around
die **Umsicht**   caution, attention
der **Umstand, ⸗e**   circumstance
um-tauschen   to exchange
um-wechseln   to exchange
unangemessen   unsuitable
unangenehm   unpleasant
unaufhörlich   incessant, unceasing
das **Unaussprechliche**   the inexpressible
unbedingt   unconditional, absolute
unbegreiflich   incomprehensible
unbehaglich   uncomfortable
unbekannt   unknown
unbeobachtet   unobserved, unnoticed
unerbittlich   inexorable, unbending
unerfreulich   unpleasant, distasteful
unerträglich   unbearable
unerwartet   unexpected
der **Unfall, ⸗e**   accident
ungarisch   Hungarian
ungefähr   about, approximate
das **Ungeheuer, –**   monster
ungeheuerlich   atrocious, frightful
der **Ungeist**   "anti-mind"
ungerecht   unjust
ungern   unwillingly
ungeschickterweise   awkward, gauche
ungesund   unhealthful, unhealthy
ungewöhnlich   unusual
das **Unglück, –e**   accident, misfortune
unglücklich   unfortunate, unhappy
das **Unheil**   disaster, trouble
unheimlich   uncanny, uneasy
unhöflich   impolite
der **Uniformierte, –n, –n**   man in uniform
die **Universität, –en**   university
unkenntlich   unrecognizable
die **Unkenntnis, –se**   lack of knowledge
unmenschlich   inhuman
unmöglich   impossible
die **Unmöglichkeit, –en**   impossibility
die **Unordnung, –en**   disorder
unpersönlich   impersonal
unrecht   wrong; **— haben**   to be wrong
unsauber   unclean
der **Unsinn**   nonsense
unsittlich   immoral
unten   below

unter   under, below, beneath; among; **— anderem**   among other things
unterbrechen (unterbricht), unterbrach, unterbrochen   to interrupt
unter-bringen, brachte unter, untergebracht   to house, shelter
unterdessen   in the meantime, meanwhile
unterhalb   below
die **Unterhaltung, –en**   conversation, entertainment
das **Unterhaltungsprogramm, –e**   entertainment section
der **Unterkiefer, –**   lower jaw
unterliegen, unterlag, ist unterlegen   to be subject to
die **Unterlippe, –n**   lower lip
unternehmen (unternimmt), unternahm, unternommen   to undertake, do
die **Unterredung, –en**   conversation
unterscheiden, unterschied, unterschieden   to decide, differentiate
der **Unterschied, –e**   difference
unterst   lowest
unterstützen   to support
das **Untersuchungsgefängnis, –se**   investigative jail
die **Untersuchungshaft**   investigative detention
sich **unterwerfen (unterwirft), unterwarf, unterworfen**   to submit, yield
ununterbrochen   uninterrupted, ceaseless
unverschämt   shameless
unwesentlich   insignificant, nonessential
das **Unwetter, –**   storm, bad weather
unwillkürlich   involuntary, unintentional
unwürdig   unworthy, disgraceful
unzeitgemäß   untimely
unzeitig   untimely, inopportune
der **Urlaub, –e**   leave, vacation; **auf — gehen**   to take leave
die **Urwelt, –en**   primeval world
usf. (und so fort)   etc.

vag   vague
der **Vater, ⸗**   father
die **Verabredung, –en**   appointment
sich **verabschieden**   to take leave
verachten   to scorn
der **Verächter, –**   scorner, person who scorns
die **Verächtlichmachung**   making contemptible
die **Verachtung**   scorn

die **Veranstaltung, –en** show, entertainment; **die sportliche —** sport event
das **Verb, –en** verb
sich **verbergen (verbirgt), verbarg, verborgen** to hide oneself
   verbieten, verbot, verboten to prohibit
   verbinden, verband, verbunden to join, connect, unite
die **Verbindung, –en** connection, contact; fraternity; **sich in — setzen** to get in touch
das **Verbot, –e** prohibition
der **Verbrecher, –** criminal, law breaker
(sich) **verbreiten** to spread
   verbringen, verbrachte, verbracht to spend (time)
der **Verdacht** suspicion; **den — hegen** to harbor the suspicion
   verdammt damned, condemned
die **Verdauung** digestion
   verdecken to hide, cover
   verdenken, verdachte, verdacht to hold against (*somebody*)
   verdienen to earn, merit
   verdrießlich peevish, annoyed
sich **verdrücken** to slink away
der **Verein, –e** club
   vereinigt united; **die Vereinigten Staaten** United States
die **Vereinigung, –en** union
das **Verfahren** proceeding; **gerichtliches —** legal proceedings
der **Verfall** downfall
   verführen to entice, seduce
die **Vergangenheit** past
   vergebens in vain
   vergehen, verging, ist vergangen to pass; to fade, disappear; **die Geduld verging mir** I lost my patience
   vergelten (vergilt), vergalt, vergelten to repay, recompense
   vergessen (vergißt), vergaß, vergessen to forget
   vergleichen, verglich, verglichen to compare
das **Vergnügen, –** pleasure; **sich ein — aus etwas machen** to take pleasure in something
   vergraben (vergräbt), vergrub, vergraben to bury, hide
die **Verhaftung, –en** arrest
das **Verhalten** behaviour, conduct
sich **verhalten (verhält), verhielt, verhalten** to be the case; **sich so verhalten** to be like that
das **Verhältnis, –ses, –se** situation, circumstance; relationship

die **Verhandlung, –en** proceedings; trial, hearing
   verheimlichen to conceal
   verheiratet married
   verheißen, verhieß, verheißen to promise
   verhindern hinder, prevent
   verkappt masked, secret
   verkaufen to sell
der **Verkehr** traffic
   verkehren to frequent, see a good deal of a person
der **Verkehrsunfall, ⸗e** traffic accident
   verklommen numb with cold
   verlangen to require, demand
   verlassen (verläßt), verließ, verlassen to leave, depart from; **sich — auf** to rely on
der **Verlauf** course
   verleben to pass, spend (time)
   verlegen embarrassed
die **Verletzung, –en** injury
   verlieren, verlor, verloren to lose
sich **verloben** to become engaged
das **Verlobungsgeschenk, –e** engagement gift
   vermeiden, vermied, vermieden to avoid
   vermissen to miss
   vermögen (vermag), vermochte, vermocht to be able to
   vermutlich presumable, probable
   vernehmen (vernimmt), vernahm, vernommen to detect, hear
die **Vernunft** intelligence
   vernünftig intelligent
   veröffentlichen to publish
   verraten (verrät), verriet, verraten to betray; **sich —** to betray oneself
   verreisen to leave (for a trip)
der **Verrückte, –n, –n** insane person
die **Versammlung, –en** meeting
   verschaffen, verschuf, verschaffen to obtain
   verschieben, verschob, verschoben to postpone
   verschieden various, different
   verschlimmern to make worse
   verschollen missing; presumably dead
   verschwenden to waste
   verschwinden, verschwand, ist verschwunden to disappear
die **Verspätung, –en** delay
   versprechen (verspricht), versprach, versprochen to promise
   verständlich understandable
das **Verständnis** understanding; mind
das **Versteck, –e** hiding place, ambush
   verstecken to hide, conceal

verstehen, verstand, verstanden to understand; darunter — to understand by that; es versteht sich that's understood
verstorben deceased
verstummen to be silent, become silent
der Versuch, –e attempt, experiment
versuchen to attempt, try
verteidigen to defend
der Verteidiger, – defender, lawyer for the defense
der Vertrag, ⸗e contract
das Vertrauen trust, confidence
vertrauenswert trustworthy
vertraut acquainted
die Vertraute, –n, –n confidant
vertreten (vertritt), vertrat, vertreten to replace, substitute for; eine Meinung — to defend an opinion
verurteilen to condemn, convict
die Verwaltung, –en administration, management
verwandt related
der Verwandte, –n, –n relative
die Verwirrung confusion
verwunden to wound, injure
verwundert astonished, surprised
die Verwüstung, –en devastation, great disorder
die Verzeihung pardon
verzerren to distort, twist
verzollen to declare (at customs); to pay duty
der Vetter, –n nephew
das Vieh cattle, livestock
viel much, (pl.) many
vielleicht perhaps
vielmehr rather
das Viertel, – quarter
der Vogel, ⸗ bird
die Vokabel, –n word
das Volk, ⸗er people, nation
voll full; voller full of
der VW, abbr. for der Volkswagen small German car
völlig complete
vollkommen complete, absolute
sich vollziehen, vollzog, vollzogen to be accomplished, carried out
von from, of
vonstatten-gehen, ging vonstatten, ist vonstattengegangen to go well
vor before, in front of; ago; er hat etwas — he intends to do something, he has something in mind; es kommt mir — it seems to me
voraus ahead; im — in advance

voraus-bestellen to reserve, order in advance
die Voraussetzung, –en supposition, assumption
voraussichtlich presumable, probable
die Vorbedingung, –en prerequisite
vorbehalten (vorbehält), vorbehielt, vorbehalten to reserve
vorbei past; over; an etwas — past something
vorbei-fahren (fährt vorbei), fuhr vorbei, ist vorbeigefahren to go past
vorbei-fliegen, flog vorbei, ist vorbeigeflogen to fly past
die Vorbereitung, –en preparation
vorderhand for the time being
vorenthalten (vorenthält), vorenthielt, vorenthalten to withhold
vor-geben (gibt vor), gab vor, vorgegeben to pretend
vorhanden present, at hand
der Vorhang, ⸗e curtain
vorig previous, last
vor-kommen, kam vor, ist vorgekommen to occur; to exist; to appear, seem
vor-lesen (liest vor), las vor, vorgelesen to read aloud
vorliegend at hand, under discussion
der Vormittag, –e forenoon, morning; am — in the morning
vorn(e) up front; weit — close to the beginning
Vorschein: zum — kommen to come to light
vor-schieben, schob vor, vorgeschoben to shove forward, push forward
vor-schlagen (schlägt vor), schlug vor, vorgeschlagen to suggest, propose
die Vorsicht caution; Vorsicht! Watch out!
der Vorsitzende, –n, –n chairman
die Vorspeise, –n appetizer
der Vorsteher, – supervisor
vor-stellen to introduce, present; sich (acc.) — to introduce oneself; sich (dat.) — to imagine
die Vorstellung, –en performance
der Vortrag, ⸗e lecture
vorüber-ziehen, zog vorüber, ist vorübergezogen to pass by
vorwärts forward
vor-ziehen, zog vor, vorgezogen to prefer
vorzüglich excellent

die Waage, –n scale
wach awake; im Wachen while awake
wachsen (wächst), wuchs, ist gewachsen

to grow; **ihm nicht gewachsen** not equal to him
die **Waffen-SS** armed elite guard
wagen to dare
der **Wagen, –** automobile, car
der **Wagenschlüssel, –** car key
wählen to elect, choose
die **Wählscheibe, –n** (telephone) dial
der **Wahn** illusion
der **Wahnsinn** insanity
wahr true; **nicht —?** isn't that right?
die **Wahrheit, –en** truth
während during; while
wahrlich truly
wahr-nehmen (nimmt wahr), nahm wahr, wahrgenommen to perceive
wahrscheinlich probably, apparently
die **Wahrscheinlichkeit, –en** probability
der **Wald, ⸚er** woods, forest
die **Wand, ⸚e** wall
sich wandeln to change
der **Wanderer, –** traveler, hiker
wandern to wander
die **Wandlung, –en** change, transformation
wann when
das **Warenhaus, ⸚er** department store
warm warm
wärmen to warm
warm-machen to warm up
warnen to warn
warten to wait; **— auf** to wait for
der **Wärter, –** guard, flagman
warum why
was (*short for* **etwas**) something
was what; that; **— für ein** what kind of
waschen (wäscht), wusch, gewaschen to wash; **sich —** to wash oneself
das **Wasser** water
wässerig watery
wasserklar clear as water
der **Wassermann** Aquarius
das **Wattenmeer** shallows
der **Wechsel, –** exchange
das **Wechselgeld, –er** money in exchange
weder . . . noch neither . . . nor
weg away; gone
der **Weg, –e** way, road, path
wegen because of
weg-laufen (läuft weg), lief weg, ist weggelaufen to run away
weg-nehmen (nimmt weg), nahm weg, weggenommen to take away
weg-setzen to put away
weg-tragen (trägt weg), trug weg, weggetragen to carry away
weg-werfen (wirft weg), warf weg, weggeworfen to throw away

weh: (sich) — tun to hurt (oneself)
wehen to blow
das **Weib, –er** woman
weich soft, gentle
(sich) weigern to refuse
die **Weihnacht(en)** Christmas
das **Weihnachtslied, –er** Christmas song
die **Weihnachtszeit** Christmas time
weil because
die **Weile** while
der **Wein, –e** wine
der **Weinberg, –e** vineyard
weinen to weep
die **Weinkarte, –n** wine list
die **Weise, –n** way
weisen, wies, gewiesen to point
die **Weisheit** wisdom, knowledge
weiß white
Weiß, Peter *contemporary German playwright*
weißrot red and white
der **Weißwein, –e** white wine
die **Weisung, –en** instruction
weit far, distant; broad; **bei weitem** by far; **von weitem** from afar
das **Weite** distance
weiter further, additional; *verbal prefix expressing continuation;* **ohne weiteres** immediately; **und so weiter** and so forth
weiter-leiten to forward, transmit forward
weiter-regnen to continue raining
(sich) weiter-reichen to pass along to one another
weiter-sprechen (spricht weiter), sprach weiter, weitergesprochen to speak further
welch which
die **Welle, –n** wave
die **Welt, –en** world
die **Weltanschauung, –en** philosophy of life
weltberühmt world-famous
der **Weltkrieg, –e** world war
der **Weltmeister, –** world champion
wem whom, to whom
sich wenden to turn (oneself)
wenig little, not much; **ein —** a little; **weniger** less, fewer
wenigstens at least
wenn when, whenever, if; **— . . . auch** even if
wer who
werden (wird), wurde, ist geworden to become; **fällig —** to fall due
werfen (wirft), warf, geworfen to throw
das **Werk, –e** work

das **Werkzeug, –e** tool
der **Wert, –e** value
das **Wesen, –** being; essence
  wesentlich substantial, vital, essential
  weshalb why
  wessen whose
  westdeutsch West German
der **Westen** west
das **Wetter** weather
der **Whisky** whisky
  wichtig important
  wider against
  widersprechen (widerspricht), widersprach, widersprochen to contradict
  widerstehen, widerstand, widerstanden to withstand, resist
  wie how, as; as if; **— bitte?** I beg your pardon, I didn't understand
  wieder again
der **Wiederaufbau** reconstruction
  wieder-bekommen, bekam wieder, wiederbekommen to get back
  wiederholen to repeat
  wieder-holen to get again, to bring again
  wieder-sehen (sieht wieder), sah wieder, wiedergesehen to see again
das **Wiedersehen** reunion; **Auf —!** Till we meet again!
die **Wiege, –n** cradle
  wiegen, wog, gewogen to weigh
  Wien Vienna
  wieviel how much; **wie viele** how many
  wild wild
der **Wille, –ns, –n** will
  willen: um . . . — for the sake of
  willkommen welcome
der **Wind, –e** wind
  windig windy
  winken to signal, wave
der **Winter, –** winter
  wirklich real(ly), truly
die **Wirklichkeit** reality
der **Wirt, –e** innkeeper
das **Wirtschaftsamt** Ministry of Economics
das **Wirtshaus, ⸗er** tavern
die **Wirtsstube, –n** inn, bar
  wissen (weiß), wußte, gewußt to know
ein **Wissender** a man who knows
  wissenschaftlich scientific
der **Witz, –e** joke
  wo where; **wobei** whereby, during which
die **Woche, –n** week
das **Wochenende, –n** weekend
der **Wochentag, –e** weekday
  woher from where; how

  wohl well; probably
  wohnen to live, dwell
  wohnhaft in residence, dwelling
die **Wohnung, –en** apartment, dwelling, home
das **Wohnviertel, –** residential section
die **Wolke, –n** cloud
das **Wolkendunkel** darkness of clouds
die **Wolkenschicht, –en** layer of clouds
  wollen (will), wollte, gewollt to want, want to; to be about to, intend to; to claim
die **Wolljacke, –n** sweater
  womit with what, with which
  worauf whereupon, on which
  worüber about what
das **Wort, ⸗er** word; **die Worte** saying (*connected words*)
das **Wörterbuch, ⸗er** dictionary
  wozu what for, why
der **Wulstlippige, –n, –n** puffy-lipped man
das **Wunder, –** miracle, wonder
  wunderbar wonderful
  wundern to wonder, marvel; **es wundert mich** I am astonished; **sich — über** to be amazed at
das **Wundmal, –e** scar
  wünschen to wish, want
  würdig worthy
der **Wurf, ⸗e** cast, throw, projection
  wüst desolate
das **Wutgebrüll** furious roaring

  zäh tough
die **Zahl, –en** number, figure
  zahlen to pay
der **Zahlungstermin, –e** date of payment
das **Zahlwort, ⸗er** number, numeral
der **Zahn, ⸗e** tooth
der **Zahnstocher, –** toothpick
das **Zahnweh** toothache
  zart soft, tender
  zärtlich tender
die **Zärtlichkeit, –en** tenderness
der **Zauberberg** magic mountain
das **Zeichen, –** sign
die **Zeichnung, –en** sketch, drawing
  zeigen to show; **sich —** to appear, come to light
der **Zeiger, –** pointer, clock hand
die **Zeit, –en** time; **seit einiger —** for some time
die **Zeitangabe, –n** time, stating the time
der **Zeitgenosse, –n, –n** contemporary
  zeitig on time, punctual
der **Zeitpunkt, –e** moment, point of time
die **Zeitschrift, –en** periodical, magazine

die **Zeitung, –en** newspaper
der **Zeitverschwender, –** waster of time
die **Zentralstelle, –n** central office
zerlumpt ragged
zerschlagen (zerschlägt), zerschlug, zerschlagen to dash to pieces, batter
zerstören to destroy
sich **zerstreuen** to amuse oneself
der **Zettel, –** sheet of paper
der **Zeuge, –n, –n** witness
das **Zeugnis, –se** certificate, school report; recommendation
ziehen, zog, gezogen to pull; (*with* **sein**) to move, go
das **Ziel, –e** goal, purpose
ziemlich rather
die **Zigarette, –n** cigarette
der **Zigeuner, –** gypsy; die **Zigeunermusik** gypsy music
das **Zimmer, –** room; der **Zimmerpreis, –e** price of a room
zitieren to quote, cite
die **Zivilisation, –en** civilization
der **Zivilist, –en, –en** civilian
zögern to hesitate
der **Zoll, ⸗e** tariff, customs
das **Zollamt, ⸗er** customs office
der **Zollbeamte, –n, –n** customs official
die **Zollkontrolle** customs inspection
zottig shaggy
zu to; too
zucken shrug, twitch
der **Zucker** sugar
zuerst at first, first
zu-fallen (fällt zu), fiel zu, ist zugefallen to close, fall to
zufrieden satisfied, pleased
zu-geben (gibt zu), gab zu, zugegeben to admit
der **Zügel, –** rein, reins
zugetan attached, devoted to
zugleich at the same time
zu-hören to listen
der **Zuhörer, –** listener; (*pl.*) audience
die **Zuhörerin, –nen** listener; (*pl.*) audience
zu-kommen, kam zu, ist zugekommen to come toward; to be due; to belong to
die **Zukunft** future
zuletzt at last, last
zunächst at first, to begin with
die **Zunge, –n** tongue
das **Zureden** persuasion, entreaty
Zürich *city in Switzerland*
zurück back

zurück-bleiben, blieb zurück, ist zurückgeblieben to remain behind
zurück-bringen, brachte zurück, zurückgebracht to bring back
zurück-fahren (fährt zurück), fuhr zurück, ist zurückgefahren to travel back; recoil, start back (in surprise)
zurück-gehen, ging zurück, ist zurückgegangen to go back
zurück-kehren to return
zurück-kommen, kam zurück, ist zurückgekommen to come back
zurück-reichen to hand back
zurück-reisen to travel back
zurück-setzen to set back; neglect
zusammen together
der **Zusammenbruch, ⸗e** collapse
zusammen-kommen, kam zusammen, ist zusammengekommen to come together, get together
zusammen-schleppen to drag together
die **Zusammensetzung, –en** compound, composition
zuschanden-machen to spoil, ruin
der **Zuschauer, –** spectator
zu-schreiben, schrieb zu, zugeschrieben to attribute to
zu-sehen (sieht zu), sah zu, zugesehen to watch; to watch out, take care
der **Zustand, ⸗e** condition
zustande-bringen, brachte zustande, zustandegebracht to succeed
die **Zustimmung** agreement
zuviel too much
zuvor previously
zuweilen occasional
der **Zwanzigmarkschein, –e** twenty mark bill
zwar as a matter of fact, to be sure
der **Zweck, –e** purpose
der **Zweifel, –** doubt
zweifelhaft doubtful
zweifellos undoubtedly
zweifeln to doubt
die **Zweigstelle, –n** branch office
zweimal twice
zweit- second
die **Zwiebelsuppe, –n** onion soup
der **Zwiebelturm, ⸗e** onion tower
das **Zwiegespräch, –e** dialog
der **Zwinger, –** donjon, lion pit
zwischen between
der **Zwischenfall, ⸗e** incident
das **Zwischenspiel, –e** interlude
der **Zynismus** cynicism

able: be — können, fähig sein
about über, von; um
accused der Angeklagte, –n, –n
actor der Schauspieler, –; der Darsteller, –
after nach; nachdem
again wieder; **not —** nicht mehr
against gegen
alike gleich, ähnlich
all alle; **not at —** gar nicht
allow: be allowed to dürfen
alone allein
along entlang
also auch
although obgleich, obwohl
always immer
among unter, zwischen
amuse amüsieren, belustigen
angry: be — sich ärgern
animal das Tier, –e; **cruelty to animals** die Tierquälerei, –en
answer antworten
any: not — kein
Apache der Apatsche, –n, –n
ape der Affe, –n, –n
aphorism der Aphorismus, *pl.* die Aphorismen
appear erscheinen
appetite der Appetit
apple der Apfel, =
arena der Kampfplatz, =e; der Zwinger, –
arrest die Verhaftung, –en; *(verb)* verhaften, fest-nehmen
arrival die Ankunft, =e
as als; wie; **— if** als ob; **— though** als ob; **— yet** noch
ask fragen; bitten; **— for** fragen nach; **— a question** eine Frage stellen
assume an-nehmen
attention die Aufmerksamkeit, –en; **pay —** acht-geben auf
attorney der Anwalt, =e; **defense —** der Verteidiger, –
aunt die Tante, –n
autobiography die Autobiographie, –n; die Lebensbeschreibung, –en
average mittelmäßig

baby carriage der Kinderwagen, –
back zurück
bad schlecht, übel
ballad die Ballade, –n
be sein
bear tragen
beautiful schön
because weil, da; denn; **— of** wegen
become werden
bed das Bett, –en
before bevor, ehe; vor; bis
being: human — der Mensch, –en, –en

believe glauben
bell die Glocke, –n; das Läutewerk, –e
belong gehören
bench die Bank, =e
between zwischen
big gross
birthday der Geburtstag, –e
bitter bitter; **bitters** *(cordial)* der Magenbitter, –
black schwarz
blue blau
bomb die Bombe, –n
book das Buch, =er; **pocket memo —** der Taschenkalender, –
border die Grenze, –n; **— police** die Grenzpolizei
both beide
bottle die Flasche, –n
boy der Junge, –n, –n; der Knabe, –n, –n
brandy der Schnaps, =e; **cherry —** der Kirsch
bright hell
bring bringen, holen; **— in** herein-bringen
brother der Bruder, =
build bauen, erbauen
burn brennen; verbrennen
business das Geschäft, –e
but aber; sondern
by bei, durch, von

call rufen, an-rufen; **be called** heißen
calm ruhig
can die Kanne, –n; die Büchse, –n; **garbage —** der Müllkasten, =
can können
care die Pflege, –n
carriage: baby — der Kinderwagen, –
carry tragen; **— home** heim-tragen
case der Fall, =e; die Sache, –n
castle das Schloß, =sser
cat die Katze, –n; (male) der Kater, –
catch fangen, fest-nehmen
celebrate feiern
certain gewiss, sicher
chat plaudern
cherry die Kirsche, –n; **— brandy** der Kirsch
chieftain der Häuptling, –e
child das Kind, –er
Christian christlich
Christianity das Christentum
Christmas (die) Weihnacht, –en
city die Stadt, =e
civilian der Zivilist, –en, –en
clear klar, deutlich
client der Mandant, –en, –en
clock die Uhr, –en; **kitchen —** die Küchenuhr, –en
clockmaker der Uhrmacher, –

close schließen
closely genau
cloud die Wolke, –n
come kommen; — **back** zurück-kommen; — **up to a person** auf jemand zu-
kommen
comparison der Vergleich, –e
complicated kompliziert
composer der Komponist, –en, –en
concept die Auffassung, –en; der Begriff,
–e
confession das Geständnis, –se
confuse verwirren
connect verbinden, an-schließen
consciousness das Bewußtsein; **lose** —
ohnmächtig werden
contemporary gegenwärtig, zeitgenössisch
conversation das Gespräch, –e
cookie der Keks, das Gebäck; **butter and
almond** — der Spekulatius
correct richtig, korrekt
country das Land, ⸗er
courageous mutig
court das Gericht, –e
cousin der Vetter, –n
cowardly feig
criticize kritisieren
cruel grausam
cruelty die Grausamkeit, –en; — **to animals** die Tierquälerei, –en
cry rufen, schreien; weinen

daily täglich
danger die Gefahr, –en
dangerous gefährlich
dare wagen, sich getrauen
dark dunkel
daughter die Tochter, ⸗
day der Tag, –e
dead tot
dear lieb
December der Dezember, –
deception der Betrug
deep tief
defense die Verteidigung, –en; — **attorney**
der Verteidiger, –
deny verneinen, leugnen
deputy der Stellvertreter, –
describe beschreiben
desire das Verlangen, der Wunsch; **have
a** — wollen, wünschen
destroy zerstören
develop sich entwickeln
dial die Wählscheibe, –n; das Zifferblatt,
⸗er
die sterben
difference der Unterschied, –e
difficult schwer, schwierig
difficulty die Schwierigkeit, –en
dike der Deich, –e
dinner das Mittagessen, –; **have** — zu

Mittag essen; **go to have** — zum Mittagessen gehen
directorate die Leitung, –en; **local party** —
die Ortsgruppenleitung
dirty schmutzig
disappear verschwinden
discover entdecken
disturb belästigen
do tun, machen
doctor der Arzt, ⸗e; der Doktor, –en
door die Tür, –en
dreadful schrecklich
dream der Traum, ⸗e
dress kleiden; **dressed in black** schwarzgekleidet
drift treiben
drink trinken
drop fallen; fallen lassen
drum die Trommel, –n; **tin** — die Blechtrommel, –n

early früh
easy leicht
eat essen
edge der Rand, ⸗er; das Ende, –n
effort: make an — sich bemühen
electric elektrisch; — **system** die Lichtleitung, –en
emigrate aus-wandern
emigration die Auswanderung
end das Ende, –n
enemy der Feind, –e
English englisch
equal gleich
even selbst; sogar; — **if** selbst wenn
evening der Abend, –e
every jeder
everybody jedermann
everything alles
evolution die Evolution
example das Beispiel, –e; **for** — zum
Beispiel
exist existieren, vor-kommen
expect erwarten
experience erfahren, erleben
explain erklären
explanation die Erklärung, –en
express aus-drücken
eye das Auge, –n

face das Gesicht, –er; — **(of a clock)** das
Zifferblatt, ⸗er; **have a smile on the** —
schmunzeln
fact die Tatsache, –n
faithfully treu
fall fallen
family die Familie, –n
fast schnell
father der Vater, ⸗
fault der Fehler, –
feel fühlen, merken

fever   das Fieber
field   das Feld, –er; **playing —** das Spielfeld, –er
fight   kämpfen
finally   am Ende, zum Schluß
find   finden, holen, auf-treiben; **— out** erfahren, heraus-finden
fir tree   der Tannenbaum, ⸗e
fire   das Feuer, –; **set — to** in Brand stecken
first   erst-; **at —** zuerst
flagman   der Bahnwärter, –
flute   die Flöte, –n
fly   fliegen; **— past** vorbei-fliegen
foam   der Schaum, ⸗e
food   das Essen, –; die Speise, –n
football   der Fußball
for   für; seit; denn
force   zwingen
forest   der Wald, ⸗er; **Black Forest** der Schwarzwald
friend   der Freund, –e; **girl —** die Freundin, –nen
from   von, aus; **— then on** von da an
front: in — of vor
full   voll

game   das Spiel, –e
garbage   der Müll; **— can** der Müllkasten, ⸗
garden   der Garten, ⸗; **— restaurant** das Gartenrestaurant, –s
gathering   die Gesellschaft, –en; die Zusammenkunft, ⸗e
get well   gesund werden
girl   das Mädchen, –; **— friend** die Freundin, –nen
give   geben; **— back** zurück-geben
glove   der Handschuh, –e
go   gehen, fahren; **— out of** verlassen
good   gut
grandchild   der Enkel, –
grandfather   der Großvater, ⸗
grandmother   die Großmutter, ⸗
Grandpa   (der) Opa
great   groß
greet   grüßen, begrüßen
guest   der Gast, ⸗e
guilt   die Schuld, –en
guilty   schuldig
gull   die Möwe, –n
gypsy   der Zigeuner, –

hand   die Hand, ⸗e; (*of a clock*) der Zeiger, –
happen   geschehen
happy   glücklich
harbor   hegen
hard   schwer
have   haben; **— to** müssen
hear   hören
heart   das Herz, –ens, –en

help   helfen
here   hier
hero   der Held, –en, –en
hide   verbergen, verheimlichen
high   hoch
himself   er, er selbst; sich, sich selbst
hold   halten; **— back** zurück-halten
home   zu Hause; heim, nach Hause
horse   das Pferd, –e
host   der Wirt, –e
house   das Haus, ⸗er
how   wie
howl   heulen
human   menschlich
humanity   die Menschheit
humility   die Demut, die Bescheidenheit
husband   der Mann, ⸗er; der Gatte, –n, –n
hypocrisy   die Heuchelei

identity   die Identität, die Persönlichkeit
if   wenn; **as —** als ob
ill   krank
illogic   die Unlogik
imagine   sich vor-stellen
immediately   sofort
important   wichtig
improve   bessern, verbessern
inhuman   unmenschlich
inhumanity   die Unmenschlichkeit
injustice   das Unrecht
inkwell   das Tintenfaß, ⸗sser
inn   das Wirtshaus, ⸗er
insight   die Einsicht
instead of   anstatt (*plus gen.*)
intention   die Absicht, –en
interested: be — in   sich interessieren für
into   in; in . . . hinein
invite   ein-laden
irony   die Ironie

jail   das Gefängnis, –se
judge   der Richter, –
July   (der) Juli
just   nur
justify   rechtfertigen

keeper   der Hüter, –; **tavern —** der Wirt, –e
kill   töten
Kiowa   der Kiowa, –s
kitchen   die Küche, –n; **— clock** die Küchenuhr, –en
knife   das Messer, –
knight   der Ritter, –
know   kennen, wissen

lady   die Dame, –n; das Fräulein, –
late   spät; **later** später
lay   legen
lead   führen
lean   mager

learn lernen, erfahren
leave verlassen
left: be — übrig-bleiben
lend leihen
leopard der Leopard, –en, –en
let lassen
lie liegen
life das Leben, –
like mögen, gern haben, lieben; **I —** it es gefällt mir, es paßt mir
like wie
lion der Löwe, –n, –n
little klein, wenig; **— Egon** der kleine Egon
live leben, wohnen
local lokal, örtlich
located: be — liegen, sich befinden
logic die Logik
logical logisch
long lang; **no longer** nicht mehr
look sehen, schauen; **— at** an-sehen, sehen . . . auf; **— for** suchen; **— up** auf-suchen, nach-suchen, nach-schlagen
lose verlieren; **— consciousness** ohnmächtig werden
love lieben
lover der Liebhaber; –; **— of good living** der Bonvivant, –s

maid das Dienstmädchen, –; das Mädchen, –
make machen
man der Mann, ⸗er; der Mensch, –en, –en
marry heiraten; **married** verheiratet
May der Mai, –e
meal die Mahlzeit, –en
mean meinen
meaning die Bedeutung, –en
medicine die Medizin, –en
member das Mitglied, –er; **family members** die Angehörigen
memory die Erinnerung, –en
message die Botschaft, –en; die Mitteilung, –en
metaphysical metaphysisch; das Metaphysische
minister der Geistliche, –n, –n; der Pfarrer, –
misdeed die Missetat, –en
mistake der Irrtum, ⸗er; **make a —** sich irren
modern modern
money das Geld, –er
monster das Ungeheuer, –
month der Monat, –e
moon der Mond
morality die Moral
more mehr
morning der Morgen, –
most meist
mother die Mutter, ⸗

mount herauf-ziehen
Mr. Herr(n); **Mrs.** Frau
much viel
murderer der Mörder, –
music die Musik
musician der Musiker, –

name der Name, –ns, –n
near neben
necessary nötig, notwendig
need brauchen, benötigen
never nie
nevertheless dennoch, trotzdem
newly neulich, kürzlich
newspaper die Zeitung, –en
next nächst; **— to** neben
no kein
nobody niemand
north der Norden
note pad der Notizblock, ⸗e
nothing nichts
notify benachrichtigen
now jetzt, nun
nowadays heutzutage
number die Zahl, –en

object der Gegenstand, ⸗e
occupy beschäftigen
of von, aus
office das Büro, –s; die Geschäftsstelle, –n
official offiziell, amtlich; der Beamte, –n, –n
often oft
old alt
on auf, an; **from then —** von da an
only nur
onto auf, zu
opinion die Meinung, –en; **in his —** seiner Meinung nach
or oder
orchard der Obstgarten, ⸗
order: in — to um . . . zu; **out of —** kaputt
ordinary gewöhnlich
other ander-
out aus, heraus
over über
own eigen

pad: note — der Notizblock, ⸗e
pamphlet das Heft, –e; die Zeitschrift, –en
paper das Papier, –e; **slip of —** der Zettel, –
paradise das Paradies, –e
park der Park, –s
part: take — in teil-nehmen an
party die Gesellschaft, –en; die Feier, –n; (*political*) die Partei, –en
passport der Paß, ⸗sse, der Reisepaß, ⸗sse
past vorbei
pay zahlen, bezahlen; **— attention to** acht-geben auf
peace der Friede, –ns, –n

peculiar seltsam, sonderbar
pencil der Bleistift, -e
people die Leute (*pl.*); **young —** die Jugend (*sg.*)
perhaps vielleicht
personal persönlich, privat
pick up auf-heben
pile up auf-häufen
pipe die Pfeife, -n; **peace —** die Friedenspfeife, -n
place der Platz, ⸗e; der Ort, ⸗er; **take somebody's —** jemand vertreten
plain die Ebene, -n; das Flachland, ⸗er
play spielen; **playing field** das Spielfeld, -er
pleasant angenehm
please gefallen; **be pleased by** sich freuen über
pleasure das Vergnügen, -
pocket die Tasche, -n
poet der Dichter, -
police die Polizei; **border —** die Grenzpolizei
policeman der Polizist, -en, -en
postpone verschieben
probably wahrscheinlich
problem das Problem, -e
program das Programm, -e
promise versprechen
proof der Beweis, -e
property das Gut, ⸗er
prosecuting attorney der Staatsanwalt, ⸗e
protect schützen, beschützen
prove beweisen
psychological psychologisch
punish bestrafen

question die Frage, -n; **ask a —** eine Frage stellen
quote zitieren

radiator der Heizkörper, -; die Heizung, -en
radio das Radio, -s; **— set** der Radioapparat, -e
railroad die Bahn, -en; die Eisenbahn, -en; **— track** das Geleise, -
reach erreichen
read lesen
real wirklich; **reality** die Wirklichkeit
realize erkennen, merken
reason der Grund, ⸗e
reject verschmähen
related verwandt (mit)
religious religiös
reply antworten
return zurück-kehren
rich reich
ride off weg-reiten
rider der Reiter, -
rifle das Gewehr, -e

right recht, richtig; **be —** recht haben
ring läuten
role die Rolle, -n
room der Raum, ⸗e, das Zimmer, -

SA die SA (Sturmabteilung)
sad traurig
Saturday der Samstag, -e
say sagen
see sehen; verstehen
seem scheinen, erscheinen, vor-kommen
select wählen
selection der Ausschnitt, -e; das Kapitel, -
serve dienen
set der Apparat, -e; das Gerät, -e
set setzen; **— fire to** in Brand stecken
sex das Geschlecht, -er
shoe der Schuh, -e
show zeigen; beweisen
shriek schreien, kreischen
sick krank; **a — man** ein Kranker
sideline die Seitenlinie, -n
simply einfach
since seit
sing singen
sit sitzen
situation die Lage, -n
sleep schlafen
slip of paper der Zettel, -
smell riechen
smile lächeln; **— at** an-lächeln; **with a —** lächelnd; **have a — on the face** schmunzeln
soda: bicarbonate of — das Soda
somebody jemand
something etwas
sometimes manchmal
son der Sohn, ⸗e
sonata die Sonate, -n
song das Lied, -er; **Christmas song** das Weihnachtslied, -er
speak sprechen
spend (*money*) aus-geben; (*time*) verbringen
spite: in — of trotz
spray bespritzen
stand stehen; **— up** auf-stehen
stay bleiben; **— away** fern-bleiben
step treten, schreiten; **— in** ein-treten; **— up** vor-treten
stepbrother der Stiefbruder, ⸗
stepmother die Stiefmutter, ⸗
still immer noch
storm der Sturm, ⸗e
story die Erzählung, -en; die Geschichte, -n; **— teller** der Erzähler, -
stranger der Fremde, -n, -n
street die Straße, -n
strong stark
student der Student, -en, -en
stuff stopfen
subject unterwerfen

such solch
suddenly plötzlich
summer der Sommer, –
Sunday der Sonntag, –e
superman der Übermensch, –en, –en
superior der Vorsteher, –
surprise überraschen
suspicion der Verdacht
synagogue die Synagoge, –n
system das System, –e; **electric** — die
  Lichtleitung, –en

take nehmen; (*liquids*) trinken; (*medicine*)
  ein-nehmen; — **part** teil-nehmen; —
  somebody's place jemand vertreten
talk sprechen, plaudern
tavern das Wirtshaus, ⸗er; — **keeper** der
  Wirt, –e
telephone das Telefon
tell sagen, erzählen
teller: **story** — der Erzähler, –
tempo das Tempo, –s; die Geschwindigkeit, –en
terrible schrecklich
than als
thank danken
that dass
their ihr
then dann
theory die Theorie, –n
there dort, da
therefore deshalb
thing das Ding, –e; die Sache, –n
think denken, glauben
this dieser
though obwohl; **as** — als ob
throw werfen; — **out** aus-stoßen
tiger der Tiger, –
time die Zeit, –en
tin das Blech, das Zinn
tired müde
today heute
too auch, ebenfalls; — **much** zuviel
touch berühren
town die Stadt, ⸗e
track: **railroad** — das Geleise, –
train der Zug, ⸗e
travel reisen
tree der Baum, ⸗e; **fir** — der Tannenbaum, ⸗e
trick der Streich, –e
trip die Reise, –n
trot traben, trotten
trust trauen, vertrauen
try versuchen
turn drehen; — **off** ab-drehen, ab-stellen;
  — **on** an-drehen, an-stellen

under unter
understand verstehen

unemployed arbeitslos
uniform die Uniform, –en; **uniformed men**
  die Uniformierten
union die Vereinigung, –en; die Gewerkschaft, –en
untried unversucht
use gebrauchen, verwenden
usually gewöhnlich

vagabond der Stromer, –; der Landstreicher, –
value der Wert, –e
very sehr, ganz
village das Dorf, ⸗er
visit der Besuch, –e; besuchen

walk gehen, schreiten
wander wandern, laufen
want wollen, verlangen
war der Krieg, –e
warm warm
warrior der Krieger, –
way der Weg, –e
weak schwach; **weakness** die Schwäche,
  –n
weather das Wetter
week die Woche, –n
well gut, wohl
what was
when als, wenn
where wo
which welch
while die Weile; während
white weiß
who wer; der, die; **whoever** wer
whole ganz
why warum, weshalb
wife die Frau, –en; die Gattin, –nen
wind der Wind, –e
winter der Winter, –
with mit; bei
without ohne
woman die Frau, –en
wood das Holz, ⸗er; **woods** der Wald, ⸗er;
  in the woods im Wald
word das Wort, ⸗er
work die Arbeit, –en; arbeiten
worry sich Sorgen machen um; **be worried**
  about besorgt sein um
write schreiben
writer der Dichter, –; der Schriftsteller, –;
  der Verfasser, –

year das Jahr, –e; **in his fourth** — im
  vierten Lebensjahr
yet noch; **as** — noch
young jung; — **people** die Jugend

zeal der Eifer

index

(Numbers refer to pages.)